鹿飞雪

—— 解密内家拳

鹿飞雪 著

人民体育出版社

自 序

余自幼孱弱多病，常为人欺侮，故自16岁发奋习武，效古人闻鸡起舞不舍昼夜之勤奋，每日练功七八小时，几年后身体渐趋强壮，遂有弘扬传统武学之志。其间涉猎内家外家多种武学，亦参详搏击等当代竞技，如斯多年竟无尺寸之功，特于技击一途始终不得真意。常有疑问：武术之技击与搏击之技击同乎？故又有十年研易、修禅、读书，终有所体悟。某日偶得孙公禄堂遗作，展读之下拍案惊奇，此实道学、佛学、儒学也。再细读之，孙公之无极、太极、一气，返先天，顺中用逆与逆中行顺，无不与释道契合，所谓拳道合一，一而二，二而一，岂非吾孜孜以求数年之真谛焉？遂以虔诚初学之心，于京津冀寻访孙氏明师，其间辛苦无法言表，然终不负初心，得遇孙公禄堂大弟子孙振川一系之李师贵江先生，得蒙收录门下，且以孙氏内家心法相授，一解迷茫，将二十年来所学融会贯通，始知古德之不我欺也。此后习武作文，孜孜不倦。现将解密《逝去的武林》（一）一部与吾三年来之武术文章合并出版，期为内家武学之振兴尽一己之力。

目 录

上部 解密《逝去的武林》（一）

1 丈夫立身当如此 ………………………………………………… 2
2 乃知兵者是凶器 ………………………………………………… 6
3 总为从前作诗苦 ………………………………………………… 10
4 别来几春未还家 ………………………………………………… 15
5 入门且一笑，师是平淡人 ……………………………………… 21
6 把臂话山河 ……………………………………………………… 27
7 使我自惊惕 ……………………………………………………… 31
8 功成无所用 ……………………………………………………… 36
9 这般清滋味 ……………………………………………………… 40
10 曹溪一句亡 ……………………………………………………… 44
11 雕虫丧天真 ……………………………………………………… 49
12 杀人如剪草 ……………………………………………………… 53
13 大道如青天，长剑挂空壁 ……………………………………… 57
14 我与日月同 ……………………………………………………… 61

15 掩泪悲千古 …………………………………………………… 66

16 世人闻此皆掉头，心亦不能为之哀 ………………………… 70

17 处事若大梦，困时动懒腰 …………………………………… 75

18 欲济苍生忧太晚 ……………………………………………… 80

19 今日竟无一枝在 ……………………………………………… 89

20 登高远望神形开 ……………………………………………… 94

21 一生傲岸苦不谐 ……………………………………………… 99

22 万言不值一杯水 ……………………………………………… 103

23 我辈岂是草木人 ……………………………………………… 110

24 君不见清风朗月 ……………………………………………… 116

下部 解密孙氏内家三拳（形意拳、太极拳、八卦掌）

1 此身且付水东流——孙公禄堂拳秘起底 ………………… 126

2 道本自然一气游——孙氏（孙禄堂）形意拳阐秘 ……… 129

3 云天万里一沙鸥——孙氏三拳内功内劲综述 …………… 136

4 孙氏（孙禄堂）形意拳的系统训练程序与方法——无极桩篇 ……… 143

5 孙氏（孙禄堂）形意拳的系统训练程序与方法——
含一气、太极、两仪 ……………………………………… 147

6 孙氏（孙禄堂）形意拳的系统训练程序与方法——混元和三体篇 … 150

7 孙氏（孙禄堂）形意拳的系统训练程序与方法——六合九要 …… 153

8 孙氏（孙禄堂）形意拳的系统训练程序与方法——劈拳 …… 156

9 孙氏（孙禄堂）形意拳系统训练程序与方法——崩拳 …… 159

10	大道行来本无斜——三拳合一	162
11	一脉清流育芬芳——孙氏武学点滴	165
12	白云苍狗世事非——形意拳之本来面目	169
13	春发小花有几枝——拳法如何内炼	172
14	假作真时真亦假——拳法真伪辩	175
15	妙到毫巅一寸心——内家拳练与养的本质	180
16	千松万壑一花红——内家练拳之本末	184
17	龙精虎猛一气生——形意拳之内炼	189
18	无为有处有还无——顺中用逆	193
19	寻深觅古现幽兰——还虚与入虚	196
20	也无风雨也无晴——形意拳之明劲易骨	200
21	一江翻转天地新——解密明劲	204
22	唯有先学继旧统——站桩之阴阳虚实	208
23	无人会、登临意——站桩的秘密	210
24	事非天然皆有缺——浑圆之密	213
25	几度寒暑一炉春——拳道相合与性命双修	215
26	不染婆婆半点尘——练拳的快乐与解脱	221
27	冰雪消融春意浓——无非伸缩起落开合	224
28	灵台辉映幻似真——精神世界与理想王国	228
29	身形应当似水流——清静难求	230
30	零落黄花映溪流——拳法之精神气质	234
31	乱花迷丛遮望眼——心理与生理的微妙	237
32	一舟独涌大江头——内家之先天神意	240
33	一颗童心老天真——拳与道合	243

34 嚼得菜根真滋味——道法自然 ·················· 246

35 便得天地一掌中——打破虚空 ···················· 249

36 别开一枝透春红——生命之拳 ···················· 252

37 一言惊醒梦中人——真练与真得 ················ 255

38 我为什么能跑到10公里 ···························· 259

39 由来春发不觉晓——散打实战小结 ············ 262

40 江清月近问有无——点滴记忆 ···················· 266

41 一峰傲绝云山顶——拳道相合之最高机密 ···· 272

42 唐山孙氏拳门小记 ······································ 283

上部

解密《逝去的武林》（一）

1 丈夫立身当如此

这一篇主要是讲形意拳的入门功夫，要打劈拳，指出劈拳养肺练息，对调理身体隐疾很有好处。同时还指出了站桩的要点，要学虫子，充满生机。

为什么形意拳开门要练劈拳？有句话叫练功不练拳，功夫大了不讲理。说白了，功夫功夫，就是以强欺弱。要不西方搏击要分量级呢？但传统武术不分量级，小个打大个很常见，比如孙禄堂、李书文都是小个子，都是打遍天下的一代宗师。实则武术是内强内壮、筋骨膜上的功夫，不仅仅是肌肉和骨头架子上的事。

开门练劈拳，因为劈拳养肺，肺主气，气壮则身强。还不光是调理隐疾，劈拳是把人由弱转强的第一步。刘奇兰一系劈拳后接着练钻拳，认为"金生水"，是有他自己的道理。郭云深一系劈拳后接崩拳，因为崩拳养肝，肝主血。所以五行拳里劈崩最重要，一气一血，基本上就把身体的问题都解决了。

说到身体健康的问题，中医的角度，是把气血作为后天人身的两个最主要因素的，其实还有一个筋，完整地讲，是气血筋骨膜，主要是气血筋。在应用上，中医对筋的了解和使用基本失传，但在古代则是完整的。其原理为筋生气，气生血，血生筋，就是这么个关系。现代中医有很多解决不了的问题，很大程度上就是丧失了对筋这一块的认知。但是

在传统武术的领域，这些东西还都完整地保留了下来。武医不分，所以很多武术大家最后都开诊所当大夫，就都是拿筋正骨的本事，这些是跟着拳法一道传承下来的。

回到劈拳的话题，无论哪个门派，基本都是从劈拳开始练的，但也有从崩拳练出来的，比如说尚云祥。尚云祥原来是打铁的出身，当年李存义保镖路过山东，他缠着人家非要学，李存义当时为了脱身，就把崩拳胡乱教给了他。李存义这一走就是八九年，而尚云祥自己就琢磨着练崩拳也是八九年。后来家里败了，便找个机会到天津去找李存义，而李存义早就把这茬给忘了，就让尚云祥打一打，结果尚云祥一出手震惊了所有人，李存义这才发现尚有独特的悟性，于是正式收了他当徒弟。虽然是如此，真正入了门还得从劈拳开始练。因为形意拳是对物理世界最客观的反应，落实到人身体上就是要符合生理，不懂生理怎么能练好拳呢？这就是形意拳入门先练劈拳的道理。气壮了，血就旺了；血旺了，筋也就强了。后来尚云祥独列出一个鹰捉，其实就是传统意义上的劈拳，作为形意拳母拳，而将尚式形意中的劈拳改为双前臂握拳下劈，这说明尚对形意拳的学习认知是非常系统的。

说到具体的练法，文中提到一开始要找开阔地方，则越练越有感觉。这个在孙禄堂的《八卦拳学》里也提到过，就是要借天地灵气为我所用，根本上是天地人三才一体，在这个道理上就深奥了。总之，找山清水秀自己开心的地方去练，就能得着好处。也不一定说练出点东西来就回屋去练，这个借天地灵气是永远的。老辈人练拳一定要找个地方，最好是有树有花有山有水，俗称"练功场"。如今城市里到哪都是钢筋水泥，哪哪都是人，想找这样的地方就不易了。再说如今外头的空气也不好，回家练也是没办法的办法，一样出功夫。

形意拳的练法历来是秘密不外传，如今外头看见的都是演法或者

用法。所谓演法就是表演用的，用法就是发力的练法。还有的是混合在一起了。本来武术是没有演法的，因为武术是用来搏杀的，没有表演这一说。之后产生了社会需求，才搞出来演法。另外为了适合广大群众练拳的需求，各门派都搞出来一些大众化的普及拳术，架子姿势都对，但只能活动筋骨气血，却不是真正系统的练法。其实真正的练法要求，就是六合九要这些东西，但没有过来人给你在身上示范，很难做到确实领悟。比如外三合好懂，但是内三合呢？其实一开始只要做到平心静气就可以了。你平心静气了，自然心火下降心肾相交，丹田炉鼎也就立了起来，这完全是先天自然的，没有后天造作。

发力是要刚猛，但一天也就试几下，你要是没完没了地练发力，精气神鼓捣完了，一定会短寿。那些五六十岁就早早夭亡的大师们，基本都是在这里留下的病根。练实则是养，要跟着你身体自然慢养的节奏悠悠地来练，能体会出身心内部的美好，所谓"飘飘欲仙"。而且练拳一定要含蓄，不能放出去，要收着练，也即是孙禄堂《形意拳学》里讲的，肩根和胯根要缩住劲，但一般人要不是做不出来，或者做出来就是肌肉上头紧张，把身心拘束住了，所以一开始含蓄着、收着练就行了，等到慢慢有了东西，自己也就知道怎么办了。

所谓息，是什么意思？这个息，就是休息的息。人在疲劳和有病的时候，生理上就会不自主地躺下休息，就是这个息，有停住的意思。有形有相的是呼吸，这个无形无相，若有若无，好像刚出生的婴儿，是先天的东西。只有这个东西出来了，才能做到返先天出一气，而身心才能出现变化，才能越来越强壮。练二十年形意拳没消息的，就是在这方面不懂。比如打劈拳一呼一吸，这永远都在有形有相里，除了消耗也就是出出汗，出不来功夫。息，就是身心都消停了，把后天都停了，然后呼吸上才会微妙，生理上才会变化。这个，才是形意拳的真东西。回过头来说说站桩。什么叫学虫子，为什么充满了生机？其实也和"息"有关，你得学会休息，把后天都停了，先天才会出来，才会"专气致柔如婴儿"，而一旦专气致柔了，身心内部就会出现两种独特的现象，一是会像刚出生的婴儿脸上挂着笑，二是身体各个部位不自主地慢慢蠕动，这就是薛颠说的站桩是以神意慢慢活动四肢躯体，以此增长气力。后世站桩多是死站，不是熬腿子，就是熬时间，身体各部分僵硬疼痛不止还在那熬着，那就把气脉血脉练僵了。凡是年轻时这么练的，等岁数刚一大就会见后果，让你在寿命上付出代价。

至于说钻拳走在腿上，其实哪个拳都要在腿上走出来。五行拳就是坐在腿上练出来的。过去古人打仗有马，如今没有马变成平地了，腰胯以下就是马。为什么有人一动手就是趔趄？马没有，上下是半截子的。马步，腰马，从名字上就已经把道理说清楚了。人老先在腿上见，人是先从腿上开始死的，所以岁数一大腿脚先不行了，如果你把腿脚时时练着，到老了还是灵敏如兔，强壮如马，不就长寿了嘛！而钻拳强肾，当然也有活动肾部的作用，其实主要还是返先天，也即是所谓"休息"。肾为先天之本，你一返先天，肾的系统自然就接上了天地宇宙，能量就源源不断而来。可以告诉大家个事实，比如混元桩只要站到位，四十多岁的人性功能很快就会恢复到十八九岁，比如晨勃等都会出现，这些并不神奇，就在于你合上了天地本我精神。

2 乃知兵者是凶器

在上一篇文章中，提到唐维禄曾经和一个赶大车的撞胳臂，那哥们显然是练过铁臂功，而唐维禄细皮嫩肉的，但最后的结果是唐把那人撞疼了，一皱眉，这是为什么呢？唐后来解释是走了个弧线，看似撞，其实是打，意思是躲过了力点。其实这里头根本的原因在于先打上，有个时间差，打在了那人心理防护点之前。举个例子，两人互撞拳头拼胜负，心里头肯定是较足了劲，也做好了准备，一碰上就看谁的拳头硬，谁的心理素质强。但如果你心里头先怵了，或者那人耍了个奸先出手，肯定就要吃亏。形意拳就是这个，但形意拳绝对不是耍奸，而是在先天上出手要快过后天，两人同时动作练形意的肯定先打上，一瞬间你还没准备好就已经挨上了，就算是硬功再好，心里头没有，一样没用，所以形意拳是不练硬功的，我们打人是打在你心里头没防备或者没充分准备的时候。换句话说，你就是练得身硬如铁，在零点几秒的高速对抗中，全凭本能意识的作用，是没有时间让你做好抗击打准备的。形意拳把物质世界的现象、规律以及人的生理、心理都研究透了，你要是懂了这个，就懂了形意拳的用法。

这一章开篇就提到形意拳的擒拿。巧拿不如拙打这话是对的，除非两人功力悬殊，不然在高速对抗中想拿住对手是开玩笑，不信你上擂台和专业搏击运动员一动手就知道了。形意拳是崇尚简洁实用的，孙门

里也从来没有那些华而不实的东西，其实就一个字：打！无非是用哪里打的区分。就一句话：挨上哪打哪！在实战对抗中，机会都是对方送来的，对方哪个部位上来，顺势就打哪个部位，没有预先计划的可能。抓筋、拿脉、点穴这些功夫，是你自己身上有，两人一个冲撞对方上来了恰好有个机会，就是一下，这个才对！唐维禄不是拿丁志涛磕散了猪的脊椎骨做例子嘛，就是这个。挨上了，别管是用手、用胳臂还是全身，瞬间得势就是这么主动一下就成了。包括拆东西也是一样，和鲁智深倒拔垂杨柳是一个道理，你要真拔哪拔得出来啊？先是四周磕松了，然后才能拔出来。说白了，就是让人体局部的骨骼肌肉筋腱丧失功能，那还不手到擒来吗？

练法一如文章中所言，要慢练，但这里头有个关键的他没说，就是要知三节。形意拳开篇里都把三节、四梢、四象、六合、九要这些东西反复强调，其实这些就是练法根本，只是没过来人指点，你不明白而已。按照西方科学研究，人体力量的百分之七十多都消耗掉了，平常用出来的只有百分之二十几。但人要是到了急眼的时候，比如四川地震时有个老太太从倒塌的房子里爬出来，看见儿子被压在一块预制板地下，情急之下一把就将预制板搬开救了儿子，这个就是我要说的人体潜在的力量。很奇怪，中国的武术前辈多少年前就知道这个，而且通过系统的练法能把它挖掘出来，是不是很赞叹？形意拳向来以内劲宏伟著称，尚云祥有句话叫练功不练拳，拳不打人功打人。八极门有句话叫功夫大了不讲理。说尚云祥的劲力有多霸道？他还在天津时，韩慕侠曾经约他去某大学看一老外教拳击，尚云祥一看屋里挂着沙袋，就故意问干啥用的，老外自然演示了一番，尚就问他能不能试试，老外说可以啊，尚云祥就一拳，结果半条胳臂都捅到沙袋里头去了。我的师爷张玉书（孙振川衣钵弟子）有过一个著名的故事：某次路过菜市场，一个卖牛肉的

拉住他要试试功夫，指着挂着的半扇牛肉说只要能把牛骨头打碎，打碎多少就送他多少。结果张玉书一拳，把相邻的两根牛肋骨打豁了，拳头从肋骨中间钻了进去。形意拳就是这么凶猛的劲。但是怎么练出来的？基础的就是我说的那些，特别是三节。为什么说要一节节慢慢推出去，就是把三节捋顺了，身体里的劲道也就顺了，才能把自我消耗降低到最小程度。从根节到梢节，必须一通到底。那么根节在哪？肩膀根和胯骨根。其实还有个最根本的根节，就是丹田。尚云祥突然握住李仲轩的胳臂，李仲轩瞬间愣住了，尚云祥就说李仲轩不练根节，李自己不明白，其实尚在这里说的根节是丹田。我们形意拳或者说内家拳三拳、乃至所有的传统武术，都是在丹田这个发动机上做文章。你把全身各个三节练通顺了，最后三部九节成为统一联系的整体，这个才能叫练合了。到这个程度，形上差不多了，才能进入到意！

那么用法呢？唐维禄说"身子追上手"，这话是没错的。你一条胳臂有多大劲？胳臂再粗能有腰胯粗吗？所以咱们传统武术都是练腰胯的，不练手腿局部，特别是内家拳。但腰胯是竖劲，打人是直劲，怎么把竖劲转换成直劲？有句话说"消息全凭脚后蹬"，就是关键。这部书里到处都在说大龙，就是脊椎骨了，人的身体不光能前进后退，还能上下旋转，这个旋转就是关键了，旋转就是靠大龙，消息全凭脚后蹬，就是至人之息以踵，脚后消息，腰胯大龙旋转，劲就改了。同时还要学会运用冲量，你一百多斤一个加速度起来，身子就能追上手，这几个因素都结合在一起，你说形之于手的力量得有多大？所以说形意拳不仅仅只是自己劲大的问题，关键是会用劲、懂劲。

最后谈到唐维禄一个同门当捕快，由此押解犯人途中被抢了枪，结果这个同门瞬间一巴掌，把那人打迷糊了，枪还在犯人手里拿着呢。这是为什么？就是我常说的先天本能。人都活在后天有形有相里，时时刻刻都在造作，所以你越是想做什么就越是笨拙。内家拳是逆反回真，用你先天的本能，就没有这些身心的束缚了。举个例子，我们从事某个新工作，常常是一开始做得不错，越往后越出错，错个一段时间把身心都放下了才逐渐进入角色。这就是先天与后天的区别。灵感从哪来？也是先天。你把后天放下，先天才会回来。又比如你学滑冰，一开始老摔跤，因为你心里头害怕啊，但等你技巧成熟了你是不会想怎么滑的，心里头只有开心而已。要不我说形意拳把物理世界的现象、规律以及人的生理、心理都研究透了呢？懂了形意拳，这些也就懂了。反过来，生理心理的没人告诉你，想弄懂形意拳是不容易的。

3 总为从前作诗苦

因为第三章"五台雨雪恨难消"中涉及拳法实质内容较少，故主要讲第四章"总为从前作诗苦"。第三章虽然涉及拳法内容很少，但谈到了一些武林旧事，其中关于薛颠的内容是有偏差的。薛颠并非死于中共之手，而是1945年被国民党接收天津的部队执法枪决。

第四章开篇讲大杆子，同时把大杆子与炮拳结合起来讲，说练大杆子主要是改劲，改的是什么劲？是人身上的后天局部犟劲。为什么说犟劲不说僵劲？因为人在后天用劲都是拙力，也即三害之一。比如搬重东西都是深吸一口气憋住了，然后使出吃奶的力气，两膀较劲抬起来或者抱起来。这里头就不光是拙力，还有努气了。这些后天的用力方式对身心伤害巨大。比如常年从事重体力劳动的人中年以后就是满身疾病，且鲜有长寿的。说白了一句话，后天拙力就是消耗，消耗大了就是加速生命。而努气尤害之，会造成肺部损伤，或明或暗早晚成病。

为什么一开始抖大杆子要胡抖一气？要先学会不使劲，然后顺着大杆子的运动轨迹去找劲？其实不是说练大杆子能出来什么劲，而是通过练大杆子把你后天的僵硬都去掉，为回返先天做准备。当你被大杆子驯服了，也就不会主动故意去使什么劲了，这个时候拙力去尽，新劲始生。这也就是我常说的后天返先天的一个过程。但是在孙氏门里就简单了，直接站无极桩返先天，然后从混元桩里把一气悟出来，就都成了。

当你悟到了内劲是什么，也就能找出内劲来，有了内劲再玩大杆子，可不就是一杆子有一杆子的讲究了么？其实啊，拦拿扎也都是手法，关键是丹田内炸。这里头我解个密。

炮拳呢，文中说是从大枪里衍化出来的，其实马上使大枪是双手，只是拦拿扎而已。孙氏门里对炮拳有个世俗化的比喻，就是一手盾牌一手单刀，用起来不是两个动作，而是一个动作。换句话说，不是先挡再捅，而是两个动作合一，就占了先机。你想啊，任何人在后天都是一顾一打，也就是先防守后反击，因为一心不可二用，偏偏形意拳返先天无所用心，也即文中说的练一切、知一切，把两个动作统一起来了，那你无论怎么打都占便宜。从形而上来讲，炮拳是一气之开合，这个和太极拳原理类似，太极拳就是一气之开合。这里不要执着于开合的形式，而是要着重于开合的本质。你身形四肢不动，里头一样开合，一样生生不息，这个才是内动，而支撑这一切的才是内功。至于说留后手的事，形式上千变万化，但你打起来就不是那么回事了。想着怎么练就怎么打是要吃大亏的。为什么很多练武术的打不过练搏击的？因为人家一上来就是练打法，每天高强度对抗，就算人家练在后天不够高明，关键你也没练出先天来啊。拳击手就直摆勾三样，人家会不会留后手？真打起来一切都是本能驱使，是容不得你思考的，你一思考就可能被对手击倒了。这个后手，要留在本能意识里，形意拳里有句话讲"我粘上你不打倒就不算完"，是随势而变的，而平常练习是积累，到时候用得上用不上就看你自己了。

文章谈到追火车的事，之前也听到过诸如孙禄堂夜行百里、孙存周后发先至等。形意拳是对物理和生理最客观的总结，练拳的腿脚和耐力比一般人好是肯定的，以孙禄堂年轻时每天一百多里地的跑步看，他一晚上从保定跑到北京去可以相信，以此类推也就无非如此。至于其他的

都可以归到后人杜撰以及夸大其词中去。日本的忍术都认为其厉害，其实归根结底就是个隐字，人家的路数你看不到，好比魔术都是超越于人类正常所思所想，你看到的不一定就是真相，所以当老师偶尔和学生开个玩笑，而学生把老师当天神一样崇拜而衍生出各种传说，都可以一笑置之。拳，就是拳，它离不开地面，就是孙禄堂也不会飞！

下面这段是形意拳的重点了，和孙门的技法一样，就是对脚底板的控制。这段里李仲轩讲得很唯美，孙氏门里就一句话：脚底永远都是一沾就离！千万别造作，任何造作、思想都是在后天，一弄反而笨拙了。不是说拳无拳意无意无意之中是真意？又说束身而起藏身而落，这都是形意拳里意的范畴，可别练到形式上去。身体形成这样的本能，用的时候是不用想的，对景了就能使出来，好像吃饭喝水一样，就是没灯你也不会弄到鼻子眼里去。

上虚下实是个大原则，你做到了就是水火既济、心肾相交，每天都在那个先天混沌的状态里，这个是李仲轩没讲出来的。反过来就是三害之一：挺胸提腹。这个会把精气憋到膻中穴以上，时间长了就是心脑血管病，所谓心火上炎。体会上虚下实很简单，只要坐在凳子上浑身放松就行了，那个轻松自在的状态就是上虚下实，可不是你又找出来一个虚实，那个是假的。凡所有相皆是虚妄，若见诸相非相即见如来。

关于太极拳，这一百年来有个最大的误解，就是以弱胜强。我们说大自然里有以弱胜强的例子吗？都是以强欺弱的，形意拳如此，任何功夫也都是如此。太极拳所谓以弱胜强只是说它在手法上有借人之势顺人之力，可以赢得取巧，但真到了野战要命的时候，还是一拳一腿的真实功夫做主，不是玩推手那么简单。说起这话来，唐山孙氏门承袭古风，入门弟子先学打，都是到大街上去实战的。门派之间互相较量是常事。文中说的强影响弱是真的，李贵江老师有句话："两人一照面，你的精神被对方笼罩了，那就别打了。"高手对决，一看眼神其实就已经分胜负。你要是跟这个厉害的人学功夫，一段时间以后连说话、姿势都像人家，大自然就是这么个法则。至于说动手那一瞬间就谈不上谁影响谁了，只有不到一秒钟那可看不出节奏来，只是一个倒下一个还站着的区别。

下面就谈到了五行拳的练法。在孙氏就简单，都是一气之作用，你懂了这个，所有的形式就都不重要了。你找这个肌肉的作用，找那个肌肉的作用，可后头有个做主的你不找不是见不到本家吗？你把做主的那个练好了，其他就都有了。有本才有末。孙禄堂最大的贡献就是把内家三拳在道家理论和应用上进行了总结，使得拳法不再踯躅于形式的羁绊上。如果只是执着于形式，那你这个形式和拳击散打的形式比起来，哪个更实用呢？道理很简单！形式是服务于本质的，所以本质只有一个，就是内劲，而形式千变万化。一个师傅教出来的徒弟打出来的拳都不一样，越练越有自己，这个才对。如果徒弟和师父一模一样，说明就只是在模仿。本文中谈到的五行拳练法，你要是去模仿一定会出问题，所谓画虎不成反类犬。练拳的时候要养，要收着练，要轻柔着练，这些都对。等你用的时候就是一刹那的事，一刹那就没有这么多讲究了，就是本能上一个反应而已。

李存义一门里讲的虎豹雷音，在孙氏就是一气之鼓荡，这是人的生理本能，得返了先天之后才会出现，也不是练出来的，自来人就有。太极拳里说气宜鼓荡也是这个。一鼓荡，内膜就作用起来了，这个时候人体自带的本体功能才会成倍激发出来，这个做功才是内功。文中所言形意拳打法只进不退是对的，形意拳都是迎着上，没有退着接的，就是防守也是迎上去又打又顾。两叉的不是形意拳。练拳就不一样了，练拳就是练功，五行拳就是出功夫的载体。所谓退着步练大约是转述者没听明白，本意是指含着练、缩着练，从内在神意上讲好像往后退着走似的，实际你的拳还是在往前走，这个就是练法中的顺中用逆。你没这个就都是消耗，也就谈不上性命双修了。

　　应该说本篇解密了很多真东西，但李仲轩当时是口述，作者是原话转述，难免会有偏差的地方。当然，也存在李仲轩自己不愿意明说或者有隐晦叙述的地方，比如那个小泥人的六部剑法，要是现在人看起来纯粹是胡说八道，其实这是练先天神意的方法，求的是个敏感。你把这个敏感练出来，在任何时候都会快人一步。而所谓四维上下涉及天地人三才，可不仅仅只是个说法。三体式最早的说法是三才式，可从来也没人去考虑三才是做什么用的。我告诉大家，三才是功夫到一定阶段后由形转意的一个重要方法，练的是三才合一，天地万物都能为我所用，这个境界就不是一般人可以理解的了。

4 别来几春未还家

本篇内容里涉及形意拳具体的内功练法和身心内外的景象，特别是谈到了"雷音"这一独特的功夫，这可能对于当世的武术爱好者来说是很神奇的。

首先还是要把形意拳的传承做个简单的阐述。从李洛能那里传下来的，刘奇兰、郭云深、车毅斋、宋世荣这几位都是得了真传的大师，但传至后世各门之间的差别比较大。这个道理很容易懂，因为形意拳的核心是"意"而不是"形"，如果一个师傅教出来的徒弟练出来的都一个模子，要么是师父不高明，要么是徒弟没得到真传。形意拳是越练越有自己，但骨子里的那个"内劲"始终是一个，而由于个人程度、领悟都不同，显现在外面的架子等就都不一样。比如虎豹雷音，心意拳门叫雷声，李存义一门叫虎豹雷音，而在孙门就叫一气之鼓荡。二者比较起来，因为孙门是孙公禄堂通过道家的思想、功法进行了总结的，面貌上简易统一，有很强的理论指导性。而李存义一门则是原始面貌，因为形意拳涉及返先天原始精神的层面，是无法用语言来具体描述的，师徒之间几乎都靠意会来进行传授和理解，好比唐维禄带着李仲轩去摸敲响的大钟，而尚云祥让李仲轩摸休息的小猫，在孙禄堂那就都是"一气"。

首先从"龙形搜骨"开始。形意拳的十二形是车毅斋、郭云深他们进行了总结和排布的,最早的心意拳是十大形,拳架拳理也都不一样,二者之间没有可比性。应该说李洛能学了心意拳,但他要不就是天分独高,要不就是受了其他的秘传,他教出来的形意拳只是面貌上和心意拳有千丝万缕的联系,而本质上已经去山千里了。孙门的十二形有两个知而不练,一个是龙形,一个是猴形。为什么?就是这个搜骨。说起来也是矛盾的事,形意拳出功夫最好的年纪其实是三十多岁以后,因为心智成熟且历练过人生,必须有拿得起放得下的心态才成,可到了这个岁数人的筋骨特别是关节都长硬了,对那些特别需要柔韧的动作已经很难了,所以除非这人是童子功打小的底子一直没松懈,不然三四十岁再学龙形、猴形身体就不太给力。

所谓"龙形搜骨",在孙门里叫"伏龙",对应的是"升龙"。做伏龙需要周身大大小小的骨节都能够打开、好像柔弱无骨,这就不是简单地练拳能出来的了,而是要"作拳"才有的。猴形不需要全身打开,但脊椎骨需要能抻拔开,好像猴子蹲着只有点点高,但它一伸展身体会抻长很多倍。猴子的脊椎骨就是像弹簧那样伸缩自如,人成年后是做不到的。其实还有一形,就是蛇形,也需要脊椎骨的伸缩,但要求不如猴形那么高。蛇形不是说我摆个姿势就打人裆部了,而是一伸手在正常人的生理范围内你还多出来一块,对手就防不住你。因此种种,孙门里头龙形和猴形是知而不练,拳理你要懂,但具体的拳架就不要求你练了。事实上,从古至今练全十二形的也没有几个人,过去老辈人都是学几个合自己性情动手用的上就行了。形意拳功架的核心还是五行拳,你要是不懂象形会意就只能练出个架子来,具体上没什么用。

李仲轩在这里说的"搜骨"是指劈拳的大撇啦步,说法是很对的。李仲轩说是开天辟地,其实是开胯,胯一开周身骨节俱开。骨节开了之后才会有筋长一寸寿长十年,也才会有炼精化气,不然心肾二气相交于

丹田蒸腾为精炁后怎么才能入骨呢？而古传洗髓经也是这个道理，不开骨节是没用的。所以说开天辟地这个词用得也很到位。这个程度出不来的，以后的就都是白扯。人不得真传又孜孜追求，就很容易走上自以为是的路了。比如寿长十年这话，如今都是做抻拔，以为抻开了就是道理，那你看那些专业的体操、游泳运动员从小的筋抻得那么到位，有哪个寿长十年了？这都是谬误！所谓筋长一寸，必须是开骨节关节，那么原来和骨节关节长在一起的筋就松活了。不是有很多练太极拳的师父显得胳臂比一般人要长吗，而且关节也比一般人宽，就是这个功夫到了。气血筋骨膜这些东西都是融合在一起的，绝对不会有独立滋长的可能。所以说练拳得懂生理，其实我们练的就是个生理。

形意拳功架的核心就是五行拳，而十二形是通过象形会意对五行拳的另一种阐发。劈拳钻拳都是大撇啦步，从来没人想过它是做什么用的，你打人不能开着步就迎人家吧？所以说练是练、打是打，系统功能不一样。那么具体如何通过这个大撇啦步把胯开了呢？其实特别简单，只要你照着规矩去练，它自己就开了。孙公禄堂不是说过吗？只要按照规矩练，早晚神奇自现。我们现在的练武人是什么问题？就是拳理不通，然后自己往里头加东西，这个气那个穴，就把自己练糟烬了。按规矩练，就是六合九要三才四象这些东西，但得有过来人给你调整，你当面看了才会领悟。否则只靠看书难度很大。我自认比较聪明的，练了二十多年武术，最后还是有一层窗户纸捅不破，等见了李贵江老师，人家当面给你一作，刹那就都通透了。所以自学是不支持的，非常难！

文中说唐维禄走路特别标准，左右脚步子迈出去都是一般长，这个说的是中正。无论哪一门，基础功夫都是求中正，孙门就是站无极桩，站到你在马路上走，突然过来一车差点撞上，你本能一回身金鸡独立纹丝不动，这个中正就有了。身体中正了，除非腿脚有残疾不一样长，否则怎么迈步都是一样距离的。至于说崩拳的小步子也就是寸步了，也是练功的步。这里要特别强调中正，如果你中正得了，无论哪个姿势，体重都在大腿上部肌肉上。如果失去中正，身体肯定会自动调整，就会用膝盖去找正，时间一长膝盖就会出问题，这就是一些人练太极拳伤膝盖的原因。崩拳的步子练大胯里根，其实是对丹田也就是腰胯全部的锻炼。当你得了内劲就有体会了，崩拳是最能体会一气之鼓荡的。这里再说一次，形意拳里说丹田，是指横膈膜以下、耻骨以上的整个腔体，而不是脐下一寸三分的丹穴。那个练不出功夫来。

文中重点提到了象形会意的重要性。确实，这四个字基本是对形意拳根本精神的总结，文中说得也都是对的，是形意拳的真东西。人生出来头半年还在原始纯阳的状态，半年后阴阳既开就入了后天，生老病死随之而来。如果把人的一生用六爻来显现，那么出生后是六阳纯全的乾卦，死则是六阴的坤卦。形意拳是往回练，可不是像硬功那样加速着生命的消耗。道体衍生万物，天地宇宙之间各种死的活的其实都是一个出处，来自于那个原始本来。既然是一奶同胞，那么在精神上就是相通的，也正因为相通，所以我们可以借鉴人家的精神为我所用，这就是象形会意。比如你学猴形，人家说你像个猴那是骂你，我们学的不是形，而是猴的性。什么叫性？性就是先天的精神。什么叫先天精神？就是你从娘胎里带出来不用造作自来就有的那个本能。你把本能学到身上来，不要把形状学过来，形状没什么用，只有本能才有用。猴子的本能是什么？就是一个灵字。猴子要挠你，跟猫要挠你一样，你手再快也拦不住，你得学这个！你说我这一手偷桃是猴形，关键是你偷的上吗？这就是学到后天形式上去了。

天地万物精神相通，所以人都能取其精神为我所用，关键看你取哪个。形意拳发展到十二形已经足够了，其实也不是不能增添其他的

形，都可以为我所用。薛颠的象形拳就有八象，骨子里是一个。比如泰山的巍峨庄严是它的精神，你把它用在防守中，捆住了对手精神一发作就能震慑住对方。这道理其实也很简单。普通人都胆小，遇见流氓就没招了，因为流氓会吓唬人，一瞪眼一狰狞就把你镇住了，这个也是象形会意。但你反过来学得如天神下界一般，所谓邪不压正，流氓看见你也害怕。文中说练拳找个喜兴地方，溜达也找自己喜欢的地方去，这些都对，都是象形会意。感动，这词很好。人受感动都是不自觉的，没有说我自己制造出点感动来的。感动就是感染了先天的精神，背后就是我说的天地万物精神相通，真要回到那个原点上都是互相影响的。所以古代遭了大灾，皇帝要下罪己诏，人世间罪恶太多会影响天地自然的气候，因为本源相通。你觉着自己做个坏事无所谓没人看见，但你的心坏了同时也会影响到天地系统的稳定。

关于练功过程中生理上出现的种种变化，人和人具体上是不一样的，可以说一个人一个面貌，但这些都不是本质，而是返先天后自然带来的，不能执迷于这些现象上的东西。其实形意拳骨子里都是练一个东西，就是内劲。尚云祥说练功不练拳，拳不打人功打人，都是说这个。功有了，拳上才有。内劲找不着，就是个架子，一动手茫然无措，关键是不知道内劲到底为何物？有人说是脚底下使劲的，也有人说是腰胯联合的，其实孙公禄堂已经解密了，说得非常清楚："虚无一气，金丹也，形意拳之内劲也！"只是后人不明白，在后天里头瞎琢磨，自然是离题万里了。说了这么多，具体怎么练？其实就一句话，要返先天。如何返？孙门就是从无极桩里直接返。我告诉你了，无极桩就是捷径，想得真东西就去站，入了道就有了。

文章最后谈到练形意拳的脑子厉害，眼光厉害，这个你返了先天、把内劲练出来就会自然出现。因为你在那个无所不包的虚无境界里，别人都在后天里，他们的思想行为都是你所在虚无本源的衍化，自然都被你瞅在眼里化在心头了，就这么简单。包括后文书说的化脑子，也是这个。所以归根结底还是要返先天，用拳谱里那句话来形容："拳无拳意无意，无意之中是真意！"这话其实也害人，多少人又去造作个无意出来。我让你当即放下，放下了就是。

5 入门且一笑,师是平淡人

这一部分开篇即提到练完拳要化了那口丹田气,不能随便开口说话,更不能唱歌唱戏,这是规矩。形意门里的规矩是多少代人用自己的身心体验总结出来的,直接连着性命,弥足珍贵。

内家与外家不同的一点,我们练拳就是练功,功在拳里,拳功一体。外家拳是拳、功是功,内家拳则并不区分。为什么?因为内家拳是从道家来的,所谓形而上道艺,形而下武艺,入道的东西是不分体用的。还有个特征是简易。非常简单,就那么几个动作,翻来覆去一练几十年,可越是简易越包容万物,与天地同德同心。越是复杂的,花样百出的,越是等而下之的东西。徐皓峰先生引述于承惠的话,年轻时他是专业武术运动员,一是自己爱好,二是能下功夫,竞技水平也是比较高的,但某次听一位老运动员说过了三十身上这些所谓的功夫就退了,和常人没什么区别,还得带一身伤病,于承惠就寻思我这么下功夫,到三十白玩了,不行,我得找真功夫去,结果就到民间去寻访,才有了后来的一些造诣。举这个例子就是告诉大家,一,真正的传统武术不是大家心里头想象的那样;二,武术的功夫也不是和西方体育一样的上量搞竞技。我们练内家拳的讲究内功,什么叫内功?就是唐维禄说的,要把一口丹田气化在身体里头,根子是丹田里头做功。这里就要再重复一遍,形意拳所说的丹田,是指横膈膜以下、耻骨以上的整个腔体,不是

脐下一寸三分的丹穴。在这么个大腔体里做什么功？怎么做功？所谓命意源头在腰隙，所谓时刻注意在腰间，其实内家都是这个，功夫都在这里头酝酿，而所谓的炉鼎也是这个。这个你要是不懂，就都是胳臂腿上的胡闹事。练我们这个拳，你若是得了真传的，首先得知道内功是怎么个做功法？这个丹田、炉鼎是怎么运用的？功夫在里头是怎么运化的？内劲到底是个什么东西？它又是怎么驱动四肢的？人身最基本的根节在哪里？所谓根节催梢节是怎么个催法？腰催肩、肩催肘、肘催手，腰催胯、胯催膝、膝催足，这些怎么做到的？老谱里明明白白告诉你是从里往外催动，如今多少人都是拿手足去引领身体，你这不是本末倒置吗？说白了，就是不懂丹田是怎么回事，不懂丹田做功是怎么回事，更不知道内劲为何物，练多少年都是白练。

我们练拳就是练功，形意拳的功就是五行拳，只是练法和用法有区分，练法规规矩矩，用法则没有规矩，无所不至。那么具体怎么练呢？就是按照孙公禄堂《形意拳学》里那些规矩，一丝不苟地去练，自然就有了。孙公没有隐瞒，只是后人不懂而已。那么后天气血通过先天运化，自然在炉鼎中工作，带来气血筋骨膜的种种变化，而每当练完功的时候要把练出来这些收归己用，也就是所谓的"收功"了，这个非常关键，也是大秘密了。唐维禄让徒弟们溜达，说溜达几圈就会有熏蒸沐浴的感受。什么叫熏蒸沐浴？就是焕然一新嘛，性命上得了，在精气神上显现。溜达啥意思？其实很简单，就是要通过回返先天来收功。人在溜达的时候最放松，心理上没负担，尤其练完拳脑子里也干净，溜达几圈就得了。这是李存义这一门，换做孙公禄堂这一门呢？就是无极桩。每趟拳起始无极，打完回归无极，就是收功了。无极，道之本也。

我们这门里真练出来的，对老师感情都深，恩同再造。老师传你性命再生再造的东西，你能不感激？等于命里头又有了第二次新生，也

就是所谓的"养就丹田长命宝，万两黄金不与人"。比如说人过四十肾虚，好多老爷们就吃各种补药，结果真能补上吗？后天所谓补药都是热性，催动了气血让你觉得自己性能力强了，其实是提前透支。你练内家这个功，很短时间内肾就补起来了，性功能能恢复到十八九、二十岁，这个拿钱能买来吗？就是不深入武学，单就这个人生享受就得比常人多了多少？

关于背拳谱的事，如今倒是用不着了，因为过去人的文化水平比较低，而且练拳悟道是个长期的过程，不指望你一下子成就，所以先背下来你慢慢理解。功夫到了一定程度，身心上有了变化、智慧生发了，对应着拳谱上那句话，一下子就透亮了。包括学拳也是如此，老师教你的暂时不懂没事，但一定要记住，千万别着急，这拳不是着急的事，等你有了体悟自然就明白了。

这里又重点谈到虎豹雷音的事。唐维禄用钟体的高频率震荡来形容，而尚云祥用小猫身体的内部振动来提点，其实说的都是一回事，但尚云祥的更高明。因为人的身体生理在先天上和这些猫科犬科动物是相通的。你看老虎狮子没事的时候往地上一趴，它那个胸腔腹腔就会呈现规则性的频率震动。狗也是这样，俗称狗喘气，可人家那个不是造作，动物永远都在先天，也就是说，先天上动物都这样，这个是本能。人为什么没动物力量大？一百多斤连个猫狗都打不过？因为你在后天把先天本能遮蔽了，但要是给挤兑急了把先天本能给放出来，那就是蔫人出猛虎。一个疯子四五个老爷们按不住，疯子虽然不正常，但生理上在先天，是动物本能的状态，形意拳高明就在这，练的也是这个，这个出不来，你就是个拳架子。

文中提到一个尚云祥的朋友，身体里头虚得厉害，胸闷头疼治不好，来找尚云祥想办法，尚云祥后来私下讲，囫囵吞枣般念书有用，说

小孩子上学一读书就有股振作之气，有这股气势就能治病。这话真没错！看到这我是特别佩服尚云祥，人家没什么文化的人，能把形意拳悟到这份上，可以讲真是天纵之才啊。这股气势不就是精气神嘛！精气神哪来的？先天嘛！小孩子念书是不求甚解，一大帮孩子一起念，脑子里是清清静静，这个精气神就激发起来了。话说回来，小孩子很容易做到，小孩子得病也容易好，因为小孩子心里头没杂念，清水一般，自然好得就快。成年人心里头不干净，你让他清清静静，让他静下心来读书，难啊！我曾经给朋友出过一主意和这个类似，如果是得了不好治的疑难杂症，就去终南山这样的地方隐居起来，念念经吃吃素，有半年一年的可能自己就好了。其实也是这个道理。谁要是懂我的话，就知道怎么养生了。

拔钉子那个场景或许是真的，因为形意拳最早出来的就是指头上的劲，这个我有体会。四梢里头有个指为筋梢，十个手指头会越来越坚韧，手掌握力也会越来越强，我功夫没到不敢说，也许像孙禄堂孙存周那样的能做到吧。关于点穴，指头上功夫不是从插沙子、俯卧撑里头出来的，形意拳不练硬功，就是在五行拳里出，气血筋骨膜愈发强健，外在这些功夫就都有了。形意拳入门那些规矩就是秘密，你照着去练就成，关键是入门得是过来人给你调，才不至于走错了。

一门传统技艺，既有拳法，也有道法，还有医法和药法。我们这一门从李老师那里就是抓筋拿脉，很多医院里头治不好的病，到李老师那儿都能妙手回春，这里头就是气血筋骨膜的互相作用，中医已经失传了，唯独武行里头还传承下来。我们这一门还有独传的"五毒手"，门内轻易都不露，外头更是闻所未闻，其实就是药法，说出来大家听个新鲜，开开眼界就行了。如今这些都没人练了，你练出来不是惹祸吗？就是人家抓不住你，你若把人家弄残弄死还有因果管着你呢。我们是练拳

修道，不赢钱赢地，练那些没太大意义。

第七章里最核心的部分，就是尚云祥以神作拳，一般人听了觉得非常神奇，这都不用练拳了，每天都在这个神意里头。其实挺简单的，我说出来就不神奇了，就是练拳生活化。形意拳入了化劲一定是这样。形意拳，形是架子，意是核心。这个意是先天神意，但一定是从形慢慢体会到意，你体会到了，形就不重要了，也就可以整日里以神意作拳了。你看他行走坐卧和常人无异，其实一直在先天神意里头，这个拳是无形无相，用出来的有形有相不过是形式，拿过来就可以用。真正的形意拳，不是大家想象的那样。在普通人的意识里，拳都是有形有相的，唯独形意拳不然，形意拳那个意最重要。你懂了这个意，溜达着也是练拳。唐维禄的徒弟不都爱溜达吗？练完拳溜达是收功，平常溜达是练功，两个意思，但一个道理。我懂尚云祥，因为形意拳都是一个根上的。

八卦掌和太极拳古传没有站桩，只是形意拳有桩，形意拳的桩古来也只有混元桩一个。到了孙公禄堂，又发明了无极桩。至于说三体式，本来谈不上是桩。三体式古称三才式，讲的是天地人三才的作用，还有阴阳和合归一，其实只是个静而已，后人练得糊涂，或者没得真传，把个三体式弄得神神秘秘的。三体式只要姿势一摆，身心瞬间能够入静，你就练到了。形意拳的核心是五行拳，混元桩和五行拳出来的东西是一个，就都是返先天得内劲，混元桩是在身心内部、先天后天边界处不断运化，以先天精神催动后天功用，能够迅速提升体质体能。而五行拳比混元桩出来的东西多，但从返先天出内劲这块是一样的，所以文章中说拳在桩里，桩在拳里。

文中提到打法，是把身体挂在手上，这个是对的。练拳的时候是根节催动梢节，一节一节慢慢练。动手哪还有这些？零点几秒就定生死，

只是一瞬间的事，而且容不得你过脑子，全是平时养就的本能。怎么体会把一百多斤挂在手上？可以从启动速度上去开悟。比如你身子启动的速度在前，超过了前手，打到目标上时整个身体的冲量就和手一致了。这里只是简单举个例子，还要靠平时自己多体会，每个人练出来的东西形式上都不会一样，要练出自己的真章来。最后有句话太好了：要开了智慧。我们练形意拳的就是开智慧，非得返了先天智慧才开，这个和禅宗悟道一样。你开了智慧就无所不知，别人不知你知，所以眼光才厉害，脑子才厉害，动手时你能找着空子对手就不能！

6 把臂话山河

这一篇非常重要，前后分成两个部分。第一部分说尚云祥睡觉不能让人看，别人一看就醒了。徒弟不解，他说形意拳练的就是这个。李仲轩问怎么练的，尚云祥说有人走在你后头，你回头瞪他，心里头也瞪。实际上说的是形意拳这个意的本质。第二部分讲根节。唐维禄不让李仲轩专练三节，而尚云祥偏偏又说李仲轩不练根节不对，其实唐维禄和尚云祥说得都对，这里头就涉及形意拳一个大问题，就是最基本的根节在哪里。

解说之前，先把文章起始部分里关于师徒的关系讲一讲。1949年以后封资修都砸烂了，这些门里门外的规矩几乎都不存在，这些年又有些泛起的意思。规矩其实是为了认真，有规矩的人心就踏实，没规矩的人不能教，教了出去一定惹祸，害人害己。所以就算是最不讲门派规矩的，比如唐山孙氏拳门因为张玉书是党员干部，拜师也只是喊一声老师，但尊师守德是必须的。但凡张玉书教过的，也有学其他触类旁通的，但一说起自己老师，都是张玉书。你不守规矩，老师就不教了，这是最温和但也是最决绝的惩罚。没了老师指点，你就算是天纵之资，到了关节上自己过不去，一辈子也是枉然。

书回正传。尚云祥说"形意拳练的就是这个"，这个是哪个？要是搞清楚了就得真传了。因为尚云祥是练出来的，而且功夫那么大，他

说的就是这个，那就肯定是这个。这个到底是哪个？其实就是孙公禄堂说的"返先天、用一气"。孙禄堂用理论总结出来了，尚公是打比方，希望徒弟们能醒悟。他不是和李仲轩说"心里头也瞪"吗？平常人瞪眼不走心，你走回心试试？你说我生气瞪眼也走心，你那个是后天造作之心，先天那个没有造作的无所谓生气不生气，而是空空静静。后天的心是伪心，主人翁不在家，你觉得自己是自己，其实你自己早被欲望习气带走了而不自知。你能回家来歇会吗？懂得回转，就是道行之人。

尚云祥说的"这个"，就是内劲。孙公禄堂在《形意拳学》里说了，"虚无一气，金丹也，形意拳之内劲也！"你要练出来了看老辈人的话没有不懂的，人家只是说法不同而已，但说的都是一个。那么尚云祥说的"这个"，就是孙禄堂说的"虚无一气"，也就是可以从"心里头也瞪"体会的。换句话，形意拳的内劲，包括一切拳术的内劲，也都是这个。内劲到底是什么？首先它产自虚无境界，其次它是精神作用，也就是所谓的"真意"，无意之中是真意嘛，有意了就是假的。第三，它虽然是精神作用，但通过作用于肉体，可以发挥出巨大的能量。把这三点总结起来，就是对内劲的综合阐述。

所以，要体会内劲，首先要平息欲望习气，往回走到精神上空空静静的境界，在那里你不带情绪瞪一个看看，就知道内劲是什么了。孙公禄堂早就说了："世人不知内劲为何物，皆于一身有形有相处猜想。或以为心中努力，或以为腹内运气。皆是抛砖弄瓦，以假混真。故练拳者如牛毛，成道者如麟角。"如今但凡谈内劲的，哪个不是心中努力，哪个不是腹内运气？最典型的就是丹田运气。那个要是玩一玩也还好，深了会把人练出毛病来的。归根结底一句话：内劲是无形无相的。但凡有形有相就都是错的。凡所有相皆是虚妄，若见诸相非相即见如来。如来，似来而又似没来，就是虚无生一气，内劲也。

文章的后半部分谈到尚云祥突然抓住李仲轩的两臂摇晃，结果李仲轩一时惊呆了无所作为，尚云祥一叹气：你怎么也不知道还手呢？你这是练拳不练根节啊！李仲轩想了，唐维禄不让我练三节啊，怎么尚云祥让我练根节？从这里能看出来，尚云祥是真喜欢他，把真东西反反复复、掰开了揉碎了讲给李仲轩听。唐维禄不让他练三节，是因为初学阶段无从体会内劲，一定要从拳架上体会整、体会合。尚云祥是带着李仲轩直上顶层，奔着内劲这个本质去了。尚云祥的话里有两个意思，一是李仲轩的拳练在后天，瞬间竟然没有本能反应。这就是我常说的，你练在后天没什么用，这个招那个法，可动手时才零点几秒，没时间让你想招，瞬间都是本能反应，根本不用想就打出去了。李仲轩这没有，所以尚云祥是一叹气：你怎么不知道还手呢？其实是客气了，言外之意是你没练出来。然后接着那句：你是练拳不练根节啊！说明什么？尚云祥说的根节是和上面那句连在一块的，反过来琢磨就是你只有练了根节才能把本能用出来。

当时尚云祥还和李仲轩讲了什么咱们无从所知，但从后面的文字来看，李仲轩记忆里只是尚云祥说劲力要走根节，那你这个劲从哪来啊？总得有个源头吧？劲力走根节和练根节是两个概念，那这个根节在哪？腰催胯，胯催膝，膝催足；腰催肩，肩催肘，肘催手。显然根节是在腰，那这个腰怎么出内劲？扭腰？转腰？叠腰？那玩柔术的肯定内劲厉害，人家那个腰都玩出国际水平来了。根本不是那么回事！身体是外在的有形有相，内劲是无形无相，通过在腰胯的做功来体现根节的作用。可以这么说，腰胯是载体，服务于内劲。而内劲是虚无一气，瞬间的精神作用，在腰胯这个根节里头爆发，而后传动到躯干四肢进行攻击。而这个腰胯，也就是之前我说的，横膈膜以下、耻骨以上的这个大腔体，才是形意拳所说的丹田。而丹田发力，丹田内

炸，说的都是这个。

　　形意拳练的入道不入道，最根本的一点区别是看你在先天还是后天。我拿烟头在你不注意的时候烫你屁股，你能一下子蹦起来，这个功能出来的就是先天。你看着我拿烟头烫你，你拿胳臂来挡，或者跑了躲避，这些都是后天。不思而得、不思而动的才是先天。你练在先天了，才会有本能反应，那么尚云祥冷不丁一抓你，这时候你根本不用想，平时怎么练的本能一下子激发出来，而这个肢体动作是通过腰胯这个根节瞬间把内劲释放出来，完成一个攻防。这个才是尚云祥的真意啊！尚云祥是看李仲轩不懂，所以只好自己来演示。为什么演示的是炮拳？因为形意五行拳里头炮拳最能体现出"这个"，其他四拳都不如炮拳这么明显。把握了内劲和根节这两个本质，你是用"爆炸"还是用"翻浪"，都是一气衍化，先天精神上随意一个变化而已。劲力走根节，你有了腰胯这个根节，劲肯定得走根节，怎么可能直接走到梢节上去呢？三节是传动的作用。练是一节节从根部出去，用的时候就不考虑了，瞬间已经到了，但也是通过三节传动，只是太快了后天意识感觉不到而已。至于说拳的种种变化，都是细枝末节。拳架是服务于内劲的，内劲才是不易的根本。所谓三体重生万物张，你只要想创造，那多了去了，何止五行十二象？关键是要懂得什么是根本，根本是"这个"，是内劲，其他的都是服务于它的。所以尚云祥说：练功不练拳，拳不打人功打人！

7 使我自惊惕

　　这一篇文字不多，但谈到了两个重大问题，一是形意拳或者内家拳到底应该怎么站桩？二是练与养之间的关系。之前我反复说过，混元桩是形意拳门内最大的秘密，不懂混元桩的道理，也不会懂得五行拳，是无法真正入门的。还有就是练拳修性命的问题。作为内家拳必须有个身心修养的功用，最起码能够延缓人体自然衰老的过程。评判一个人练出来没有，一是看性命上是不是逆反回真，四五十岁的人得比十八九岁的小伙子体质体能好；二是技击上得有真东西，不管是拳击、散打，还是什么，都得能接得住。

　　本文开篇先说了趣事，尚云祥有"铁脚佛"的称号，后头也说他曾经踩裂过寺庙里的一溜青砖，这在武林中是极为传奇的事，而且也很令人向往。是啊，都能踩裂青砖，而且还是一溜，这功夫不是天下无敌吗？可尚云祥本人却不这样认为，他说那是年轻时练功自然得的，只能吓唬吓唬外行。这话怎么理解？如果这样的功夫还只能是吓唬吓唬外行，那内行的功夫到底是什么？那么如今我们练各种硬功夫的不就成了外行了吗？在高水平的技击对抗中，这些所谓的硬功根本就没什么用处，特别是在面对一个内家拳技击高手的时候，最多也就是零点几秒的反应时间就打完了。如果你是练在后天的，还要琢磨怎么打怎么防的，基本上倒地了还不知道怎么回事，这就是形意拳为人称奇的"人打不

知"。人家在先天上反应，你在后天上接，那不是一个量级。

　　下面我们就要谈到本篇最重大的一个问题，就是站桩。李仲轩提到之前和唐维禄练拳，都是站些吃力的桩，他能站到一到两个小时。那是什么桩？无非是三体式或者马步嘛。可到了尚云祥这却只让他站浑圆桩，浑身轻飘飘的不着力，他是心有疑问："这也能练出功夫来？"可这是尚云祥教的，你不信也得信。换了我说就没人信了，这些年我说了多少次形意拳不站三体式，混元桩才是最大的秘密，估计信的人不多。文中说到的浑圆桩，就是我常说的混元桩，为形意门古来秘传。后来王芗斋传出去的浑圆桩和混元桩外形相似，里头东西则迥异。混元桩是道艺的东西，名字的由来是老子《道德经》上的那句："有物混成，在天地先。"就是返先天，体会本能。混元桩能融合气血，对后天身体素质的提升有巨大功用。

　　混元桩的窍门就是书里说的，两手胸前一抱，浑身都不吃劲，就是别较劲。没得真传的都把功夫认知在后天，觉得只要练得硬、练得苦，身体上受了罪了，这个才是吃功夫，才会出功夫。这种后天的练法是竭泽而渔，和散打搏击的练法一样，短时间内把身体素质提升到一个顶点，自然是要强于同体重一般人的，就实现了强打弱。但每个人的身体本钱是一定的，你到了顶点就再也上不去了，而且年龄稍微一大身体机能开始下降，各种病痛就随之而来。传统武术在内在修为上有独到一面，能够不断地提升人体的自身素质，虽然你的个子是长不大了，但你的强壮程度在不断提升。这里头没什么技巧而言，就是内在质量的不断积累。传统武术和西方搏击不是一个路子，我们是内炼，作内功，用内劲，而这所有的一切都在于要返先天。

　　后面还有一句传遍天下的话："你抱过女人没有？"谁都抱过女人，男人第一次抱女人是什么体会？瞬间大脑一片空白，自己人都飞了，身心中只剩下甜美酣畅，这就是起化学反应了。不要以为只有练拳才会身心变化，拳只是大自然的一个总结或者反映，你要是真悟了道不练拳一样能调理身心，只是技击这一路没有而已。李仲轩到尚云祥这，尚云祥看出了他的毛病，但要是直接讲理论不是路数，而是要启发，所以尚云祥一句就把他点透。这就是好老师的伟大之处，一句话你就上了层次，功夫就突破了。说白了，就是让你放下。你担在身上始终放不下的都是后天的造作，你把后天的零碎东西都放下了不就是先天了？就这么简单！

圈手，看意思类似云手，人身体分左右，阴阳平衡就不会得病，只要是类似的均衡动作，像太极拳那样舒舒缓缓来做的都能治病，不一定非得是圈手。转七星，在孙门叫作转九宫。转九宫是郭云深传下来的，大约也合了尚云祥的话，你转什么都无所谓，不一定非得转七星。因为练拳练功都是在静态下，从静态到动态要有个过渡，摆十几个桩子来回转一转，从拳里头得的东西在活桩里头能够愈加得到阐发。孙门提倡跑步，其实秘密和这个差不多。有些你拳上不通透的，一跑起来身上就活了，东西就上层次。少林派也有类似的练法，是用十几个沙袋挂在梁上，都悠起来人进去连走带打，意思一样。

文中说到八卦掌的练法，其实是给后世练八卦掌的传播福音了，只是不知道有没有人重视。尚云祥是得了程廷华的传授，两人是换艺。八卦掌的关键在走，可这个走如果仅仅理解为两条腿上的功夫，那就是太糟践古人的好东西了。谁都会走路，怎么你就会打人了？那些跑马拉松的腿上功夫比谁都好，他们会不会打人？之前有句话不是"拳在桩里、桩在拳里"吗？孙门也有句话："形意是直八卦，八卦是圈形意。"无论形意、八卦还是太极，为什么都叫内家拳？内外有别，动静有别，尚云祥说动静有别的意思就是内外有别。不要练到后天去，而是要回返先

天。八卦掌走圈只是基础功夫，要往轻灵里头练去，一走圈，人的精神状态马上不一样了，走几圈以后心里头一股子劲就上来，越走越精神。不能越练越沉重，呼哧带喘累得要死，天天好像拼命熬着练，那也是竭泽而渔。

我们主要是练身，而不是局部的手或脚。这个身法得练到什么程度？不思而动！你可以说是灵敏，也可以说是灵动，就好像小猫抓老鼠，你看它一点一点肚皮挨着地挪过去，刹那启动已经到了。人家不会想我是怎么扑的，想就拙了。我们这拳也是这个。动物都在先天，二十四小时。人呢，二十四小时都在后天。所以要动静有别。再比如你和另外一个人坐在同一个条凳子的两端说话，不经意间那人突然起身，你这边就是突然失重，这时候如果是年轻人比较灵敏的，瞬间身体一个调整就跳开了，回头你再想想自己怎么跳起来的？不知道！身法练的就是这个。你不往这里头下功夫，而是每天跳坑、背沙袋跑步、蛙跳，除了能把大腿练粗点，毫无用处。总之一句话，武术不是这么练的。

文中最后一段是非常重要的，对每个练武术的人都是个警醒，就是练与养的关系。形而下武艺，形而上道艺。何为道艺？性命双修！生命的质量会越来越好，而不是越来越差。不能是到了岁数人家白头发你也白头发，人家配假牙你也配假牙，那就不是真功夫了。传统武术练的就是精气神这三个字。说个浅显的比喻，你有十块钱，最多也只能花两三块，多数都要存起来。练与养，就是这个关系。动手的一刹那，身体负担极大，普通人要打架没一分钟就浑身没劲，有的站都站不起来。为什么搏击比赛定三分钟一回合？就是高水平选手也不过三分钟而已。这种消耗是极其巨大的。台上一分钟，台下十年功。台下的付出和消耗更大啊。所以，你不懂得练与养的关系，还想出大功夫、擂台上大红大紫，那就要付出生命预支的代价。那么拳到底怎么练才是对的？尚云祥已经

说得非常明白了，要含着练，形意拳要有些太极拳的含蓄，太极拳要有些形意拳的充沛。这话已经太直白了，无须再解释。

下面这段话说得太精彩了，忍不住贴出来给大家看看："练武先要神闲气定，能够心安，智慧自然升起。练拳贵在一个'灵'字，拳要越来越灵，心也要越来越灵。练功时不能有一丝的杀气，搏击的技能是临敌时自然勃发，造作杀心去练拳，人容易陷于愚昧。"练拳也是修养，才会生机一片！练泰拳的有句狠话："只要不趴下就得练！"过去泰拳师的平均寿命没有超过四十岁的，这些年是好一些了。泰拳是穷人翻身的机会，擂台上挣命换饭吃，所以练得又硬又狠。还有一个比泰拳更狠的，是缅甸拳。说白了就是练得硬，把自己练成铁柱子一样，谁能扛得住啊？但你自己的身心健康呢？你不考虑早晚是要还账的。

8 功成无所用

本篇说出了两个形意拳的重点，也是人所不知的秘密。一是形意拳的练法。形意拳有练法、用法和演法，如今多是以演法和用法混而为练法，其实是练法失传了；二是劲上脊背，怎么着就如狗熊般一蹭痒痒别人就出去了？这里涉及形意拳对人体工程学的精密建造。其实，练拳的一个层面就是练生理，或者说用生理，首先把自己的生理搞明白了，才能把身体这个"器"的功能做出来，这也就是所谓的"近取诸身"；还有"远取诸物"，就是搞通物理。生理和物理都明白了，形而下这一块就无所不懂、无所不通了。

篇中提到了一个李存义和"老小伙子"比武的故事。李存义让他站在十步开外，而且一声令下让他先跑，但每次李存义都能如鬼魅般瞬间站到他身后，连着几次都是如此。很多人看到这一块觉得不可思议，其实就是我常说的"返先天、用本能"。这里头有几个因素，一是两人要比武，而且要听人发口令，心里头难免就会有所造作，也即是刻意、故意了，你一故意身心就拙了，本来还能灵活点，结果不自然地笨了。你要故意去夺人家手里东西就难，冷不丁的对方才防不住，就是这个道理。这个老小伙子不懂生理，在后天上刻意了，可李存义是形意高手，在先天上反应，后天能接得住吗？先天就是那个"冷不丁"，后天就是那个故意。人的一步是六七十公分，十步六七百公分，也就是六七米，

一个践步转眼就到。所以跟形意拳练明白了的人动手会挨打不知，一刹那已经倒了还不知道怎么回事，就是人家那个冲击速度超过你的反应速度，你自然不知道怎么倒的。形意拳的攻击力强就在这里，这么快的速度同时还有一下打死牛的拳劲，谁能挡得住呢？

下面就说到最关键的、也就是形意拳的练法。尚云祥见李仲轩频频发力，说用的时候这样可以，练的时候这样可不行。过几天又告诉李仲轩，形意拳练法如捉虾，双手轻快出去，要带着东西回来，"轻出重收"便是无上口诀。尚云祥说得对啊，就是这个。是哪个？就是我常说的"含着练"。我们现在练拳的很多都是重出轻收，像李仲轩那样频频发力，练得又硬又狠又快，这是练反了。平时硬，用时就软。平时快，用时就慢。平时狠，用时就松。反过来练，用的时候才使得出来。另外更关键的，形意拳是内家拳，拳道相合，用道法指挥拳法，所谓"轻出重收"实际上就是练法上的顺中用逆。你把精气神都打出去了，早晚把自己练糟烬了。练拳要含蓄，功夫不在胳臂腿，而在先天的那个精神。这个精神有了，才会激发后天气血功能，身体素质才会越来越好。先后天要相交，光有先天精神还不够，还要有个后天身体的落足点，就是丹田和腰胯。这样你再回去重读那些形意拳拳经、六合九要这些东西，就会有一个新的体会了。

唐山孙门有位老前辈，年轻时练形意拳就像李仲轩这样，以为练得刚猛就是明劲，每天练完拳地上都能趟出一道深沟。后来孙存周来唐山看到他这么练，就说他练拐了，再这么练就糟烬了。结果他还不服，孙存周让他来打，结果每次都是一沾身就飞出去了，这才彻底明白自己练错了。可身上犟劲已固，重头再学是很困难的，所以说大师就是大师，孙存周高明，就让他走着练，这么一走，身心上一松慢慢犟劲就去了，逐渐回了正轨。当然，光靠走着练是出不来功夫的，自然还有孙存周教

他的其他东西。但是走着练就非常符合尚云祥说的"轻出重收"的原则,人最放松的状态,主要是休息,而走路是其中之一。人没有说走路还想着应该怎么走的,要是想怎么走就魔怔了。走路最接近先天状态,身心放松,离着正道就近,而练完拳溜达溜达也是这个道理。

　　本章一开始李仲轩回忆了当年和唐维禄学拳时的场景,可能很多人一眼就看过去了,其实对于初学者是非常重要的。为什么要在屋子里练?为什么师父也不能看?为什么要在黑夜里练?人生下来就有慧根的不多,绝大多数人可能不缺乏聪明,但智慧上就很难说了。聪明是思而有得,而智慧是不思而得。比如到一个陌生地方,能够感知有没有危险,适不适合自己,这个就是不思而得。还有咱们练拳不让你瞎琢磨,不让你瞎问,就是要激发你的智慧,而不是用你的小聪明。越不让你问吧你越问,只好不搭理你,惹翻了师父还揍你。其实在明白人看来,愿意问、爱琢磨的都愚蠢至极,不可教也。

　　练拳要清静,在一个屋子里没有第三只眼睛看你,容易聚神凝气。当然,这个神气无须造作,本来就存在的,你非要去找什么神气,离神经就不远了。所以老师教给你了,自己找没人的地方练去。注意是没人的地方,不要当着人练,容易分神,容易怠惰了自己的那颗心。为什么要选在天黑时练?眼耳鼻舌身意六贼,白天是非常猖狂的,可到了黑夜阴气做主就消停多了。加上天黑眼睛和耳朵的功能退后,这个先天"真意"的敏感就靠前。这个敏感,就是形意拳练的那个敏感。平常人里头,女同志比男同志敏感,一般背后有人跟着,女同志都能第一时间感觉到,这个感觉就是敏感。把这个敏感逐渐强化了,人就会时时在这个境界里。为什么尚云祥睡觉别人不能看,就是这个原因。他虽然在睡觉,但那个敏感的功能还在工作,你的注意力一到他身上,敏感自动就会提醒他。这个就好像女同志对身后跟着的人特别是男人非常敏感一样，好像脑袋后头长眼睛，这就是练拳要通生理的道理。

文章中另一个重要的部分，就是借熊形而说发力，且是真发力。既然有真发力，就有假发力了。换一句说话，既然有真内劲，那就有假内劲了。孙公禄堂那个时代就已经有人把内劲搞得七七八八，不然孙公也不会在《形意拳学》里特别辟出一章来讲内劲："虚无一气，金丹也，形意拳之内劲也！"内劲是无形无相的，有形有相的那不是内劲，那是造作。十二大形中的熊形就是个起立的动作，模仿狗熊的直立之能。这个在用法上是从低处往高处打。一般矮子打大个吃亏，可你要懂了熊形的道理就容易。高个子的虚弱之处恰恰在身低处，你从低处打上去自然占便宜。可尚云祥这里的熊形就不一般了，好像狗熊蹭树磨痒痒，然后告诉李仲轩："你不是喜欢发力吗？功夫上了后背才能真发力。狗熊蹭痒痒般浑身一颤，对手就出去了。"

首先我们得知道什么才是真发力？真发力就是用内劲激发出来的身体攻击功能，除此以外都是假的。首先我们筋肉不做主，而是神意做主。可实际上绝大多数人都是筋肉其实是肌肉在做功，或者是丹田里头较劲，小腹里头加压，用孙公的话讲这些都是抛砖弄瓦、以假混真。真发力从形而下生理上讲是劲上脊背，腰胯、内膜、丹田三者合一，同时还有七节腰椎与胯骨的协同；从形而上讲是一气之发动，也就是内劲的激发。这几个因素都瞬间爆发，出来的才是真发力。我们做个试验，你两条腿离地，坐在一个椅子上丹田瞬间发力，如果能把自己的身体凭空激起半截，好像平地飞升一般，这个才是真发力。

9 这般清滋味

本篇的重点在于进一步揭示形意拳的"内劲"、形意拳的"形"与"意"到底为何物？同时通过对明劲、暗劲、化劲的讲述，使读者对形意拳有更加深入的体知。

尚云祥的这几句话好："练功不练拳，用劲不用力。"传统武术起源于原始社会先民对猛兽捕食的模仿，老虎豹子会不会每天弄个架势练来练去呢？肯定不会，人家用的是本能。这个本能人身上也有，只要是动物都是有的。形意拳是传统武术发展到一个极高的境界上返璞归真了，创拳的先人发现原来本能这个东西比后天所有的功能都好用。所以尚云祥说练功、说用劲，这个功和这个劲，都是先天本能上的显现。让你学老虎豹子，这个总可以明白一些吧？动物时时刻刻都在先天里头，人家没有后天，自然也没有思想造作。你把这个本能调出来，在这个基础上应用在拳法里的，才是内功和内劲。

那么就要问了，怎么练？最接近的就是入静，虽不中不远矣。比如练八卦掌走圈人会喘，但给你四个字"平心静气"，就妥当了，一下子身心就安静了，走着也不累了，气息也若有若无了。身心安静之后慢慢地鼓荡就会出来，这个时候老师给你一做，你就知道什么才是内劲，有智慧的马上就出来。因为每个人身上都有，不是后天制作出来的，而是要返璞归真让它自己出来，所以也没什么神秘的，只是人在后天时时刻

刻造作而不易得罢了。

　　这里要解释什么才是"消息全凭脚后蹬"？消息是什么？肯定不是力量。这一段写得蛮好的，有人以为就是蹬地拧腰出拳，但搏击类蹬地是前脚掌而不是脚后跟，不信你自己试试用脚后跟蹬地，那个骨骼传动结构不一样。消就是消停的意思，你把后天这个造作都停止了，然后息就来了。什么是息？比如你凝神做一件事时万虑皆忘，刹那间呼吸都没有了，这个就是息。消息就是形意拳完全返先天的状态，这个状态下内劲才能使出来。那么为什么说全凭脚后蹬呢？内劲的发动是身心整体，而不是任意一个局部，来源是先天神意，发动是在腰胯丹田，而借势的是大地。内劲一发，人的身心是整个由内到外包括每一个汗毛孔都在运动着，如果你不打人就无所谓，你要是打人就要把自己这一百多斤以极快的冲量扔出去，那就必须借大地之势，刹那脚后跟一沾地人就已经出去了，这是讲用法上这个劲是如何发出去的。

　　关于"形"与"意"的关系，拳法形式的东西不重要，形式是为本质所用。你有了本质形式上可以千变万化。比如你懂了什么是内劲，你用拳击的招式一样打人。但初学拳却又要注重形式，因为形式是过河之舟，你要凭借拳架入门，等悟了拳道这个舟可用可不用。你说我是练形意的，但我动手用的是拳击，还把人打了，这个才是练明白的。当然，你用形意拳的招式也一样，看你的性情上适合哪个。而这个"意"就很难说清楚了，因为人都在后天上造作。文章中举个例子，说书画家心中有山水，朦朦胧胧的，但一下笔就出来了，估计绝大多数人又去造作画家的是怎么回事。这个意，是真意。何为真意？不在后天！只要你动心思的就都是假意。什么才是不动心思的真意？比如你在前边走，后头有人跟你开玩笑，突然捅了你一下，你心中肯定是一惊，这一惊可没动任何心思，惊过去了才是动心思。这个惊就是真意的一种体现。知道了，

但不要去揣摩，揣摩就又错了。这个门儿难就难在这，不让你寻思，寻思会出错。可不寻思不成白痴了？那不对，而是让你在不寻思里头悟那个不思而得的智慧。画家或者诗人都是脑子里先有个朦朦胧胧的情感，说不清道不明，但自己很感动，时机一到就才如泉涌，便是这个。

那么我们反过来说，自己练拳的是不是都在后天假意上造作呢？我曾经指导一位练太极拳的，让她不要琢磨，那真是做不到啊，你一说她就琢磨。今天就知道了，练拳也是一种哲学，要先学会否定自我，把自己全部否定，后天才会死掉。禅宗的有句公案：只有死个人，才能活个人！禅宗是悟道，咱们是练拳，但骨子里是一个。因此尚云祥喜欢教文化人，孙禄堂也是如此，有文化的人容易悟道。过去的知识分子传统文化造诣深，这句话放在当代人身上就不行了。现在的人都是学的西方科学，你让他悟先天之道比较难。比如说"遇敌好似火烧身"，其实和我说的那个人家捅你是一个道理啊。你身上被火突然燎了会怎么样？瞬间一个本能反应就出来了，这个本能反应就是真意，指挥它的就是内劲。可惜平常人不会用，用了也不知道。

文章中对明劲、暗劲和化劲的解说是很容易理解的，但你没练到则无从体会。明劲不是你一伸胳膊就是明劲，那得是心理生理上初步改变之后，才会出来的一种庄严宏大之整劲。这个阶段生理上有很多变化，比如手掌变厚了、指头有力、骨骼密度增加等。到这个阶段能把人练到百病皆无，当然有不良嗜好的人除外。明劲彰显于外，暗劲隐藏于内。明劲上身的人能看出来，浑身充满激情，见什么都想打一下摸一下，爱动手爱比武，这都是生理心理上变化自动出现的。而暗劲主要是易筋，身体内部会生出更大的行程，所谓"一身龙虎任横行"。

本篇内容虽然简短，却把形意拳最核心的部分详细解说了一番。人们总想着练拳是拿个架势去打人，或者拿个架势就是功夫了，读罢本文

就知道那纯属胡思乱想，与其这样想不如去练散打搏击。你要把这些自己的想象全都放下，返回去体会自己遭遇突然刺激时生理心理上是如何本能地反应，这个就靠点谱了。但是不能咋咋呼呼地练，不然会练出精神病来。是让你明白什么才是真正的内劲，然后从平心静气中让它慢慢自己出来。我看见一篇文章说某人问内劲是咋回事？师父说你一激灵人就打出去了。你不妨去激灵个看看，能不能把人打出去。你想激灵不又在后天造作了？要是有形有相了那就都是错的。

10 曹溪一句亡

曹溪一句亡,点出了形意拳与禅学之间的关系,其实就是个"悟"字。学拳架子容易,得真功夫难,难就难在形而上的东西主要是靠悟出来的。本章通过对比唐维禄、薛颠和尚云祥三人传授的异同,解密了如何返先天、形意拳的打法和形意拳的内炼转变身心,以及对古传拳谱的解释。

形意拳的根本道理和儒释道三家是一个,或者说内家三拳也都是一样,就是要返先天,悟彻本源。用孙公禄堂总结的,就是无极而太极,太极而两仪。这个无极,是道家的说法,而在佛家就是涅槃境界。所以练拳过了有形有相的阶段,要继续往上走就不是光靠苦练能出来的,而是要靠智慧,得悟!这点上和禅宗是相通的。形意拳有"给句话"就长功夫的说法,这个"给句话"就如同禅宗的机锋转语。过去禅宗悟道都是去访过来人,见了面两人有缘分的,一句话点醒就悟了。而这个悟也不是凭空来的,在于过去的重重积累,佛家讲是"福田",是智慧福德。

为什么是这样?因为形意拳不是凭谁膀子粗拳头大就能打人的。之前说了那么多,就是为了让大家彻底扭转这个认知:内家拳不靠膀子打人,靠的是内劲。而内劲,是无形无相的。简单说,是一种精神状态。内劲以心论之,拳法以身论之。身心一体,以心驱身,无形无相,只在刹那毫颠。我们再重温一下孙公禄堂关于内劲的解释："虚无一气，金丹也，形意拳之内劲！"而"一气，即太极；太极，即一气"。那么，易有太极，是生两仪。这不就很清楚了嘛！再举个生活中的例子，都说女人柔弱，但母老虎发威几个老爷们也挡不住。人不能被挤兑急了，挤兑急了把自我忘了，那个精神本源被激发出来，就是横行无忌。但普通人都是被动的，我们练拳的要主动，说用就用。

文章中有个例子，说唐维禄有一次手里抬着东西，突然身边有个人一趔趄，唐维禄要帮可手占着，情急之下用胯拱了他一下，那人没倒下，唐维禄却悟了，从此打人是得心应手。怎么回事？情急之下，大家可以回去体会，那一刹那是没有后天故意的，你的本能就出来了，出胯骨那一下在于唐维禄平时的动作积累形成了习惯，所以瞬间就出来，而且时间、角度、力量都恰到好处，这就是先天的微妙。再说句别的，形意拳要弄通生理和物理，所以日常生活中要做个有心人，要善于观察和总结，既观察自己，也观察周遭。为什么？万物虽殊，其理一也。天地万物、各种生灵都是道体衍化出来的，万变不离其宗。当你观察到本源的一致性，不光是形意拳你懂了，连儒释道三家也都通通透透。

文章又转到尚云祥身上，说谁也瞒不过尚云祥的眼睛，不管你练的什么拳，只要尚云祥一看就知道好赖，而且还把你好的东西给拿走。这是从另一个角度来诠释道体本源的道理，练出来的人都是这样。你把握了那个本质，其他的都是变化。世人看的都是林林总总繁花似锦，可明眼人看的是骨子里那个不动不变的。就好像好的医生，虽然病人都不一样，但在他眼里无非就那几项要素，不然也成不了专家。万事万物，不是越复杂越好，而是越简单了才显得你高明。你越是掌握了最根本的几条，你就越是人上人。

其实孙公禄堂也是如此。孙公到中央国术馆以后学生弟子就太多

了，而且多数是带艺投师，有的已经非常出名了。比如铁掌顾汝章，是少林派的。比如杭州那次全国性的擂台赛，最后前十名里头七个人都是孙公弟子。那三个虽然不是，但比赛完了有两个也拜了师。他们都是功夫到了一定阶段就上不去了，也即是卡在先后天分野这个地方。去找孙公禄堂指点，只要一演练孙公就能看出问题在哪，一句话就上了层次，这一句话就好像再生父母一样，感激不尽啊，所以拜师也就是情理之中的事情了。

尚云祥让李仲轩编口诀是啥意思？就是我以前说的，形意拳是越练越有自己，虽然内劲都是一个，但彰显于外的拳法却是各有千秋，你真练明白了一出手都是自己的，就能开门立户传授弟子了。相反的，几代人过来拳架子都是一个模样，那是没得着真东西。从这里能看出李仲轩当时还没真懂，真懂的随时可以创拳。比如十二大形，本质并不是就这么十二种拳架，而是将天地万物的精神借鉴到自己身心上来，其实看着什么只要心里感动，就可以随时创一个形。

后面讲程廷华的八卦掌，一个是气势精神，一个是全身整动。武术是讲究全身运动，而不是局部，谁练到胳臂腿上谁就错了。武术的方法，类似大卡车撞小汽车，是一个整体的出击，而不是站在那把胳臂腿甩出去砸人。你想想，一条胳臂才多大劲？一个身子一百多斤，以十几公里的加速度瞬间冲撞出去，这个效果是一条胳臂能比的吗？而胳臂腿就好像高速行驶的大卡车上绑着个红缨枪，扎哪都得透了。春秋战国时打仗喜欢用战车，其实也是这个道理。我们中华民族的好东西历经几千年发展，都是一而贯之的，有源头、有发展、有脉络可循。感觉身动其实还在有形有相，感觉到他气势逼人才是上了层次。劲力鼓荡，劲力周全，这些形容词说的就是一个"球意"，没有到不了的地方。八极拳的"八极"二字说的是这个意思、太极拳的八面支撑也是这个意思。练劲不练拳，拳不打人功打人，就是外家也是求这个"劲"。

好多年前我在解释这句"抱女人"的话时，就说过"化学反应"这四个字，只是当时很多人都把抱女人体会到动作里头去了，这就是执着在后天没法明白先天的真意。练拳其实是炼身心，身心里头必然要起化学反应，才能改变体质转弱为强。天底下没有以弱击强的道理，这个大自然的规律就是以强欺弱。某搏击频道邀请了几个有名的搏击冠军到军队实习，结果这几个冠军走下擂台一接触野战就都傻了，平时自己练的根本用不上，眼睁睁地被人家打翻在地。这是为什么？野战是不讲规矩的，而且自然环境也没有任何规律可循，全靠个人适应。同时，野战不讲究什么高级的战术，基本都是偷袭，然后一击致命。一下打不死的再来第二下，第二下打不死可能就连牙都要上去了。战场搏命与擂台竞技是根本不同的。当然，这里没有瞧不起擂台搏击的意思，人家也是真功夫，只是咱们形意拳或者说正道的传统武术，走的是野战的路子。

回到"抱女人"的话题。程廷华说练拳如亲嘴，就是身心上的微妙变化。男人女人生命中的第一次亲吻，那个境界几乎就是先天境界，呼吸也没了，自己都忘了，就是甜甜蜜蜜，你会觉得身心酣畅。亲嘴身心产生化学反应，不也是道体本身的功能吗？而且是最基本的那个。我们练拳，特别是站桩，练的就是这个。所谓"呼吸一微妙，生理就微妙"，身心才会起变化，才会有易骨易筋洗髓，才会有明劲暗劲化劲。不然你天天光着膀子使大力气凿自己，凿不到四十岁头发就开始白了牙也开始掉了。站桩，要心里头美；打拳，要飘飘欲仙。我这两句话价值千金。谁得了，对自己的生命就能做主了。

"硬打硬进无遮拦"，这话是讲的劲整，也就是上头说的劲力周全的意思。比如高速奔驰的大卡车，你碰人家哪都是找死，这句话

就是这个意思。不要找局部，也不要用局部，一动就是全动，一到全都得到，如果还有丝毫没动的，那就是给自己找麻烦。可人在后天里头都是局部运动，而且身心分离，那怎么才能做到身心齐动呢？还是那个拿烟头烫你屁股的例子，那个就是一动全动，且身心齐动。那么"只动不打"呢？这是八卦掌练拳的方法。你会动了自然会打，要是不会动打起来就是王八拳，哪跟哪都不挨着。还有"练拳要学瞎子走路"呢？就是心里头要警醒，人后头没长眼睛，你看不着，可人的心是没有障碍的啊，想到哪就到哪。心到还得身到，身心得一体啊，就是我之前举女同志好像脑袋后头长眼睛那个例子。为什么男同志没有？因为男人心粗豪放，而女人天生有自我防护意识，注意是天生，不是后天练出来的，先天上才有，后天上的没用。只要你返了先天回归本能，这个内心的警醒就无处不在。包括尚云祥睡觉不能让人看，一看就醒了，也是这个道理。"打崩拳如抽筋"啥意思？人没有自己主动去抽筋的，都是身心自然的反应，一抽筋精神上都"哎呦"一下，其实就是我们形意拳讲的"惊炸"，这个才是真的"惊炸"，不是装出来的，而是身心上真的惊和炸。

11 雕虫丧天真

这一篇厉害了，虽然文字不多但都是核心的秘密，主要是讲混元桩的练法，连带着返先天是怎么回事也都说了，甚至还包括了"大龙"。文中说的桩，就是混元桩。浑圆桩是大成拳或者意拳的叫法，形意拳门内就叫混元桩，"有物混成、先天地生"的意思，合的是老子的《道德经》。混元桩是形意拳最大的秘密，懂了桩也就懂了拳。所谓"拳在桩里、桩在拳里"，就是说本质都是一个。按孙禄堂的话，就是"返先天"。

记得李贵江老师初次传给我混元桩的时候，说过类似李存义的话，就是体能快速增长，这个我是有亲身体会的。大约站了不到半年，体能恢复到十八九岁的水平，而且性方面的功能也是一样，睡觉醒来阴茎就会自然勃起，这说明肾的体系功能恢复到年轻的状态。而肾功能恢复了，就意味着大脑功能的增强。形意拳不老是说脑子厉害、眼光厉害吗？根源在这。为什么呢？肾为先天之本，后天补肾是没法补的，你返先天了，与天地同根同源精神往来，才能把肾补上，而且非常之快。你说形意拳是不是道拳？拳会了，道也明白了。

李存义这一门站混元桩眼睛要微微上瞟，李仲轩在书里卖了个关子，懂的才是李存义的徒弟。多少人问我这个事，这个在孙门里头是没有的，但混元桩是一样的，其实是个技巧法门，今天我就在这里解密了：人站桩的时候很难入静，所以就让你往远看，看得越远越好。比如你站在天津往北看，一直看到天地宇宙的尽头，这个时候你的心就静下来了。如果这个时候你回过神来一端详，发现眼神是微微上瞟的，这是一个自然的生理状态。关键不在眼神，也不在眼睛，而在于你的心被放空了。我这不光是传拳法，也是传道法了。一旦空空静静来了，连呼吸也停下来了，所谓呼吸一微妙生理就微妙，这个就是先天的状态。

书中还有一个重要的关节，就是说唐维禄站桩时身体会时常地轻轻抖动，而比武发劲也是这么一抖动，这是什么道理呢？这一抖，就是孙氏拳的"一气之鼓荡"，那么什么是一气之鼓荡？就是内膜鼓动。之前我说过尚云祥摸小猫的故事，小猫的身体内部不自主地在高频率震荡，这个就是内膜鼓荡，也是动物的"一气之鼓荡"。鼓荡是动物的先天本能，你返了先天自己就出来了。这个先天的功能，孙禄堂管他叫"一气"，李存义门里没说法，只是让徒弟自己去感悟。一气之鼓荡是没法练的，它是动物的生理本能，你逆反回真到一定程度它自己自动出来。所以如果有人告诉你怎么练出一气来，那是他自己还没明白。

站混元桩返了先天，如同前文中说到的种种景象，这个时候一气之鼓荡就会发生，也就是唐维禄的一抖动。如果你心不动，就是在无极涅槃的状态。此心微微一动还未分阴阳，就是一气的状态，而一气的状态带来的生理反应就是鼓荡。其实宇宙的产生也是这么回事。最早是虚无的，什么也没有，不知什么缘法动了一下，然后就产生了阴阳，阴阳和合生万物，天地宇宙生命就来了。那么孙禄堂不是说了吗："虚无一气，金丹也，形意拳之内劲也。"道家讲修炼金丹，后世之人都往有形有相里头去造作，以为真有个金晃晃的大金丹在肚子里，其实真正的金丹说的是宇宙本体的功能，也就是内家拳的内劲。那么怎么才能练出来？其实就是双手一抱，身心内外都不要较劲，往远看，平心静气，渐渐忘我，然后就出来了。切记：别琢磨，别造作，别瞎想。

文中又提到薛颠的方法，是小肚子随着呼吸往外鼓，气息在丹田里头往返。这个，不要学也不要练。薛颠有自己的禀赋，他可以在后天先天游走，但寻常人是做不到的。而且，薛颠的修为也不一定就完全弄懂了先天，他的著作中更多的是后天的东西。比如《象形拳法》里的易筋洗髓，实则孙禄堂在《拳意述真》里已经扬弃，不是根本大道的东西，所以对这一点不要轻易迷信前人的名气，而耽误了正道的学习。

文章后半部分提到了"大龙"。大龙到底是怎么回事？寻常人肯定没有大龙，你没功夫就只是脊梁骨。大龙主要是指七节腰椎打开了之后，整个脊椎就活了，人的先天动物本能就被激发出来，这七节腰椎配合着骨盆，能够指挥整个的脊柱，一动作起来就好像豹子那样，腰椎弓得老高（人没有，只是意向），到这个阶段，就是腰椎指挥你全身运动，而不是胳臂腿带着全身运动了。要说练法，首先是开胯，胯骨是全身的总开关，胯关节一开，全身关节都打开，尤其是肩关节。肩关节开了之后才能体会到什么是"含胸"。再进一步练，七节腰椎慢慢自己就活动了，而寻常人都已经长死了，一运动起来没脊椎骨什么事。你到这一步，拳法才真的上路了。

文章最后叙述了尚云祥是怎么教导李仲轩站桩的。头一个是抱女人，以前说过就不复谈了。第二个是"就这么呆着"，肯定是李仲轩没入静，思绪纷纷，浑身别扭，这时候尚云祥一句断喝，即是吓也是启发，犹如禅宗的棒喝，一下子脑子就干净了，也就入彀了。第三个是"走吧"，这是站桩时间长站死了，内中没有消息气血活动，所以又是一句断喝，立马就从这个景象中出来了。你说形意拳和禅宗关联大不大？所以最后李仲轩说形意拳主要是靠体悟，而不是靠脑袋瞎琢磨。

别琢磨，别瞎想，别瞎问，就怕走到后天去，一到后天练一万年也

出不来。好像"大通智胜佛、十劫坐道场、佛法不现前"。思而有得是后天聪明，咱们不需要聪明，咱们要智慧，智慧是不思而得。突然间一个灵感，道理通透了身心就返了先天，刹那内外通透都明白了，本能也就出来了，就是这么回事。佛法、道法、拳法，三法合一。还有那个药法，老祖宗留下的好东西啊，如今在民间武术门里还能看见一些，只是识货的人不多。

12 杀人如剪草

本章有两个重点，一是防守和反击一体的用法，二是怎样解决盛极而衰。文中提到一个参加过战场厮杀的军官，反应非常灵敏，在尚云祥面前十分得意，但尚却说，你防守和反击是分开的，遇见高手就没用了。于是告诉了军官一个防守反击一体的办法，结果军官便心悦诚服，还非得给尚云祥关一份饷。这是形意拳打法技巧里头最根本的一个原则，不掌握这个就不会动手。还有盛极而衰，也就是我常说的烈火烧干锅。

形意拳是典型的丑功夫，拳架子不好看，本来也没有什么套路和演法。岳飞创拳是教士兵战场厮杀，你死我活的事，没那么多花活，战场上玩花活的都活不长。形意拳有一套独特的打法，就是文中说的千百年总结提炼出来的，非常好用，而且非常科学，符合生理和物理。打法是打法，练法是练法，本来没有演法。形意拳也能表演，是很不能让人理解的事。而打法里最基本的一个原则，就是文中说的防守和反击在一块。

平常人反应是反应，动作是动作。比如别人打你一拳，你第一个意识是防守，第二个意识才是反击，这两个反应之间就有个时间差，遇见手比你快或技巧比你成熟的就要吃亏了。人在后天都是如此，没有超出这个范畴的。基本都是一守一攻。如今的擂台搏击就更明显，对方来攻我方防守，然后再反击，你来我往。所以越是像泰拳这样练得硬的，攻击速度就越慢。形意拳不是这样，形意拳的打法是防守和反击同时完成，也就是"打顾一体"，打就是顾，顾就是打。

把形意拳的打法和顾法分开来讲，是没得真传。形意拳从来都是打顾一体，从来也没分开过。说郭云深打法厉害，车毅斋顾法厉害，这是后人编排的。打法顾法本来是一法，怎么可能分开呢？打就是顾，顾就是打。只能说郭云深更善于主动进攻，而车毅斋善于防守反击，但不等于说郭云深不善于顾法，而车毅斋不会进攻，这都是外行话。

如果把这个打法练上身，不说用形意拳，就说平常打架，也没人是你的对手。别人一拳打过来，你在防守的瞬间一拳已经到了，防得住吗？想都想不到啊。所以说形意拳高明在这。那么如何实现打顾一体呢？大家没发现形意拳的劈、崩、钻、炮都是一手兜一手打吗？也就是说，一个动作里既有防守也有进攻。对方攻击过来是一个动作，而你的反应瞬间是两个动作，防守是一下，同时还要进攻。老前辈创拳的时候就是这么设计的。比如对方一个直拳过来，你瞬间的反应是炮拳，一手钻拨，同时进身，另一手就是崩拳。这就是打顾一体，防守反击在同时完成。那么这里还有一个同样关键的因素，就是身法。

光手上有是不够的，主要是身上有。形意拳轻易不后退，后退你就输了。形意拳的防守反击主要是在两个点打，一个是对方刚一动你就打了，一个是对方打到半道劲力已经很难变化时你出手。这就要求身法上要奋勇向前，绝不后退。有句话叫"打人如亲嘴"，说的就是这个。搏击都是两人互相兜圈子找机会，形意拳可不是。形意拳是扑进去打，要到对方怀里去撒欢，一下子就把对手打躺下。所以你看，一般人都是遭到对方攻击时下意识后退防守，然后再上去进攻。形意拳偏偏是反过来，你上我更上，刹那间已经到你眼前了。以上我说的两条，能看懂的就会打架了，保证你是街头霸王，只要你胆子够大。因为在形意拳的理

论里头，越是危险的地方其实越安全，而且机会越多。你一退，对方就把你逼住了，然后就是互相纠缠，这是极笨拙的打法。如今的擂台搏击都是这样吧？看到这能不能有些感悟，觉得传统武术确实博大精深，而且奥妙无穷呢？

掌握了打法，也有了一些功夫，打一般人是没问题的，如果还要进阶，就要在反应速度上下功夫。所谓天下武功唯快不破，这是始终不易的准则。但你怎么才能快到对方还没反应就把对方打倒下了？也就是传说中形意拳的"人打不知"。其实不是不知道，而是来不及知道。人在后天正常的反应速度都是在一到两秒之间，但形意拳的要求是零点六秒，这是最基本的，所以才会有对手倒了还不知道怎么倒的。这个，就要在先天里头好好用功夫了。这个先天的应用，其实孙禄堂等前辈说得很清楚，比如静为本体，动为功用。静极而动，动静有别。真正的快不是来自动，而是来自静。而这个静不是后天的假静，是先天的真静。比如你开车遇见紧急情况急刹车，都是刹住了脑子才反应过来，这就是最典型的先天后天。刹车那一瞬间是不会思考的，但你的脚确实出去了，而且刹住了，那是谁指挥的呢？其实没人指挥，这就是我说的先天本能。我们练形意拳，练的就是这个。

形意拳的功夫，涉及体能体质，这是先天功用在后天的显现，功夫在五行拳和混元桩里头出，按照规矩踏实练对了，体能体质就有了，功夫也就有了。为什么先练劈崩？劈拳属肺，肺主气。崩拳属肝，肝主血。人身后天健康强壮全在气血。其实还有个筋。筋化气，气化血，血化筋。劈崩开门，就都有了。五行拳前头为什么有个无极、太极、三体？这就是从先天到后天一个顺序下来，孙禄堂这么编排就是让后人明白先天后天是怎么回事。

李存义一门劈拳后是练钻拳，认为金生水，这是两个门不一样的地方。其实五行同存同在，并不因为你换个次序就影响功用，从练法上讲无所谓，但归根结底还是劈崩为根本。郭云深与宋世荣这些师兄弟们的练法就不一样。比如龙形，宋世荣是一个跨步一丈多远，而郭云深是原地纵跃起来好几尺高。我们看到孙禄堂传下来的龙形就是郭云深的这个。而所谓的龙形搜骨的搜是什么？这大约又是秘密了，其实是后世失传。这个"搜"不是拧骨节压弹簧的意思，你老是拧骨节会得关节炎。而是做龙形翻身时全身刹那一个震颤，就调换了身形。龙形练身，所谓神龙九变，见首不见尾，都在这一点子灵醒，这一点子灵醒就是"搜"，靠的是丹田内炸的托力。这个有了内劲也就有了。

盛极而衰的问题要从理论上讲。人一出生是六阳纯全，也就是形意拳明劲的最高境界。但一入后天就开始消耗，消耗没了就死掉了。人健健康康活着也就八九十岁，何况你练这个打那个加速消耗呢？盛极而衰就是我常说的烈火烧干锅，运动员的早衰早死也是这个。我身边不乏专业搏击运动员，过了三十都是一身伤病，看似强壮其实很虚弱，夏天空调都不敢吹，很容易感冒，这就是内腑已经伤了。也不光是练得硬的，练传统武术的不掌握正确方法一样也是消耗。解决盛极而衰的方法，就是你不要到那个盛，自然也就不会衰。内家拳首先是养，练就是炼，炼就是养，每天练拳溜达都是在养在炼，打人只是瞬间那么一下，每天发力练习也就那么几下，主要是神意上作拳，而不是消耗在肌肉上头。所以你好像天天都在吃补药，但用出去的就那么一点，自然就越攒越多了，而且永远不会到那个极端。具体怎样养呢？其实就是规规矩矩练拳，按照规矩就养了，关键是你得学到真东西。从理论上讲就是顺中用逆与逆中行顺，先后天要相交，孙禄堂在《八卦拳学》里已经讲得非常明白了，现在人不懂是不通儒释道的缘故。我也给句话，就是心平气和就全有了。

13 大道如青天，长剑挂空壁

这两章很奇妙的，一个主要说化脑子，一个主要说闭五行。

什么叫"入象"？形意拳有十二形，薛颠的象形拳有五法八象，形与象是什么关系？为什么孙禄堂、薛颠一说拳就都是围绕着"易经"做文章？象，就是天地万物最本质的特色凸显于外的一种本能感受，这种感受不能光用眼睛看，而是要用心来体会！比如男人和女人一见钟情，一定是内心深处最本质的特点显露于外，让对方一刹那动心，眼睛对上就分不开，心里头就产生了化学反应，这就是象。而入象的前提条件是去除后天，试想两个相爱的人对上眼了哪还有外界啊？整个世界就只有他们自己了。所以文中讲，入象就是化脑子，前提是要返先天。最起码心里头做到空空静静，后天才能都去了，这个时候功夫再往深里头去，就会有种种不同于后天造作的现象。

我们再用佛法来进行诠释。眼、耳、鼻、舌、身、意所谓"六贼"，这是人欲在后天的依托，所谓六贼不死真我不出，人生下来一点先天性灵散布于六贼，就再也回不去了，等到人死了的时候六贼也死掉，性灵自然又回返到本来，但人为物欲所迷不能自辨真我，就顺着欲望习气走入六道轮回了。所以佛家的修炼就是要把六贼当即断掉，如香象渡河截流而断，而能体证到本心为何，这些都是实实在在的功夫。其实佛家也好，道家也好，儒家也好，都是要去后天返先天，殊途同归。

无论是十二形还是五法八象，其实都是返先天后对大自然生物本质特色的内心反应。注意，这个心不是后天造作之心，而是不动而感的本心。所谓不识本心修法无益，如如不动者真心也。那么天地万物林林总总，又何止是十二形？见巍峨高山可能入象否？见滚滚东流能入象否？比如你第一次登上泰山，登高远望，红日喷薄，刹那忘我，心中不由升起一股壮美高阔之情，这就是入象。天地万物皆可入我之心而为象，但作用于拳法则不必如此繁多，十二形足矣！那么所谓的化脑子，就是让你在先天上用心，不要在后天上造作。何为先天上用心？比如急刹车，总是刹住后才有意识，这个意识就是后天用心，不用想就踩上了，才是先天上用心。所以有诗云：道本自然一气游，空空静静最难求。你本来就有，又何必求？

至于说那些所谓的走火入魔，不过是自心幻象。因为你一直在后天上造作着，突然回返了先天，不晓得空空静静的道理，一会儿先天，一会儿后天，先后天混在一起难免会有虚无缥缈的东西产生，这个在孙门里头就不会出现，因为从一开始站无极桩就守住了空静的本来，所谓道心坚固，自然是不会迷乱。拳道相合，内家拳是道法修行的一个法门，向上一路和学佛修道本质上并没有区别，只是看你入不入的事。孙门好在孙公禄堂是大明白人，所以一步步都安排好了，而且有理论在那里摆着随时可以看。没有这样一番安排的，自然是不得其法，种种现象，这个时候就得靠师父，师父是过来人，告诉你没事，只管练去，于是心定下来也就好了。化脑子，其实就是返先天。脑子开发了，是返先天激发了智慧，智慧是不思而得，最接近天地万物的真相，你用智慧对着后天的聪明，自然是你高明的太多了。

在床上练拳，这一段有两个妙处。其实就是之前说尚云祥整日以神意作拳，就是这个，只是不要造作。还有一个是脚心手心都吸着，就

是我常说的含着练。就这两个记住了，后面的造化会很大。那么床上的桩呢？主要是调息。我之前说过息，呼吸停了转化了才是息。婴儿睡觉几乎没有呼吸，人家那个才是真息。人岁数越大呼噜越响，这是身体机能退化的显现。首先身体里头气息得顺，所以得调整。怎么调整？你自己人为地调整肯定不对，人为调整就是辗转反侧，一会这边一会那边，反正怎么都不舒服。正确的应该是怎样的？比如抻懒腰，全身绷得紧紧的，可呼吸不受影响，还特别舒畅特别美，当时你会想怎么去抻懒腰吗？这个才是本能。而被窝里头调息就是顾雍（音gu yong），不由自主地蠕动，顾雍顾雍就舒服了，一会就睡着了。形意拳一个是通生理，一个是通物理，这些东西都搞明白了才能把拳搞明白。你体会被窝里的顾雍，等你站桩的时候是一样一样的。站桩也返先天了，自然转呼吸为息了，也就会不由自主地顾雍了，这个才是混元桩的最大秘密。

本段原始文字有误，应该是作者听岔了，包括最后说会了床上的桩就会溜达了，应该是会了床上的桩就会了站着的桩，和溜达没什么必然联系。至于说雷声，之前已经说了很多了。在孙门所谓的虎豹雷音就是一气之鼓荡，返了先天自然就会出现了。有声没声的大家可以从病人身上去观察，人得病难受了自己会不由自主地哼哼，这个就是生理上的一种雷声，不由人自己控制的。哼哼几声就会减少点痛苦，这也是人的一种本能。我们练拳到了上层次的时候，身体里头自我调整出现的种种现象，都不要把它神化了，也不要执着，执着了就会出事。只要本着空空静静就会一路向前无障碍。

"闭五行"大家都很感兴趣，这个话题确实不大雅，但又实在是人的生理，你不从生理上着手把自己搞明白，就注定还要走弯路。文中说形意拳的内功从拉屎撒尿开始，多少人以为内功内劲都是脐下一寸三分的事，都是肚子里头存着多少气的事。形意拳的丹田是横膈膜以下耻

59

骨以上的整个腹腔，而我们说气宜鼓荡，这个鼓荡就是内膜鼓动，而内膜从丹田来讲就是横膈膜。人在大便时使劲的那个状态，横膈膜往下使劲，牙也咬着，眼睛闭着，脑子空着，舌头顶着，呼吸停了，这个就是闭五行。但这是生理，自然而然来的，你要是造作就又有问题了。平时你闭五行也可以，却不能好像拉屎一样面目狰狞，而是空空静静地把五行都关闭了，其实就是关死六贼返回先天，你真静下来呼吸就若有若无，所谓呼吸一微妙生理就微妙，身心就开始自我调理了。

形意拳和拳击散打不一样，如同李存义说某人练拐了，都练到膀子肌肉上去了，咱们不是这个机制。形意拳其实永远都是个老虎豹子在那里蓄势待发，用爪子还是用牙齿只是赶巧的事。你自己身心里头带着武器，何必又要到后天去磋磨自己，弄那些把身体都练坏了的运动呢？关于六部剑法其实也只是个敏感和反应而已，就不多做介绍了。在形意拳里，拳出来了兵器就出来了，兵器不过是胳臂的延长，但最核心的敏感只有一个。

14 我与日月同

本章大约是这本书里最具有分量的一章，因为把李存义这一门形意拳的内功心法完全写出来了，也就是文中提到的"轻重诀""水火诀""风雷诀"。李存义一门更注重精神感受上的开悟，这几个诀都是先天精神上的，若是从后天思维上去琢磨则百无是处。如六祖开示："不思善，不思恶，哪个是你本来面目？"如果一瞬间你停掉了，那个就是！

所谓"轻重诀"，就是"均衡"这两个字，是从平衡来的。平衡只是一个平面上的，均衡则是四维上下立体的，前后左右上下，处处圆融均衡。人一生下来肯定是均衡的，气血圆融无碍，等到慢慢长大进入了后天，气血有了消耗，身体各处的不平衡就逐渐出现了。说这人站没站相、坐没坐相，走道迤里歪斜，就是说人失去了均衡。从气血理论上讲，前后左右上下阴阳不和，在身体感受上就是不均衡，头重脚轻，左重右轻，让一个成年人走独木桥是很危险的事，因为大抵都会掉下去，这就是左右不均衡。大家都试过走马路牙子，有几个能走远的？能走远的身体平衡性好，其实就是气血很圆融，阴阳很平和，这种人寿命就会很长。

我们练拳，第一步就是要做到均衡，而在孙门里头就叫作"中正"。孙公禄堂云："内家拳无非中和，除此而外无元妙也！"首先要做到中，而后做到和。文章中用熊形来做例子，打熊形要时刻照顾到前

后左右上中下，要用内心去体味其中的微妙差异，要主动去调整到均衡状态，要慢慢打一点一点发，在一式到另一式的变化衔接中，这个微妙差异才能显现出来。其实不止熊形，形意拳中任何一招一式都涉及这个问题，入门练劈拳，劈拳更能体会到中正的要求。一开始练的人很容易就打歪了，所以入门先站桩，通过站桩把内部气血圆融冲和，各部分就都自然均衡，再去练拳才会有更快的进步。要强调一点，文中说的熊形不是鹰熊斗志，而是单独的熊形，这个熊形在孙氏已经取消了。

为什么要有"轻重诀"？大家现在都知道是为了达到中正，做到身体各个部分的均衡，那么之后呢？就是要去身忘形，也就是"水火诀"。水火交融，无形无相。这个是由拳入意的关键。拳无拳，意无意，无意之中是真意。不得真意，就没得形意真相。由形入意，就一定要先做形正意端的工作。那么"水火诀"的道理在哪呢？比如我让你使劲打我一拳，你心里马上作意，想着怎么打怎么打，这个就拙了，既没速度，力量也打折扣，这个就是有形有意，是后天的东西。如果你心里头不存这个故意，想都不想就是一拳，这个力量速度就非常惊人。老打架的人都有这个体会，想着怎么去打人那太笨了，都是有意无意一伸手就打上了。这个有意无意，也是打法的秘诀。

我们练拳，从一开始有形有相，讲究六合九要，种种规矩，每年几十万次重复，熟悉到和吃饭睡觉一样成为生理本能，这个时候就不用去想怎么打怎么练了，就进入到以意帅形的程度。到这个程度，比如你打一个崩拳，心到拳到，心有多快拳就有多快，你说心能有多快？不可测！所以形意拳从民国以来各种实战独占鳌头，里头的东西深着呢！好像文中一开始说的，形意拳事少而功多，简单而功效大。你把身心的有形有相都消除了，就是从轻重诀过渡到水火诀了。注意，不仅仅只是身，还有心，要把内心的刻意也都去了。有人问四梢同时照顾不到怎么

办？你身体上照顾不到，心上可没有障碍啊，要从这里去悟。

实现"水火诀"，就是一个熟字，按照规矩只管练去，这个阶段就要多练了。一开始入门反而不宜多练，以站桩为主，练拳为辅，主要是通过六合九要这些规矩矫正身形，因为你身上到处都是毛病，这个时候多练反而容易让毛病扎根，所以要常常练，没事就练练，不宜一次练很久。逐渐深入，规矩都上了身，自然就延长了时间，一直练到神形俱忘，一个拳打出去能定住，这个时候就能进入到"水火诀"了。

那么"风雷诀"呢？这个完全是先天神意上的，一如郭云深讲的："形意拳无他，唯神气耳！"这个神气就是"风雷诀"。老谱上讲，遇敌好似火烧身，有人说是一激灵，其实一激灵是身体上的反映，好像我说的一气之鼓荡，鼓荡只是一气状态下的生理显现，不是一气的本质，要是以末为本那就是走到弯路上去了。外头是一激灵，你里头是先天神意的一个聚变，其实天地宇宙，包括自然界的生物也都是这样的，生和长的过程在关键上都是这么一下子，就是"一气"，一气也就是太极，无极原始的功能。释迦牟尼说入胎经里，讲精卵结合在子宫中九天一个变化，每九天就会有风过来，然后胚胎就是一个新的阶段，这个风也就是一气的另一种表现。

"风雷诀"也好，前辈们的经验总结也好，后天的揣摩是不可能到人家那个频率上的，得是已经练到了才有切实体会。千万不要去琢磨，要在练拳中去体悟，体悟是要通过身心上自己的智慧闪现，而不是冥思苦想，那个只会变成空想家而一事无成。文章中举了一个插电门的例子，其实不如举个人拿手去触电门的例子，人要是不注意被电打着了，一个激灵就得蹦起来，和我以前说拿烟头烫屁股是一个道理，你里头是什么在做主？肯定不是思想，就是郭云深说的神气，也就是"风雷诀"。这个不宜说得太多，容易让人产生联想走到弯路上去。比如有人

告诉我，他自己也能鼓荡，但只是小肚子在鼓，那你就是后天的造作，真正一气发动是全身膨胀，小腹只是内膜鼓动的一部分。这三个诀说完了，也就把李存义一门最核心的功法叙述完全了。李存义一门都是在身心感受上去体悟的，师徒间传艺靠心领神会。所谓"轻重诀"，在孙门就是从无极桩找到中正，从混元桩圆融气血，然后在行拳中通过六面争力来实现。而"水火诀"就是不断重复，达到"身形似水流"。而"风雷诀"就是"一气"，入了先天就有了。

　　本文除了三个诀，还有些其他的内容。比如一开始说熊瞎子劈苞米的事，这个在孙门里非常简单，是涉及打法的一个内容，拳打出去不能走直线，而是要螺旋，因为螺旋才会有变化，平直的没变化。文中用一大段文字，通过熊形来讲述这个道理，既不是练法也不是打法，而是让读者明白这个意思，千万不要按照文字去练，那就把自己练拙了。这些东西，心到拳就到，心不到就都是假的。虚运一个形，就是入象，也就是化脑子。这个要完全入先天，是需要长期的身心修炼的，并不在你每天练拳上，而是要在行走坐卧中时时体会，所谓行走坐卧皆是拳，说的是这里。这个运形能到什么程度？用孙禄堂的话讲要到极致。宋世荣演练燕形，放一个条凳子在那里，人从条凳子这边一个抄水瞬间从凳子底下掠过，又刹那从凳子上头掠回，然后再接着一个抄水从凳子底下掠过，看着就像一个燕子在凳子上下翻飞一样，这就是运形到了极致。孙禄堂晚年表演过一次龙形，一个飞升平地起来几尺高，然后徐徐降落到地面，再一个飞升徐徐降落，令人叹为观止。所以我们这些后人和前人相比，功夫差得太远了。

　　文章最后的一段是很重要的，提到了两个问题，一个是练拳后的性情，所谓形意拳改变气质，无论你以前是什么性情，真练对了出了功夫，一定是温文尔雅、胸怀大度、非常厚道，也就是文中说的慈眉善

目，如果你是越练脾气越大就糟糕了，说明你练拐了，五脏都受了损伤，是要出问题的。还有就是感天感地，知天知地，拳已经不简简单单只是拳，而是无所不至无所不包了，到这个阶段人就入了道了。为什么这么博学？因为你掌握了天地宇宙最根本的那个东西，而其他的林林总总都是她衍化出来的，你自然是知一切感一切了。

15 掩泪悲千古

本章主要是讲劈拳和横拳的真意。劈拳与鹰熊斗志之间的关系。身体里头走拳意是怎么回事？怎么就不练拳脑子里走走也长功夫？横拳的劲路拐弯是怎么回事？形意拳到底应该刚猛着练还是柔顺着练？这个问题不解决这拳就练不下去。

开头有一句非常重要的话，就是说十六岁前骨骼发育未完整，不要练习太多，以免伤身。童子功是有，但可不是像成年人那么练。很多父母望子成龙，六七岁就送出去练跆拳道，八九岁就送出去练武术，这个要心里头有数，不是遇见明白师父，可能会适得其反。童年少年时落下筋骨的毛病，就是一辈子的事。孙存周十六岁才开始练拳，后来也名满天下，所以不要着急。

这一章的内容大约是令人很矛盾的，因为李仲轩说了两个截然相反的练法，而且最后没有给出答案。第一个是唐维禄的教法，一定是撑兜滚裹，也就是浑身上下撑开了带着劲练；另一个是尚云祥的教法，把之前的练法全扔了，拿两个大撒啦步拘束着不让你使劲。哪个才对？都对，因为层次不一样。

什么是撑兜滚裹？其实就是六合九要，三曲三弓三垂三抱这些东西，再加上六面争力。六面争力是形意拳一个非常核心的技术要素，也就是上下、前后、左右这三对同时存在的矛盾力。有了六面争力，身体

才能谈得上整。所有这些要素初学者一定要在身架上做出来，身上好像处处都是横劲一样。这个横劲，其实是人生理上自带的一个东西。比如有人不爱听你说话，脑袋一歪眼睛一白楞满脸的不服气，这个时候你看他身上就带着横劲，好像要顶抗你一样，这是他心里头的变化不自主地体现到身体上了。所以练拳不是刻意去做出撑兜滚裹，而是要找到这个精神的控制点，找到了自然就有了。但是很多人就是刻意去做啊，结果就是顾头不顾腚，而且越练越拙。我们应该是心里头一有就全都有。

很显然李仲轩在唐维禄那练拙了，到了尚云祥这人家一眼就看出问题，就让他浑身都不使劲地练拳，一段时间以后就把浑身的犟劲给改了。所以说尚云祥不但眼光厉害，而且确实高明。我们门里有位老前辈年轻时练拳不得法也是这样，以为明劲就是使劲打，几趟拳下来地上都能犁出一条沟来。后来孙存周见了就说他，再这么练早晚把自己糟烬了，就教他走着打拳，孙存周说的肯定是对的得听啊，这样一段时间以后就把劲改过来了。那么现在有多少是犟着练的？回去赶紧也改了。

上头说的横劲可不是横拳。横拳是五行拳之母，劈、崩、钻、炮都是从横拳里变化出来的。孙公禄堂云"横拳是一气之团聚"，就是说，横拳练的是内劲的引而不发，这是孙氏的练法。而从本文来看，唐维禄教李仲轩的横拳主要是劲力上的变化。怎么能把直劲改成横劲？或者说是抛物线的劲？秘密在腹中，神气在小腹里头一个拧转，劲的路线就改了。有了这个劲力的横纵变化，身上的变化就多了。平常人都只有一个直劲的，而你随时都可以化直为横，以横破直，等于比普通人多了几只手一样。再配合七星，变化就更多了。

文中重点提到鹰熊合练。其实鹰熊斗志以及鹰捉就是劈拳，一个是放大了架子，一个是手型稍有变化。换句话说，形意拳最根本的拳法就是劈拳。有句话叫"欲做神仙，先练劈拳"，如果说横拳是五行拳之

67

母，那么劈拳就是形意拳所有实际功夫的起点。因此入门先练劈拳，而且一辈子都要练劈拳，每天别的拳不练，但最少要保证500个劈拳。尚云祥把鹰捉专门拿出来作为形意母拳，也是为了强调这个劈拳的重要性。而尚式自己的劈拳是握拳用前臂劈打，算是从鹰捉的一种演化吧。

鹰熊斗志也好，劈拳也好，实际上就是一起一落，孙公禄堂讲是"一气之起落"，说白了就是一上一下，形似翻浪。练劈拳的同时可以练鹰熊斗志，因为架子更大，动作更缓慢，容易悟出里头的真东西，再回到劈拳上就更容易掌握。拳法应用贵在灵和变，一个劈拳可以显形也可以不显，就像尚云祥溜达一圈就打了劈拳，因为劲意在身体里头走了一遍，形意拳是以心帅形，意上有了形上就有，这也就是尚云祥告诉李仲轩，没功夫练拳在脑子里头走走一样长功夫的道理所在。

有些东西不到层次无法理解，只管踏踏实实练去，只要路子是对的，早晚有拨云见日的那天。文章最后提到剑法。之前简单说过尚云祥的"六部剑法"，其实就是练一个敏感，敏感就是反应，瞬间击发就着上了，何须这个招那个招？形意拳就是事简而功大，拳练出来了兵器也就会了。兵器，是身体的延长。真正的战场搏杀没有规则没有裁判只有手段，两个一对面瞬间就决出了胜负，赢的站着输了的躺下，你反应快就赢了，慢的连命都没有。天下武功唯快不破，这个快体现在形意拳里就是敏感和反应。文中提到的走中路，其实是先天敏感对后天故意，再怎么快也快不过先天去。六部剑法有兴趣的可以学着练，只是不能刻意为之，要心中无法自然而然，当玩着就练了。

最后，对上一章没涉及的几个小地方进行一下解说。一个是说形意拳打的是"走之"，这一点是一沉，一沉能着上就能打人。这一沉就是腰胯作用丹田发力。因为普通人的重心都在上头，形意这个是在底下，塌腰坐胯就好像身子一沉，大龙就发动了，而走之的连拐就是身法的

事，粘上就别想跑，如蛇附形，直着上还是斜着上方便用。

小腿肚子找轻重，得是练到一定程度才能体会到，也就是形虚而心实，精神上做主了，两只脚跟地面接触不是实打实的，而是有个随时都要起来的意思。步伐行进间，两个腿肚子好像秤杆一样有轻重，也好像弹簧有弹性，总之一句话就是不要踏实了。包括塌腰坐胯也是如此，不能完全坐实了，而是要有轻重有弹性，这个纯靠意会，而不是故意。

还有练拳像演戏，几百年出一个大戏子的话，其实就是虚运一个形的另外说法。比如唱《贵妃醉酒》的演员很多，但绝大多数人在观众眼里你就是个演戏的，可是梅兰芳演这个戏，在观众眼里就不一样了，梅兰芳就是戏，戏就是梅兰芳。又好比累了半天登到山顶，朝远处一望，瞬间自己就没了，这个时候天地就是你，你就是天地，要忘我才能从俗走到圣。

16 世人闻此皆掉头，心亦不能为之哀

从此开始就进入到《薛门旧忆》，也就是薛颠的部分。关于薛颠，社会上有很多传闻并不真实，多是以讹传讹。比如说薛颠1949年被中共镇压，而且是机枪扫射，实际上是1945年被国民党接收天津的一支部队杀害，而且是薛颠自己去的，这个账算不到共产党身上来。薛颠作为武之大者，于拳道两途都有自己独到的领悟和见解，特别是象形拳的部分，可以与形意拳互为参悟验证，对中华武术做出了巨大的贡献。

文章起始就给出了一个公案，李仲轩跟着尚云祥练了一段时间，功夫有了长进，体能很强，便生出一股豪气想去和薛颠比武，后来知道这只不过是形意拳的"明劲"阶段。这里头有三个问题，一是他在唐维禄那练了很长时间怎么出不来明劲？怎么一到尚云祥这就出来了？第二，体能短时间内变强是怎么练出来的？第三，形意拳的明劲到底是怎么回事？

这就是我上一篇文章中说的，尚云祥的水平在那里摆着。形意门里的人功夫越大，眼光脑子越厉害，只有自己练出来的才能看出别人的毛病，也才能让弟子走对路快上功。短时间内怎么就有了突飞猛进的变化？主要是化了浑身的犟劲，用张三丰的话，是用后天之形而不用后天之力，返了先天了。更主要的，是混元桩里头起了大作用。之前我说过很多次混元桩，这个桩是形意门古传，而且是形意拳最大的秘密，能够

快速增强人的肾脏系统功能,快速提高人的体质体能,不从混元桩里头悟就要多付出几倍的努力。那么形意拳的明劲到底是怎么回事?李仲轩说得很对,没有英雄骨哪来英雄胆?明劲主要是易骨的功夫,髓满骨硬,精满气足,身心上起了巨大的变化,从一个常人转变为一个强人,豪情豪气也就油然而生了。

接下来尚云祥并没骂他,而是喊了唐维禄来教育。这也是个话头。按说李仲轩也是给尚云祥磕了头的,而尚云祥的功夫艺业也更高,为什么尚云祥不直接说他?这要换了常人的思维,也许连脑子都不走直接开口就骂了,但尚云祥不会,因为形意拳改变人的气质,功夫越大的涵养越深,同时也说明尚云祥十分看重李仲轩,而且也深知他是个少爷脾气,如果因为教训他一顿产生了隔阂,以后这拳就没法教了。看到这就由不得不佩服尚云祥,功夫到了这个境界才是化境啊,不单单只是拳了。唐维禄赶过来自然是教训了李仲轩一顿,我们要注意里头一个细节,就是唐维禄摆了个南瓜让李仲轩去打碎,但慑于唐维禄凌厉的眼神,李仲轩竟然连身子都动弹不得。这个是什么?打个比方就明白了。比如狼入羊群,虽然只有一只狼,可满圈的羊谁也不敢动,任由狼去咬死拖走。比如女孩子天生胆小,晚上走路遇见坏人,基本上都是被吓得浑身发软动弹不得,其实一个女人的本能爆发出来一两个男人都不行,这就是民间说的被摄住了魂,精神被控制了。咱们形意拳的最高境界,练的就是这个。

接下来的内容就很重要了,借助《象形拳法真诠》说了三个问题,第一是站桩的方法,第二是体呼吸,第三是圈手。

"此桩法之慢练,增力之妙法也,慢慢以神意运动,舒展四肢"。其实之前我在说混元桩时已经讲过了的,前提是要返先天,最起码得做到空空静静,这个薛颠没有特意点出,因为在前头作为总纲已经说过

了，脑子不干净练不了内家拳。而所谓的慢慢以神意运动，是站桩返先天后自然出现的生理反应，就好像是蠕虫在土里头顾雍一样，身体内部处处都是如此，这个便是了。其实还有第二个反应，就是一定会微笑。你看婴儿刚出生天天脸上挂着笑，人家就是在先天的境界里头。这些都是人生理上带的，只是成长进入后天就都没有了。所以孙公禄堂高明，告诉你一句返先天，然后去站无极桩，就都妥了。

所谓"体呼吸"，并非真有个汗毛孔取代鼻子的呼吸，而是完全回返先天后外部呼吸若有若无，内里呈现"气住脉停"的征兆，此时后天的生理慢慢减弱，先天的生理渐渐启动，有句话叫"一身龙虎任横行"，龙虎就是讲先天功能带动后天气血，一气一血奔流不息。道家的东西只有逆反回真了，你才知道生命的真相是什么。而后就会进入到"混沌"的境界，也就是书中讲的十万八千汗毛孔云蒸雾起，这个是身体的假象，真相就是气血奔行，如母鸡抱卵，痴痴迷迷。这个可以参看南怀瑾的一本著作，名字是《我说参同契》。

关于圈手，实际上就是"横拳"。人在后天习惯于前后直线运动，古人智慧，发现了以横破直，从最初外型上的横，逐渐深入转化为内在精神上的横，一直发展到形意拳，出现了先天之横和后天之横。先天之横就是一气，也就是内劲，衍化诸拳。后天之横就是横拳，是五行十二象之母，都是从横拳里头变化出来的。横拳有先天后天两种练法，孙氏里头的横拳是先天练法，所谓"一气之团聚"，是指内劲的引而不发，发则无所不至，又不仅仅只是以横破直了。后天的练法类似蛇形，但一定要用全身走横劲，而不仅仅只是胳臂腿的事。如果没有了形体动作，而只是在身体里头走这个横拳，就是圈手了！

文章在讲解形意拳技击的内容中，提到了没法留余地这么个说法。形意拳确乎如此，动手即见死伤，所以真练出来的人都老实。留余地只能是两人差距比较大，让人体会一下形意拳的劲道，那么碰一下把你发出去是客气，不伤你又让你适可而止。如果是水平差不多或者是战场较量，那就没这个了，都是你死我活。李存义有句话，叫"屠手佛心"，正因为形意拳练的就是战场杀人手段，到节骨眼上你手一松就等于给对于杀你的机会，因此形意拳没有留手的说法。

关于十二形，李存义一门怎么回事不清楚，是不是薛颠从山西串来的也没有实证，但李存义写的《形意拳法真诠》我是有的，里头十二形很全面，说明事实真相并非如此。孙公禄堂从郭云深学过来的都是全套的，后来又去宋世荣那里进行了深造。孙公非常推崇宋世荣的鸡形四把，如今孙氏十二形的鸡形就是宋世荣的鸡形四把。整体看五行拳的区别都不太大，而十二形的差别就很明显了。比如李存义传授的龙形是向前大跨步，而孙公禄堂传授的是直上直下的飞升降落。

下面的内容太重要了，就是练与用的关系。练拳眼前似有人，动手眼前似无人。打人如走路，看人如蒿草。练拳的时候要设身处地，设置各种场景，李仲轩那句防人暗算太好了，又不是刻意去布置，而是脑子里一过就有，不能执着。形意拳就是不断重复，形成本能意识。各种场景都要考虑到，要学会脑子里头练拳，形成条件反射。动手时脑子是空的，因为只有零点几秒就打完了，脑子的后天反应在一秒多钟，根本来不及给你时间反应，所以都是平时积累演练好了的，形成了条件发射，对方怎么来就手一下就把他打躺下。所谓"五行合一处，放胆即成功"。真动手就别想了，也没时间给你想，你要是想也许早已被人打倒了。

关于站桩的成就，所谓薛颠的两个标准，一个是站桩的要求，就是不要较劲；另一个是放空了自己，真正做到完全的返先天，以心帅形，身上就空了。所谓"力丹田"，就是精神上竖起，但不是人为的强打精

神，而是自然而然的，就像饿了三天的豹子突然看见一只羊，眼睛里刹那亮了，就是这个。这个必须得从无极桩或者混元桩里头找到空空静静，然后自己去慢慢体会。只要你造作，就都是错的，造作会消耗精神影响健康。

关于"气沉丹田"，这个气不是后天的所谓内气，形意拳不论后天，只论先天，因为先天有了后天就都有了，没有先天只追求后天会出毛病。丹田是横膈膜以下耻骨以上的整个腹腔，而气指的是神气，主要是精神作用。内劲一发动，横膈膜就开始鼓荡，这个时候整个腹腔就是个永动机提供动力，就必须要把肛门较上，不然就泄了劲。

练完要多遛，主要是放松身心，在孙氏门里就是站无极桩，就都有了。遛达着人放松，精神上没负担，就收了功。形意拳随着功夫的深入，身体会迎来二次发育，不光是两个手变得厚实，整个身体也都会越来越健壮，肌肉结实丰满，看起来是极其强健的人。

17 处事若大梦，困时动懒腰

这两篇主要是讲薛颠的象形拳五法，以及象形拳和形意拳的关系。从根本上来说，象形拳与形意拳是可以互参的。以我个人的认知，象形拳是形意拳的另一路衍化。象形拳的五法和形意拳的五行拳一样，都是从横拳衍化而出，但之后走的路子不同。五行拳由先天衍化而生五行，象形拳却只是一横拳而已，重在变化，也就是薛颠讲的化身无数，练象形拳不知灵变就白练了。而把象形拳的真意转借到形意拳，原本平直的形意拳也会生出无穷妙笔，这便是两者可互参的真意。

因缘巧合，我入了唐山孙氏拳张玉书一门。由于张玉书先后得承孙振川、尚云祥、薛颠三家之技，所以到今天能有这个机缘把薛颠遗世之艺象形拳的秘密公诸于世，但也仅仅只是略说而已，因为我们后人的水平是远远不及先辈的，如今只要是没练错，而且自己的进步能够印证先辈的著作，就已经是善莫大焉。拳法是一个层次一层理解，功夫不到则无从体会，看不懂前辈著作是自己还没入门。练拳有年但所证所悟和人家的对不上，是路子错了。层层顿悟层层破，终有一天豁然开朗，前辈的良苦用心了然于胸，则不由赞叹：古德真不我欺，到此，则登堂入室矣！

象形拳的基础是"飞、云、摇、晃、旋"五法。首先要明白象形拳的根骨。形意的五行拳是先天之横（也就是内劲）在后天做功的五种形

式，五行拳自身的名称已经清晰阐明了这五种功用，所以真的不用鹿头再寻角，本来就清清楚楚。而象形拳则是后天之横（也就是横拳）的五种衍化，万变不离其宗。所以不管是理解还是练习象形拳，首先要把横拳搞明白，知道横拳在先天和后天都代表了什么，那么再到象形拳里一实践，就恍然大悟了。

不管是形意拳还是八卦掌，要么是横打，要么是直打，所以老话里讲"形意是直八卦，而八卦是圈形意"，但象形拳却是横直同体，身法未动，则是一气之团聚，也即是先天之横；身法一动，则既有直又有横。看横似直，看直似横，这个机巧全在临敌应变，妙用存乎一心。所以形意拳打人是一下就着上，勇往直前绝不后退，所谓"宁存一思进、不存一思退"；而象形拳是直则直往，横则横就，处处含着以横破直，又是处处陷阱，所以象形拳五法走两个就转身，而形意拳是大直趟来回走。

"飞法性似闪电，五行属金，有挟人之技，穿针之妙，点穴之精，返身旋转之灵通，行如流水，无坚不入，无物不催。"这是薛颠对飞法的描述。对内家拳的认识，不要执迷于架子，架子是可以创造的，我们要追求的是拳理，掌握了拳理外在形式则千变万化。飞法往前这一下和形意拳没什么两样，要在零点几秒内一下就打上，而且用的是手指，直奔对方眼鼻咽喉等软弱处。如果悟彻先天，这一下就如同穿针引线，又好像数米之外一剑封喉，迅雷不及掩耳。但是要注意，我们练拳有去必有回，光有去没有回，你这一去打不上怎么办？我们练拳永远都是含着劲，往前时存着往后的势，回手时又时刻准备着出手。练的时候是这样，但打起来可没顾忌，对景了都会出来。飞法亦是如此，你这里一剑封喉，如果打不上就还有个回手在里头。而象形拳永远是横直同体，直劲外还有个横劲含着，横向里一走对方就空了，所以飞法之后接的是摇法贴身摔人，也就是挟人之技。

摇法就是横着一扒拉，好像划桨的动作，左右都可以用，但不是胳臂上的劲，而是要用整个身形走出这个扒拉来，也就是身打而不是胳臂腿。身形要瞬间横移让出中位才使得出来，不然对方只要一撞你就倒了。拳法里最难练的就是横劲，因为人到后天都是习惯了直劲，要把这个劲改过来就得从横拳和蛇形里头去体悟，每天多走一走这两个拳，慢慢地横劲就上了身。我们中国的足球队员和南美的队员比差距就在横劲上，我们直来直去习惯了，但对方盘带过人的功夫厉害，三晃两晃就丢了位置，就是因为人家身上有横劲。这个晃和象形拳的晃法其实是一个东西，都是以横破直，都是横劲的活用。体会摇法要是懂摔跤就容易了，两个人厮缠在一起顶抗上了，一时间谁拿谁也没办法，这个时候就看谁脑子灵光，突然一卸对方的劲一转腰就赢了。这个，就是摇法。按理说形意拳其实也有这个东西，老谱里有句话叫"若遇人多、三摇两晃"，就是告诉你要懂得机变。

云法和晃法是一体两面。云法是忽前忽后，晃法是忽左忽右。象形拳完全是靠身法先人一步，在形意拳就是一下打上结束战斗，但如果遇见比你强的对手就不好办了，这时如果懂得象形拳，有了灵变，就有可能出奇制胜反败为胜。身法是主要的，手法都是跟随着身法，怎么打人是就手的事，赶上哪是哪。看拳谱永远得不到真东西，因为拳谱上写的都是原则，变化是永远写不到书上去的。比如劈拳就是类似的一个下劈的动作，但真动手如果也这么用就等着挨打。懂了原则，变化要靠自己体悟和验证。至于旋法，则类似于八卦掌的横走竖撞，也就是绕着打。更关键的，五法不是各自独立的，而是你中有我我中有你互为依仗。比如飞法里头就有云法，旋法一定要配合飞云摇晃，云法和摇法里都有飞法。要把五法糅合最后成为一法就对了，一出手就是最适合你的那个变化。

书中有形意拳就是内功的话，确实如此。很多门派都有一些独立的功法，20世纪80年代以后传出来的比较多。而形意拳、八卦掌、太极拳，拳就是功。形意拳更加明显，五行拳就是形意拳的内功，六合九要就是内功关窍。形意拳的功夫分形而上和形而下两种区分，形而上是对内劲把握的程度，形而下则是通过练拳对后天气血筋骨膜的锻造。把握了先天，掌握了方法，执行了规矩，后天这些就一定会来，所谓明劲易骨、暗劲易筋、化劲洗髓，说的就是后天的种种变化。所以练形意拳，要在五行拳里下功夫，十二形是五行拳的衍化，不能舍本逐末。

练大腿根的爆发力，就是练腰胯，也就是我常说的腰胯争力，崩拳上最能体现。你半蹲着一蹭一蹭往前走，胯骨不使劲身就不整，所以有人讲崩拳是胯劲，这个是从运动生理上讲的。崩拳的劲是一气之伸缩，李仲轩说像抽筋，这句话才形象。形意拳的内劲都是无形无相，精神上的事，比如遇敌好似火烧身，要体会那种无意识状态下精神的骤变，才能找到形意拳的根。书里说到形意拳的打法另有一路，你要是光从拳架子里去找打法，那一辈子都很渺茫，拳架子是原则，是出功夫的媒介，打法要老师手把手教，比如李贵江老师就教给我："你把直摆勾搞明白了就会打人了。"直摆勾不是拳击里的吗？其实你通了内劲，拿什么打人不重要，重要的是有自己的独门，出手就打上，这个才是打法。

之前说过内家拳不练肌肉，也不练硬功，因为我们是内壮，先天有了后天也就有了。外练其实是为了刺激内壮，因为力量和硬度也都是需要人体自己生长出来的，这方面内家拳更高明，气、血、筋、骨、膜这些东西都会二次发育、更加强健，而且符合生理、不会带来对身体的戕害。庖丁解牛里头最重要的几句话，就是兜着劲打人，扑着身子打人，伤人不能伤己。普通人觉得打人的劲就是直来直去，有多大劲使多大劲，恶狠狠地一拳打出去，不过这种拳打伤了人之后的反作用力到自己身上，对身体的冲击是对等的。就是打不上，你使劲爆发了一下身体，这个对身体同样也有伤害，因为你的发力方式违反了生理自然，身体要瞬间承受几倍甚至十几倍的冲击。如今散打搏击都是这么练的，所以人过了三十竞技状态基本就都不行了。散打搏击属于运动竞技，用的是西方的体育运动方式，就是不断上量，提高身体承受水平，短期内身体会更加强壮，承受力比普通人强很多，动手的时候对方承受不住但他自己能受得住，然而这种竭泽而渔或者说烈火烧干锅的方式是对生命的透支，练得越硬，老得越早，内脏早早就损伤了。

形意拳或者说内家拳的发力机制，是人体自然生理本能拥有的，比如婴儿哭几个小时嗓子不哑，成年人喊几分钟嗓子就哑了，为什么？婴儿哭的时候你去摸他的腹腔，就会发现那里一鼓一鼓的，而成年人鼓的是脖子，青筋毕现，能不哑吗？比如说抻懒腰，那么使劲可以很舒服，而且呼吸不受影响，为什么？因为这种用力方式是你生理的本能，非常自然。家里小孩怕打针，在地上打滚，几个大人弄不住他，其实只要把他的腰箍住立马就老实了。所以我们练拳不能违背生理自然，动手发力同样不能违背生理自然。内家拳练对了长寿延命，练错了死得比普通人还早。

18 欲济苍生忧太晚

这一章的东西都是点睛之语，而且内容也非常丰富，关键的是两个，一是形意拳的身法应用，所谓抽身换影，一个是较丹田。内家拳不像外家有硬气功之类的功夫，因为本身功夫就带着，较丹田其实是所有软硬气功的底子。在说这个之前先把上一章没来得及叙述的内容讲一下，一个是形意拳的绝手，一个是形意拳练脚底板，一个是形意拳的大势，还有一个是三顶。

都说形意拳手黑，一下就要了人的命，吐血都还是好的。比如尚云祥有句话："我打你上头让你吐血，打你下头让你拉屎，这还是轻的。"所以有人把形意拳打人的手法叫作绝手，把形意拳打人的劲叫作绝劲，这些都只是形容词而已，并非是对内劲根本的解读。形意拳有一套独特的打法，是从战场厮杀中历经千年总结出来的，所以民国时几届全国擂台赛前十名大多都是练形意的，就是打法、杀法厉害。

形意拳的功夫并不是练在肌肉上，而是在精神层面上，平日里主要是作养，到用时一刹那就分了胜负。所谓绝劲，可以举一个例子，比如老宰羊的连刀子都不用，拿根筷子在羊的肋条间一点点蹅摸，你看他好像没怎么动劲，突然"噗"一下子就捅了进去，羊就倒了。换做不会的你给他把刀，一般都是不管四五六照着差不多就是一刀，结果不是崩了刀刃就是卡在骨头上，书上是用"庖丁解牛"来做比喻的，非常恰当。

庖丁解牛的境界就是精神层面上的，以心帅形，平日里训练出来的劲力都被自己的精神兜着含着，刹那一放便如摧枯拉朽把人打透了，这个就是"束展之下一命亡"。束，就是精神上含着；展，就是放出来那一下。所以练形意拳的人都老实，平日里看着绝对不起眼，因为他的精神力量都隐含在身心内部，只有在他发作的那一刹那才让你看见如天神下凡一般的神威。所以孙禄堂不是说了："平日里宜人后多下功夫，不要到人前卖弄精神。"后人都以为只是劝诫的话，其实这里头藏着练功的秘密。当然，形意拳除了精神上返先天这个根本，后天上气血筋骨膜的不断再生长也是功力不断强大的重要原因。

形意拳练脚底板，是个非常重要的内容。武术形而下敌将，就是打人杀人用的，那么生死绝杀面前，你是立地生根呢，还是灵活多变？说这话是因为如今很多练站桩或者练拳的，都有立地生根的说法，甚至还有入地三尺的。你把自己的身法都练死了怎么打人呢？身法重在灵变，不在沉重笨拙。平时不往轻灵里头走的，到见真章时就是给自己挖坑。你看泰森那个灵活的身法步法，是不是入地三尺练出来的？也不会是负重练出来的吧？而是练跳绳、练移动、对打中精神上悟出来的。那么咱们形意拳呢？练拳时脚底板要轻灵，每一步出去都好像踩钢丝，含着劲缩着劲，所以才叫"鸡腿"！李仲轩不是说脚底板会"脸红"吗？要非常之敏感，地上有一根头发丝都能感觉出来，一沾就走。扩而大之，全身也都要敏感，这个不是靠皮肤来感知，而是靠你的心。比如盲人就比明眼人要敏感，因为眼睛功能没有了，身体的感知功夫就大了。为什么黑天练拳呢，就是为了把这份敏感练出来。等你体会了敏感，才知道先天功能是怎么回事。

形意拳是扑着身子打人，含着劲练拳。所谓大势，好像尚云祥接那个军官一拳，军官立马飞对面墙上去了。这个又不是弹簧，怎么空着身子一接对方就飞出去了？形意拳就是有这个本事，其实也是人的先天功能。比如两人闹矛盾要动手，一方强一方弱，蔫人出猛虎，豁出去了，脖子一梗眼珠子一瞪胸脯子也顿时鼓起来了，一下子出来一股气势，两三个人弄不住他，这个就是"大势"。平常人不会用，咱们形意拳要在返先天之后把这个功能调出来说用就用说收就收。普通人要老是这样会得精神病，所以形意拳没有过来人带领，自己瞎练，不出毛病是你幸运。外家拳练错了顶多是身体上出问题，少活些年头而已，而内家如果往深里头去出了问题，基本上都是走火入魔，因为拳道相合，没有道就没有拳。

　　关于"三顶"，其实就是对梢节的运用。梢节联系着人的五脏，平时人生命都是顺着它走，五脏的功能、身心上的精气神都是通过梢节来使用，这些就都是消耗。所谓"道者反之动"，修道的人要逆反回真来重新整理这个生命，怎么办呢？就是要逆反着生命的程序来走，往回去，那么明劲的终点就是六阳纯全的乾卦，回到了婴儿刚出生时绝对健康的状态。在佛家就是先让你"止"，所谓"如香象渡河截流而断"，先把生命顺流的程序停掉，这样不就是不消耗了嘛。把精气神保存住，在道家这叫"无缝塔"，一点点消耗都不能有，起心动念都不行，每时每刻都在那个空空静静里头，这个才是修行里头的实地功夫。生命都是多少劫过来的，有的缘分大有的缘分浅，有的人这辈子修成功了，实际上是前头积累的福德够大，有的人一听见讲佛法恨不得马上逃跑，这就是累劫以来都没有佛道的缘分。回到三顶话题。虽然咱们从总体上有先天精神这个核心，但落实到具体的肉身上，还是有很多方法的，三顶就是其一。因为平素都是顺着消耗出去了，所以练拳练功时让你反过来刺激一下，舌头顶住上牙膛，同时咬住牙，十个手指头也如水泡涨力般撑住。还有一个头顶，其实不单指头发，还有浑身十万八千条汗毛，都要

一时顶起。一般人是做不到的，要从怒发冲冠或者毛骨悚然上去体会。平时不用做，内劲一发周身毛发自然就顶起。这三项时时顶住，反过来就此即催发了五脏的功能，好像给五脏打兴奋剂一样的，再与五行拳一配合，身心双炼才是应有之义。

李存义一系的形意拳起式和孙氏的不一样，他们那个架势很大，其实也就是一个起落，诸多拳法起式几乎都是起落，并没有旁的，因为从起落就可以直接悟回先天。比如我说杨式太极拳的起式，一俯一仰瞬间就能入定，做到这一步才能说你懂拳。但孙氏的就是不同，直接从无极桩开始，是直接回返先天走入无极涅槃，这是因为孙公先练拳后修道，于拳道两途洞若观火，才能将形意、太极、八卦与道家的具体结合在一起，并从拳法安排上就体现出道家对天地宇宙的最基本认识。所以有志于内家拳的人，要补古文化的课，四书五经要读，儒释道三家的经典都要读懂读通，这样才能有助于解拳悟道。如果说孙氏的拳法与其他门派的拳法最大的不同，就是彻底脱离了后天的有形有相，直接奔向主题，也即是返先天用本能。所以练旁的拳我们不能多说什么，但是练孙氏拳如果执迷于拳架、姿势、招路，那无异于缘木求鱼啊。

书上说形意拳一个五行拳就把什么都练出来了，非常对！形意拳的核心就是五行拳，外加一个混元桩。混元桩还是从外头来的，只有五行拳是形意拳的最根本。如果是岳飞创拳，当年就只有这五路拳法。十二形是后来人把形意拳练通了以心入象，是对形意拳本身的再发展，但核心始终是五行拳。李仲轩说李存义并不站桩，只是五行拳而已。而站桩也只有一个混元桩，而且拳在桩里桩在拳里，混元桩里出来的东西其实在五行拳里也都能出来，从本质上讲两者练的都是那个先天一气，也就是内劲。如果非要做个主次安排，那就是五行拳为主，混元桩是辅助。十二形说是五行拳的衍化，其实是五行拳里出了功夫以后才能有衍化，

不然光练架子有什么用呢？其实也不止十二形，天地万物皆可入象，五法八象是形意拳本身的另一个衍化。把形意拳练通了不光看老辈人清楚，看薛颠的象形拳也是清清楚楚，因为根上只有一个，就是无极而始，太极而用！

这一章的内容是比较丰富的，如果都讲完估计得很大一个篇幅。如同李仲轩说形意拳小手多，形意拳里的东西如果非要讲明白讲彻底，估计几百万字也挡不住。因为形意拳合着道体，道体本身那个功能是千变万化的，所以我们学拳的人要懂得去学那个根本，而不是执迷于各种法相，法相以亿万计，如同恒河沙数，学那个是没头的。好像大藏经十万八千，穷人一生也很难都研究完。可实际上把整个宇宙里头多少劫过来佛所讲的经都算一算，大藏经也不过是沧海一粟而已，那还能有头吗？所以释迦牟尼有件事是非常漂亮的，就是创立禅宗，所谓正法眼藏授予摩柯迦叶，告诉你正法本来无一字，好像《西游记》最后的无字经书才是真经。你把形意拳练明白了通了道，释迦牟尼你也明白了，老子你也明白了。

象形拳就是形意拳基础上又研发出来的一套，不能说它就是形意拳，而是与形意拳理相通的另一路拳法。形意拳可以叫"拳"，象形拳应该叫"法"。形意拳是实打实，功夫大了不讲理，好像尚云祥说拳不打人功打人，练功不练拳。而象形拳则是身法变幻光怪陆离，翩若惊鸿激如电闪。举个例子，夏天到了苍蝇就多了，其实苍蝇飞行速度并不快，嗡嗡嗡的就在你周围叨扰，可你拿手去抓试试，你手的速度比苍蝇可快，但就是抓不着。拿苍蝇拍打，非得等人家落地儿了才能打上。为什么呢？因为苍蝇的身法无迹，倏然变换，不是你的手跟不上，是你的脑子跟不上，懂了这个就懂了象形拳。

关于蛇形，之前我说过了的，就是后天之横，和横拳一脉相通，懂

了横拳就懂了蛇形。李存义一系的蛇形和孙氏的蛇形用意上不太一样，李氏的主要是以横破直，强调身法上的变化；而孙氏的蛇形还有一个更隐秘的，就是大龙的伸缩。蛇形攻下三路，要出其不意攻其不备，人家以为你还在上三路，你突然就打到下三路，而且打蛇形要能瞬间身体长出来一截，对手以为你打不到，等打上他就傻眼了。孙氏的蛇形与猴形异曲同工，只是进攻方向上的区别。猴形也是大龙伸缩，一蹲下人都没了，一伸展瞬间长出来一大截子，直接奔人眼睛去，一惊一乍就把人给伤了。这些功夫都是从五行拳里出来的，等把周身骨节都打开了，骨节之间的筋也就松开了，到这种程度才能做到比一般人多出来一截。一般意义上的蛇形要在身形身法变化上下功夫，一开始把横拳和蛇形一块练，用三角步充分体会身法的横直变换，有了身法才有机会。平时练就形成了本能意识，瞬间一个三角步的移位就到了对方侧边上，本来被动一下子主动了，这就是横劲的妙处。关于三角步，不要从迈步上去练，而是要从滑翔上去体会。任何拳法拳路都不能刻意，都是本能的一个反应，身法上要永远快人一步，不然没用。打完了你才反应过来，对方则是倒了还不知道怎么回事。

按理说形意拳功夫大的一下就打上，但如果形意拳只有这个就不高明了，任何拳法都是成系统的。主动怎么打，被动怎么打，缺一不可。毕竟战场厮杀不是擂台竞技，倒了你可以起来重新来过，厮杀的时候你倒了命就没了。形意拳的打法都是多少年前辈用实战总结出来的。平时多练练横拳和蛇形，等到真章就能反败为胜。或者更高一步给人设个陷阱，以退为进引人入彀，那就更厉害了。文章中说的"舒展之下一命亡"有误，应该是"束展之下一命亡"。"合身辗转不停势"是对的，合身就是内外三合，一动俱动。辗转不停势，就是身法要不停变换，遇见实力差不多的或者比你高的，就要在身法变化上找机会。束展就是庖

丁解牛，可以从骀形上去体会。

关于崩拳和钻拳，用法何止九六？对景了它自己该什么就是什么，你还能人为设计吗？拳路拳法都是原则，主要是让你入了门之后举一反三，到现场是活学活用的。好比传统相声三百多段，可郭德纲能说六百多段，这里头就是活学活用创新发展的结果。重要的话得反复说，架子不重要，功夫才重要。郭云深崩拳如箭，打上你都不知道，用不着那些手法，只要把人打倒了就行了。天下武功，唯快不破。不是手快，是身快。"半步崩拳打天下"，不是郭云深拳头大胳臂粗，而是先敌一步打上不知，这个才是形意拳。怎么练出来？从无极桩空空静静开始，自然就出来了。

说到抽身换影，很多人都往独门奇技里头去想，其实形意拳真没有什么歪门邪道，有的只是生理本能而已，作为普通人平时不注意，但内家拳的创拳者注意到了，而且把它挖掘出来作为拳术来使用，比如抽身换影，你要非得转七星什么的刻意去练就永远都没有，凭什么转转圈子就练出来了？就是转圈子也得把后天刻意都放下才行。大冷天的冻得你哈哈的，家里头暖和啊，奔着赶紧往家走，到门口一掀门帘子嗖一下就进去了，这个嗖啊其实就是龙形搜骨那个搜，就在于刹那一点子功用。平时你造作可没有，但你被冻得不行了这个时候脑子就不管用了，而是生理本能出来做主，屋子里暖和，奔着就去，想都不用想的这个就是抽身换影。所以练功夫要往先天去，不要练到后天。形意拳和外家甚至和八卦太极不同的一点就是拳理上能悟道，有的人练二十年身上没功夫，听过来人一句话就悟了，一刹那功夫就上了身，平常人以为是神话呢，或者以为是大忽悠，其实形意拳练的就是生理本能，身心上本来就有，只是平时不察觉不会用，听过来人一句话提点，瞬间就明白了这个道理，生理上物理上通了，把这个本能调出来了，功夫也就显了形。所以我常说形意拳一个生理，一个物理，搞明白了也就练通了。多少人还在后天有形有相上磋磨，在拳架姿势上犹疑，在肌肉力量上消耗，那个是永远也没前途的。

李仲轩说到的晃法，不要把关注点放在手上，而是要放在身法上，手法是可以随意而变的，关键是晃法本身。晃法就是忽左忽右，虚实变化，该虚虚该实实，打不上就是虚，打上就是实。看看美洲足球运动员过人就懂晃法了。人从生理上都是不自觉受别人影响的，虽然你不承认，但确实如此，因为你的主人翁基本上都不在家。人的自我意识都是随着外境而转的，很少有消停的时候，所以当遇到比你强或者你想不到的情景时，就很容易被人家带走。踢足球会过人的就是这样，一晃你跟着过去了，可人家是虚招，反向再一晃人家就过了你。所以呢，身法的关键也是速度。手快没大用，要身快。你看泰森在台上都是三角步左摇右晃，这个也可以叫蛇形，也可以叫晃法，反正是虚虚实实，逮着你的破绽就一下。平常人只有往前直线一路，横向是没有的，身上没横劲就只能和人家对着脸互抢。

下面讲讲"较丹田"，大约在李仲轩出书之前没人知道这个，都是以为就是气沉丹田，然后内气在丹田凝结，发劲时通过丹田来运作。这些认识从根本上就是错误的。后天气血不能去造作，因为气血自有其路，你非要造作就是改变了它既有的状态，人的正常生理状态也就改变了。这话孙禄堂也说过。内家拳讲丹田，不是从练气的角度说的，而是从功用的角度，这个不能混了。我们说丹田，是指横膈膜以下、耻骨以上、命门以前、肚脐以后的整个腔体。这个腔体就是先天内劲在后天做功的发动机。那么什么是较丹田？就是横膈膜向下运动、肛门提起向上运动，二者反向的互相配合，就是"较"字，使腹腔犹如高速运转的风箱一样呈现高频率震荡，这个就是较丹田。李仲轩只是把这个名词告诉

给大家，具体怎么回事他可没说。他肯定是练出来了，为什么不说，因为从他看来这个就是形意拳最核心的秘密了。为什么较丹田能够使人生出更大的力量，因为人的身体除了胳臂腿实际上就是一个整体，也就是说从头腔到腹腔是一个而不是多个。人大便的时候使劲，是不是感觉到颅内压力增加？有些老人岁数大了早晨大便一使劲就过去了，到医院一查是脑溢血。正因为这个腔体是通的，所以较上丹田才会有这样的功用。"较丹田"还不是"一气之鼓荡"，较丹田是人为做出来的，属于后天有形有相，而一气之鼓荡则是先天本能激发，内劲在后天功能的显现。较丹田只是腹腔呈现鼓荡，而一气之鼓荡则是周身向外膨胀，四正八柱瞬间膨起，人看上去会比平时大了一号，非但全身，连手掌看上去都会大了一号。所以孙氏没有较丹田的说法，只有先天一气，因为先天有了后天就都有了，是一有俱有的关系。

  关于"熊形合页掌"，其实很有趣的，因为尚云祥和孙禄堂是盟兄弟，还有杨澄甫、张策等人。这个合页掌就是孙氏太极拳里的开合手，体会的是一气之开合，是太极拳的根本，太极拳无非开合。尚云祥告诉李仲轩，站完桩以后练练熊形合页掌，就是体会内劲的功用，在一开一合中反向认知内劲为何物。孙氏太极拳里那么多的开合手，如今配合尚云祥这话再体会体会，是不是也会瞬间长了功夫呢？学拳要整个地学，动手要整个地用，一拳一腿上体现不出拳法精神，整个的学整个的用就是要体现出这种精神来。无中生有，从有形进入到无形，无形变化出有形，临阵对敌全在刹那机变，能做主的就是先天精神。

19 今日竟无一枝在

这本书说到这，已经是越说越深了，这最后的几章，基本上都是形意拳的关窍。人学拳一开始都是懵懵懂懂地傻练，老师不会和你讲拳理，因为你还没入道，瞎琢磨就害了自己练不出来了，等过了一段时间有了真实体会，这时候就需要过来人给你点窍，关节上一句话就能提点上层次，这一章就都是点窍的关键。

较二十四法也就是六合九要这些东西，一入门老师就教你，但大多数人不重视。过去师徒如父子，你不听话老师会揍你，必须老老实实跟着规矩练，如今是不能这样了，只能靠学生对老师的崇拜来体现威信，但这里头就打了折扣。所以重要的话说三遍，入门这些东西其实就是最重要的东西，大多数练形意拳的人从一入门就决定了最后能取得多大成就，原因就在于基础功夫扎实不扎实。

后人把站三体式当成是灵丹妙药，估计就是从入门这些基础功夫开始的，因为较二十四法必须从三体式开始，站好了之后从头到脚一点一点矫正，差一点都不行。所以你看着这个人站三体式好长时间不动，其实他那是在自我调整，并不是专门为了站桩。形意拳里确实每个姿势都可以拿出来站桩，因为不管拳还是桩核心的道理都是一个，也就是归返先天一气，从空空静静里去把握内劲的生发。但是形意拳为此专门设计的是混元桩，而这个又不是谁都传授，所以后世以讹传

讹地误导了这么多年。

关于二十四法，薛颠的著作里讲得非常清楚，反而孙公禄堂的《形意拳学》里着墨不多，那是因为孙公的层次已经脱离有形进入到无形，而《形意拳学》也是孙公五十岁时功夫大成后写出来的，此书不算入门教材，而是人家在那个高层次上说给你听，当然眼界就高。拳谱按照过去的说法都得背下来，然后你在今后漫长的探索过程中不断体会，突然一天悟了哪句，就从那里上了层次。

静态的二十四法就是三体式，没问题了才能开拳进入到劈拳，而劈拳也可以称为动态的二十四法，所以有人讲劈拳就是运动起来的三体式，这个说法比较片面，劈拳就是劈拳，其他的拳包括十二形里头也都有二十四法，也都是差一点都不行，只是从三体式过渡到劈拳相对容易，因为劈拳定势就是三体式。三体式静态时二十四法规整没大用，一动起来就散了，所以要在劈拳里头不断再调整，故练拳没有快的，也没有猛的，快的猛的不是真传。

练拳的秘诀就是四个字——"飘飘欲仙"，这四个字价值千金。练得快的功夫粗糙没长进，练得猛的死得快是自掘坟墓。所以练法不外传，不得其人不传。之所以打得慢就是要在过程中把二十四法都较出来，以至于一举手一抬足都合着规矩，那就是练到了。这还是有形有相，慢慢的规矩都融入到心里头化为无形无相，才能做到"飘飘欲仙"，到这个阶段练拳就是享受了。后面就是说站桩了，也是大秘密。前面说"拳在桩里、桩在拳里"很多人不解，这一章人家就解了密。形意拳门里说站桩就是指混元桩，混元桩是形意拳里最大的秘密。这下面的文字非常重要，与我之前解密虚领顶劲和塌腰坐胯的秘密异曲同功。形意拳关键在腰胯，我说形意拳好像老虎豹子，都是腰胯驱动，不是让你去模仿，而是切切实实把腰胯练出灵动来，和猫科动物一样能驱动全

身，那么首要的工作就是开胯。怎么开胯？就是在劈拳里头那个大撒啦步，走着走着胯就开了，就这么简单，可是没人告诉你一辈子都摸不着门。胯骨缝开了肩膀缝也就开了，然后就是全身骨节都开了，这时候压缩在关节里头本来已经长死的筋就解放出来，这个才是筋长一寸寿长十年，而不是如今多数人练瑜伽或者抻筋拔骨那样的死抻。为什么会寿长十年？因为你练到这个程度就基本上回到了婴儿纯阳的状态，生命往回走了，自然延寿增命。

开胯之后又是如何呢？就是七节腰椎活了。普通人的腰椎都长死了，是不会活动的，更谈不上大龙。周身骨节打开以后筋都解放出来，最重要的七节腰椎就会动了，而后整个大龙也有了功用，这个时候才能体会到虚领顶劲和塌腰坐胯的用意。所以二十四法一入门，只傻练别问，功夫不到你无从体会，瞎琢磨的还会练出毛病来。脊椎骨一活，人的后天运动就从胳臂腿带动转化成像猫科动物那样的腰胯驱动了。其实婴儿刚生出来爬行也是腰胯的，先天的就都是这个，只是进入后天慢慢僵化。

在这个过程中需要一个特殊的训练来配合，就是站桩。你光是通过劈拳开胯意义有限，因为还缺一个最重要的因素，就是"致柔"。你看老虎豹子走路，浑身的肉都是松懈的，肚子上的肉都是耷拉着的，那不是垮，而是柔软。就好像刚出生的婴儿哪哪都是软的，随着年龄的增长就越长越硬，硬到头就是死翘翘，人死了被叫作挺尸，气血越虚弱身体就越硬，气血一停就彻底硬梆梆了。那么一些功夫专门是练硬的，现在看有道理吗？答案不言自明！内家拳的道理就一句话："只有极软才能极硬，只有极慢才能极快。"因为阴极而阳，阳极而阴，动静有别。平时练得硬身上就呆滞，如果遇见高手出手那一刹那根本使不出来。高手对决，只给你零点几秒的反应时间，你练得太硬光准备时间都不够，还

没等你胳膊抬起来人家已经到了，这不是情等着挨打吗？泰拳就是这么练的，硬而且慢，所以一龙和播求那场比赛一开始，一龙的冲击就把播求打蒙了，如果不是一龙没有一拳致命的本事，播求肯定不会最后赢了那场比赛。故，天下武功唯快不破！

回到站桩的话题，必须通过站桩实现专气致柔，与开骨节配合起来才能实现最后的目标，也就是从后天局部运动向先天整体运动转化。站桩，就是混元桩。混元桩的秘密，也是一句话："专气致柔如婴儿！"专气，就是转化后天呼吸为息，息就是停的意思，后天呼吸要转化了，变成若有若无的才是真息。而后身体会变得越来越柔软，也即致柔！这个境界如人饮水冷暖自知，唯过来人知之。那么实现了开胯和专气致柔，腰胯就解放出来，七节腰椎突然有一天变得自己会活动了，这个时候也才能体会"时刻注意在腰间""命意源头在腰隙"的真实含义。从此以后别开生面、柳暗花明，生命就迈进了一个全新的境界。

这一章还有一个重点就是走大边，也就是走偏门。走大边两打一，走中门一对一。这个很好理解，动手瞬间你到了对手侧面，他就照顾不过来，所以武术身法是制胜关键，没身法就没打法。如今的武术擂台搏击都是走中门对着抡的，因为双方也走不出大边来，这样打起来就非常难看。我们讲形意拳打人就一下解决战斗，除非实力差距悬殊你可以上去一下，大多数情况下都是走大边占侧位，这是不易的原则。孙氏门里讲"形意是直八卦、八卦是圈形意"，就是说形意拳要带着八卦的横劲，八卦掌要带着形意的气势。横劲要在横拳和蛇形里揣摩体认，孙氏这一门是走九宫，其实和转七星是一个道理，走一走就活分了。这个得具体去实践，一练就知道妙处。走得多了就化了脑子，用的时候对景就出来，是不需要思考的。总之一句话，就是有形而入，无形而出，不管是练拳还是九宫七星，一开始都是有形有相的，最后练到无形无相，就

是"身形应当似水流"。

　　文章最后有句话非常好，"假练武的是非多，真练武的没是非"，尤其是练出来的更是隐得极深。因为人家每天都在那个先天神意里头陶醉，早已经远离了后天的酒色财气，哪有什么是是非非呢？不过人都活在世上，难免会有磕磕碰碰，练出来的人就都老实，遇见事也都是先退让，实在不行才动手。内家拳是返先天的拳，而是非是后天酒色财气扎堆才生出来的，故人家这句话非常正确，也可以作为辨别武功真伪的准则。

20 登高远望神形开

二十五章内容虽然较少，却说出了形意拳最重要的两个核心，一是"入神"。李仲轩讲"武艺是以气使力、道艺是以神用气"，这个说法就很高明了，懂这个才能入形意拳的门。很多人练一辈子形意拳最后两手空空，就是耽误在后天的气和力上没用到这个神。另外还有形意拳练法的关键，即"意要发之于外、形要含之于内"，没这个是不出功夫的。

20世纪80年代以后武术有过一次中兴，但基本是建立在武侠小说、电影和套路武术繁荣的基础上，而后散打搏击的兴起便逐渐模糊了国人的思维，以为传统武术和西方体育都是一样，就好比如今的中医都是用西医理论指导、培养出来的，早已经脱离了几千年传承下来的本来面目。大道至简，无论是武术还是中医，其实骨子里都非常简单，形意拳就是归真用本，都是生理和物理上的事，只是人们好繁恶简而已。

所谓入神就是返先天，那个先天精神。为什么普通人不好理解？因为你在后天故意去揣测先天本体是没指望的。看过一次某知名学者解读《道德经》的节目，可谓满口荒唐言，误人不浅。老子的《道德经》是人家悟道之后以先天境界中的体会写出来的，本身特质是清静无为，而后天的人通过大脑思考来进行解读，只能说永远是驴头不对马嘴。还有研究过去禅宗大德公案的，就更是不忍卒读。总之一句话，不返先天是

没指望的。你可以观察自己的生理特征，比如发呆的时候，那个就是入定，也就是空空静静。你要是走路散步的时候心不动，就是身形应当似水流。做事忘我的时候，就是入神。

也正因为形意拳练的是精气神，所以后天上多少人故意去揣测，其实只要一动心就是错的，我们要修炼的是不动心，所以孙氏入门站无极桩，站到一尘不染能够入定才能往下走。动动心最多也只是瞎琢磨，就怕还连着气脉穴位什么的，就一定会练出毛病来。身体上出问题了，精神上也会出问题，自己要能感觉出来还好，就怕感觉不出来的那就是走火入魔。咱们这个法门，根骨是"应无所住"。

重要的话说三遍，文中所谓入神，就是返先天。说入神还是有流弊，人一听就会瞎琢磨。说返先天则明白多了，首先是批判，告诉你在后天都不对，至于如何返先天，去站无极桩，这就是孙公禄堂的伟大。文中还有句话"形意拳不是力气活"，看看如今练形意拳的有多少是力气活？蔫人出猛虎，人身上先天里藏着巨大的力量，其实用不着到肌肉上去找，都在精神里头藏着，你在精神上对了路，气力自然就出来了。

形意拳是最养人的。说句题外话，我们唐山孙氏一门从张玉书先生至今，多是三拳同练，但只要是练出来的最后都归结到形意拳，最爱的也是形意拳，因为形意拳给你真东西，这个真东西就是"性命"，也就是道家的性命双修，你自己得了就如人饮水冷暖自知，所谓"练得丹田长命宝、万两黄金不与人"，自个回家偷着乐去。以我个人认知，虽然太极拳最高明，但普通人得之不易，除非你到张三丰或者孙禄堂的境界再去练太极拳。形意拳养人，也在这个"神"上。天地万物但凡有生命的，都是靠这个神支撑着，神要是散了命也就没了。说这人身心健康，那是神采奕奕。说这人离死不远了，那是脸如死灰。所以谈到传统武术的养生，其实就是要在神上蓄养，脱离了这个根本就一无是处。天天搞

这个气脉那个咒语，把精气神都散光了，脸上都没有人色，好像吸毒的都是青灰色，那是不归路。

如何养神？其实站不站桩无所谓，行走坐卧皆是拳，释迦牟尼也没天天站桩，站桩只是一种方法，关键是时时刻刻养住这个神，就不练而练了，你非要去练个什么，保证你得不偿失，因为你的心一刻意，精气神就消耗出去了。那么具体怎么养呢？禅宗有句话挺好的，就是"善护念"，或者说"不动心"，咱们说"空空静静"，但主人翁时刻在家，只是存而不用而已。简单说是入静，一静下来"天地悉皆归"，这句话这么来的，你的精神就与天地宇宙的精神连上了，所谓与天地精神相往来，是这个意思，先天就会发动。那为什么能补上精气神呢？

生命从何而来？自然是天地宇宙的本源，那个无极涅槃的本体，不管这个世界如何变幻，那个本源始终在那里不动，功能也无时无刻不在发挥，不然宇宙就停掉了，也正因为功能在作用，所以才有生老病死，有时间的观念。说句题外话，人一入定对于你个人的时间就暂停，停了生命的流转，所以大修行人一入定多少多少劫，并不神秘，关键你得放下，放下后天才能见到先天，所谓"不见本心修法无益"，禅宗的根骨就在这里。

你入了先天，本源的生发对你就产生了作用，孙公叫它"一气"，而落实在人的身心上，就是精气神；落实到具体的脏器上，就是肾精。肾气一强，生命的本质就强大，而后才能带动后天更加强壮，所以"肾为先天之本"。所以我们站桩也好，打拳也好，骨子里练的就都是这一个。让你空空静静，让你站无极桩，可不是随便说说而已。那么平时记得能静一分则静一分，此心如如不动，就是真蓄养。老辈人岁数大了很少练拳，都是在精神上往来，就是悟了这个道，明白了天地宇宙的这个大道理，不练而练了。

下面有句非常重要的话，是形意拳练法的根骨，即"意要发之于外、形要含之于内"。李仲轩说了一个站混元桩的方法，就是眼神微微上瞟，其实是朝远看，看得越远越好，看到天地宇宙的尽头。其实那是用眼睛看吗？不是，是用心在照！眼睛的生理功能有限，而人心的功能则无界限。说年轻人单相思，人在这坐着心都飞到心上人身边了，如果虚化了此身不就过去了？所以佛家说"心能转物"，我们练形意拳讲究"入虚"，说孙禄堂一个照面人就没了，回过神来一看在你身后站着，世人百思不得其解，后来孙公禄堂在他的书里自己解密了，就是"练法入虚"，至于说具体怎么练，那就得看个人的缘分能不能遇见明白人了。

意要发之于外，其实是放空，放得越大心就越空，也就是空空静静，此心如如不动。而形要含之于内呢？就是顺中用逆与逆中行顺，是涉及内家拳逆反回真的具体练法。孙公禄堂不藏私，在《形意拳学》里都说了，只是后人水平不到自己看不明白。孙公讲形意拳要义，里头有肩膀缝和胯骨缝要缩住，就是形要含之于内。至于说什么道理，他在《八卦拳学》里说得很明白，但不到层次是看不懂的，所以我常说入门傻练，别瞎琢磨，只要一动心就都是错的。经常有人来向我请教，只问一句话的算是聪明人，最起码还有点悟性，那种提一大堆问题的最让人头疼。练拳有问题是应该的，但应该即有即放，从拳里头去找答案，所谓身心双验。你问就是起心动念，就入了后天。你的问题多，说明你的心思太杂，与其问我不如先念念佛静静心。

形意拳学过几年就会进入到"找劲"的阶段，形意门里说两人摸摸劲，说这人功夫好坏，都只说"劲"而已，没有说这人拳架子好，拳打得漂亮，这实际上是骂人的话，那是说你没功夫，是个空心大萝卜。练形意拳的一辈子都在找这个劲，其实就是内劲，可实际上找就是故意

了，找是找不到的，得悟！所以练了好多年在自己师父这悟不出来的就出去走访，到明白人那里"给句话"，就好像禅宗悟道的话头一样的。功夫是碰上的，功夫也是捡来的，唯独不是能找能练的，其实功夫是悟出来的。蔫人出猛虎，从这里头悟！

张鸿庆的故事也是很有看头的。好赌钱，看不着他练拳，可人家功夫在那，怎么练的？就是在精神上往来。记得尚云祥说李仲轩以后没时间练拳，要学会用脑子练，这里是一个意思。什么叫精神上"闪一闪"？就是一气之发动，也就是内劲发作。你懂了才会闪一闪，生理上的变化都是附带的。你不懂跟着人家模仿，就只学来了生理上的现象，这个东西也害人。赌钱手眼高，是人家心里头不沾丝毫尘埃，所以打一晚上牌也能养住神。从这段叙述上看，张鸿庆是悟了的。其实李仲轩也是悟了的，不然不会七十多岁被车撞了自己醒过来还能活到九十多。形意拳就是这个，能把你性命改了，自己还能做主，只是酒色财气的要远离，不然又都消耗进去了。

21 一生傲岸苦不谐

这一篇的重点是"翻浪劲",而后借着薛颠的"五法"来启发读者对形意拳根本的认知,还有一个部分是讲"拳从口出"的道理。象形拳是形意拳的衍化,说白了是薛颠在形意拳里有了特别的体悟而创造出的一个独门拳路,其实骨子里并未脱离形意拳的真意。那个时代除了薛颠,还有一个人也走出另外一路,就是王芗斋,"意拳"其实也是另一个路子的形意拳,因为拳法本质并不在架势,核心的精神把握了当然可以自创,比如孙禄堂自创孙氏太极拳,其实里头就含着形意拳、太极拳和八卦掌的东西。因此我们学拳不要在有形有相上耽搁太多时日,而是要穷追其理彻悟本源。

关于"翻浪劲",就是一起一落而已。"形似翻浪",这是孙公禄堂在《形意拳学》里说的:"横者,起也;顺者,落也;起者,钻也;落者,翻也。起为钻,落为翻;起为横,落为顺……起亦打,落亦打,打起落,如水之翻浪,是起落也。"《形意拳学》里这一大段文字很长,是形意拳致用的总纲,必须完全明白了,后面的路子才不会走错,不然学几十年拳始终摸不到实用的门径,不知道形意拳怎么动手打人岂不是白费力气?这个具体留待我在下一部著作《解密孙禄堂形意拳学》里再详细说明,这里只是让大家明白起落是形意拳核心的用法本质,身法一动就是这个,再没有别的了,所以不懂起落是怎么回事,这个形意

拳就练得肤浅了。

本文中李仲轩先生用猴形来解释这个"翻浪"，猴一蹲一纵，就是一起一落。这么讲也没错，因为"起落"贯穿在形意拳所有的拳法招式里头，作为学人得切实体会到这一点，因此用任何一形都可以来解释翻浪或者起落，包括五行拳也是一样。薛颠猴形用得好，所以李仲轩用猴形来打比喻，是这么个起始由头，并不是说只有猴形里才有起落，那就大错特错了。我更愿意用虎豹捕食来讲解这个起落，猫科捕食就是一起一落，一扑而起，一扑落地，形意拳是扑着身子打人，自然界最凶猛的猎杀手段就是老虎豹子这一扑，咱们的老祖宗就把它借用到拳术里头来了。什么叫扑？两个意思，一是起落，但这个起落不是做到外形上，而是在身体内部体现。拳无拳意无意无意之中是真意，尚云祥在院子里溜达了一圈，外表上看不出打拳，但是身体里头走着拳意，这个才是正根的真东西。李洛能当年的拳术从有形走入了无形，才创出了形意拳；二是用冲量，所谓把一百多斤挂到手上。自然界的猛兽捕食都是一个特征，就是一定要把猎物"放翻"，所以要扑而不是直接咬。老虎狮子可以猎杀比它体重多两三倍的水牛，就是善于在高速运动中利用好体重，而且都是从侧面偷袭，侧面就是大边，偷袭就是要动脑子，不能硬拼要学会智取。把猎物瞬间放翻，然后再上去一下咬住咽喉。咱们的形意拳倒不一定非得把对手扑倒在地，而是要破坏对手的重心和稳定，其实根本意思是一个。

回到十二形的话题。形意拳的核心就是五行拳和混元桩，十二形部分内容可以知而不练，或者只练几个。要能对上自己的性情，因为动手那一刹那也就是一招半式，平时也就在这一招半式上下功夫，练多了脑子就乱了，对景了手足无措会丢掉小命。所谓知而不练，关键在知，十二形要多玩，玩的时日多了拳意入骨，动手时主要是变化应用。因为技击实战时有太多不可预料的场景出现，这时候就需要通变或者灵变，那么五行拳在手法上就不够用了，就要在十二形里找材料，甚至超出十二形在自己日常生活中的感悟里体悟积累，这个才是十二形的真意。

猴形其实更多的是体现"一气之伸缩"，一缩人好像没了，一放多出来一大截，一惊一乍地就把人打了。龙形、猴形、蛇形，都需要把脊椎骨练得能够长出来一块，其实就是开了骨节，骨节之间的筋放开了，好像弹簧一样能伸能缩，因此这几形如果是成年人都是知而不练，因为岁数大了骨节长死了基本上是练不出来的。练形意拳的脑子眼睛都厉害，就是会钻人家空子，我们叫惊炸，其实是惊变，没有舒舒服服和人打架的，那太便宜对手了。要用绝对速度和瞬间变化惊了对手，惊了就失了方寸、脑子就乱了，他就会跟着你走，后面就都是就手的事。

关于"坐腰"，可以去参考孙氏形意拳的"太极式"，也叫"四象"的，明白人看一眼就把真东西偷走了，就是用腰胯。老虎豹子走路都是屁股一耸一耸的，腰胯驱动才是正道，不能练到胳臂腿上去，那就是局部功夫了。而"惊尾椎子"是精神内变的外在表现，并不是说故意刺激尾椎骨就能怎么样。比如有人拿烟头烫你，瞬间你就会一激灵，这个就是精神内变。但不练拳的人只是身体一激灵而已，咱们练拳术的人要把这种精神内变与拳法应用结合在一起，就不能仅仅只是一激灵了，而是要瞬间如虎豹捕食般扑过去。所以四象、六合、九要就是练这个，最终归结到腰胯驱动上，那么精神上的内变引起的是腰胯的瞬间启动爆发，也就是"命意源头在腰隙"了。生理上的习惯要慢慢改，从后天返回到先天，形意拳有一套系统的训练过程，这就需要跟着明白师父一点一点地踏实练，所以永远不要说自学的话，因为根本就不可能。

关于薛颠的"五法"，在前面已经详细说过，这里不再赘言。只需记得象形术是在身法变化里去找劲，而形意拳是从劲里去找身法，明白

101

这个原则就行了。尚云祥说练劲不练拳，拳不打人功打人，形意拳核心就是这个"劲"字。一辈子找不到劲，一辈子入不了门径。

说李存义和人动手都是一个照面的架，这个在孙氏门里就是"一下"，倒不是脚能不能找对方向，而是因为天下武功唯快不破，返了先天之后精神内变的反应速度远远超过后天上造作。所以真正比武两边一起发动，练形意拳的一定是先到，所谓人打不知，打上人就伤了，根本不用第二下。客气的把你打出一丈远，爬起来没啥事，不客气的一拳钉在那，里头就内出血了，所谓出手见红。"脚如犁行"这句话害了不少后世人，以为练拳脚要入地三尺。又以为明劲就是像砸夯那么使劲打拳，于是就衍生出来各种所谓的"明刚"。张烈先生谈起过一件往事：当年他和孙存周学拳时自己一个人在屋里练得咣咣的，孙存周说在外头只要一听动静就知道是他在练拳。我们门里一位前辈年轻时也这么练，一趟拳下来泥地能趟出沟来，后来孙存周见了就和他说，再这么练就把自己糟烬了，就让他走着打拳，慢慢地才把浑身的犟劲给改了。"脚如犁行"不是"脚如犁地"，犁铧表面光滑至极，这句话一是说脚底下要轻快敏感，二是说动步如滑行，对方还没反应你就已经到了。平时我们练拳脚底板离地一点点几乎是贴地而行，但就是这一点点空隙滑来滑去，平时怎么练动手时就怎么用，想都不用想一步就出去了。你要还是想着脚走怎么走那情等着挨打。那么"拳从口出"呢，就是找"整"。这个整不仅仅只是身上整，是内外三合、身心一体的整。大家可以试一试，你打劈拳时拳从肚脐眼直接出去和抵到嘴巴再伸出去有什么不同？把拳头拄到下巴再递出去，这涉及命学里头中脉的应用，太详细的我就不讲了，只一句话"慢慢作"，便是无价之宝。

22 万言不值一杯水

本篇的内容是深入到形意拳的最根本了,也就是返先天、敏感、鼓荡,其实就是对内劲为何物的诠释。然后通过混元桩、惊尾椎、打一厘米这些具体的练法,诠释内劲的功用是如何展现的,因此这一章算是全书的文眼。

形意拳在具体用法中,最重要的就是"敏感"二字。什么叫敏感?比如人光着膀子却突然刮来一阵凉风,这时候身上会不自主地一哆嗦,鸡皮疙瘩都起来了,这个就是先天功能上的敏感。此时先天一气发挥作用,调动元气抵抗寒冷,但是等到下一刻你自己意识到冷了,先天功能就会退位,后天的主动意识开始做主,人就会想着穿点厚衣服,而这个时候其实就已经着凉了。我们练拳不要到后天故意上去,而是从空空静静里去逐渐找回先天的功能,所以说"空空静静最难求",孙氏入门要站无极桩就可以理解了。

这种敏感出来了,人的反应速度极快,正常思维根本无法体会衡量,所以尚云祥肚子一碰桌子,那边程廷华瞬间手就按住,如果换作常人,肯定就被撞上乃至撞坏了。文中说到李存义一系的起式,其实从形式上就是一个起落,也就是所谓的"翻浪",这个从一开始就明确告诉你形意拳就是这个,除了这个没有别的。大家可以体会鹰熊斗志,与这个起式是否异曲同工?在具体做的过程中,从无极式空空静静开始,敏

感就要自然而然地贯穿在整个起式的过程之中。外在的表现就是精神一凛，二目之中神光闪现，这个可不是做出来的，而是内中敏感在外部的表现，在孙门这就叫"一气"。

可以这么说，不管是形意、太极还是八卦，都是从空空静静自然启动，而后一气生发，敏感自然闪现。孙氏是从无极桩开始，而后是含一气、太极，则描述了道体生发的整个过程。但不管哪一派哪一系，只要真练出来了就会知道核心上都是一个，所谓"道自虚无生一气，才从一气产阴阳。阴阳和合成三体，三体重生万物张"。那么练混元桩就是要从空空静静中去体会这个敏感，而我经常说的"一气之鼓荡"，就是与敏感并生的生理现象。其实"一气"也就是"内劲"，也即是所谓的"金丹"。孙公禄堂是拳道合一，有关道艺这部分都写在《八卦拳学》里了。

所谓"鼓荡"，这个词来源于鼓风机，古代的鼓风机是拿皮子做的，有个大皮囊来兜风，这边人一推皮囊就鼓起，就是所谓一荡一鼓。人的肉体也被称作"皮囊"，是很形象地比喻人体返先天以后"一气生发"所显现的自然生理现象，就是全身膨胀，好像鼓风机那个皮囊鼓起来一样的。"一气之鼓荡"是全身的膨胀，而不仅仅只是鼓肚子。鼓肚子最多也只是"力丹田"，好像唱美声的人都学过"狗喘气"，是横膈膜的一种高频率运动。有人传说过去的前辈一发劲，周身的"四正八柱"都显现出来，其实是一气之鼓荡的瞬间全身都会膨胀，如果非得去练四正八柱就走入后天了。双重有这么练的，全身如金刚铁铸一般，不怕打而且绝对力量也大，但缺乏最关键的灵动。

那么混元桩是如何练出这个敏感的？有句话是很关键的：人千辛万苦地爬到山顶累得不行，但朝远处的风景一望，心中不由"啊"一声，那一瞬间确实是不累了，不过等你的心神返回来，该累还是累。这里是做比喻。形意拳的教学好像禅宗悟道，各种比喻，是为了让学人开窍。人朝远处看那一眼，瞬间就忘了自我，不就是空空静静了嘛，也就是"入虚"了，也就是返了先天，这一瞬间后天退位先天做主，你当然感觉不到累，而且还有种甜美酣畅的感受。其实这也就是混元桩眼神的秘密。写到这里说句题外话，形意拳就是研究生理和物理，要学会观察自己，也要学会观察自然，说练形意拳的脑子厉害，这份观察是非常关键和必要的。你不可能永远都在先天里头，一般人也就是一瞬间几秒钟的事，然后就回了神了，此时先天退位后天做主，就是该咋地还咋地，刚才累得要死的感觉又回来了。我反复做先天和后天的对比，就是希望大家能够感同身受，自己去切身体会一下，从中悟到咱们形意拳的根本大道。那么我们练拳，就是要返先天，同时用先天，在先天本能里头做生活，因此真练出来的人都是少言寡语，因为他时时刻刻都在那个空空静静里，他里头那个风景可美着呢。但并不是不与人接触，凡是返了先天的人一通百通，你要是和他聊天什么都能聊，好像他什么也都懂，这就是"用即用、不用即歇"。

懂了登高望远的秘密，也就会站混元桩了。就是要放空自己，要入虚，如此而已。真懂了，不往远看也一样。孙氏里头就没有这个，直接无极桩返先天，什么都有了。所以条条大路通罗马，不要在方法手段上迷失了自己，要直奔主题，寻找那个本源。前辈著作中有"行走坐卧都是拳"的说法，可能很多人会想到"拳不离手，曲不离口"上去，其实不是的，而是空空静静和一气之鼓荡，也就是前面李仲轩先生提到张鸿庆赌钱还能养住神的"闪一闪"。大功夫的人你看不着人家练拳，尚云祥每天就是溜溜达达，孙禄堂晚年要么整天写字，要么就闭关打坐，就是人家得了这个最根本的，别说行走坐卧，身边的事物俯拾皆是，都是拳法映照的媒介。

说到李存义一系形意拳起式的蹲身，其实和孙氏那个太极学是一样的。为什么太极学又叫"四象"？这一蹲身也可以说是惊起尾椎，实际是一气发动，我们把它合到尾椎上，这就叫形与神合。蹲身的重点在腰胯，腰胯的重点在尾椎，然后又一定要与虚领顶劲配合，不然大龙出不来。经常练练这个蹲身，一遇见事就会自动惊起尾椎，变成身体的本能了。然而又不限于蹲身，只要心里一动尾椎就会惊起。其实惊起尾椎这个还不算透彻，还是有些后天的行迹，孙氏只谈一气不谈后天，就无所谓尾椎不尾椎，而是全身一气，一动全动。所以任何一门拳法，起式都是非常重要的，甚至超过后头的其他招式。起式搞明白了，基本就明白了一半。可惜很多人学拳都不重视前面的基础功夫，而是乐于学拳套学招式，这样的人最后大多都只是成就个架子。

说混元桩要站得充满生机，好像大地回春，就是里头鲜活。站桩最忌讳站死桩，里头一点消息都没有，然后人在那里硬扛着，时间长了就把筋骨伤了。练拳是最讲究自然生理的，凡是违背生理的都不是内家拳。李仲轩先生一开始就说要勤站，但不要久站，可是很多人都是求数量不求质量，恨不得一站就几个小时，如果硬站里头能出功夫，那解放军战士一站军姿几个小时，里头得出多少内家高手呢？混元桩的生机无限，是"专气致柔"这四个字。同时做到这两步，你就练到了，好处也是大大的，所谓日进斗金啊。那么在站桩的过程中，身体内部会不由自主地慢慢蠕动，也就是李仲轩先生说的"学虫子"，同时也是薛颠说的"以神意慢慢舒展四肢增长气力"，但不是主观刻意去舒展，而是自动出现的，你刻意了没有用。

内家拳主要是练全身，用脊椎骨，所以学得不好真容易罗锅了。这个虚领顶劲和塌腰坐胯是最重要的，或者说时时刻刻都要矫正我们的脊椎骨。为什么薛颠说脊椎骨一正自动炼精化气呢？平常人站没站相坐没坐相，脊椎骨都是歪的。再加上如今的人们坐沙发睡席梦思，脊椎骨多数时候都不在正常状态，所以如今椎间盘突出的人特别多。不信你找一把直背的木头椅子来坐下，马上精气神就不一样，因为脊椎骨自身有这个功能。文中关于"二十四法"说得是非常好的，真正做到了就是周身轻盈，身体各处都不较劲了，那么就只剩下丹田劲了。较劲就在后天，只有不较劲才能返先天。学拳较二十四法，其实就是让你别较劲，入门练基础功夫不让你用劲，徒弟们还很迷惑，这不用劲练的什么功？怎么打人呢？内家拳不用筋肉去打人，我们用的是先天精神驱使后天躯体整体反应，所以你越是较劲就越入不了门。

  本章公开了一个最重要的练功方法，就是"打一厘米"。会打拳不一定会打人，从练拳到用拳还是有一定距离的。从练到用需要过渡，这个"打一厘米"是非常好的方法。所谓打一厘米，就是身体瞬间整体以前出之势完成发力，然后瞬间又回复到原位，移动距离非常小，但又是一个完整的来回，所以称作"一厘米"。其实也没有那么准确的，因为每个人的身高不一样，每个人的"一厘米"肯定也不一样。这个一厘米的练法，属于即发即收。要理解并掌握"打一厘米"，可以从吓唬人上去体会。吓唬人就是身体往前一蹭，眼瞅着就要贴上你的脸，但瞬间又收回去了，这个动作就是"打一厘米"。这个动作是体会整体发力的好方法，学会了打一厘米，把身形放开了就是形意拳的打法，所以它的设计非常巧妙。王芗斋创立意拳也借用了这个动作，作为试力的一种方法。一开始可能要刻意一点，等熟悉了就不能动心思了，而是要形成本能，越刻意就越笨拙，此心要如如不动。

  文中用虎扑来提领"打一厘米"是对的，因为虎扑在身形上非常整，容易体会整出整收，一出即收，而且一定是有出有收，只有去没有回是不对的。形意拳练功都是含着劲，往前去含着往后的劲，往上去含

着往下的劲，周身上下处处都蓄着力，等到实战的时候好处就太大了，所谓"束展之下一命亡"，这个"束"古语是"干肉"的意思，在拳法里就是缩着劲，平常劲都是缩着的，用时瞬间一放还了得？就好像子弹出膛，那个高压气体在枪膛里瞬间从极度压缩状态释放到常态，会迸发出巨大的能量。这个就是我常说的物理，形意拳一个生理一个物理，所谓格物致知，这个就是拳法与儒家思想的合流。说到这里再说点旁的。十二形是五行拳的延伸，和劈拳有关的一个是鹰熊斗志，一个是虎扑。有人说形意拳最早只有鹰熊斗志，所谓"起手鹰捉是真传"，这个是从心意拳里头来的。拳法无非一起一落，心意拳是大起大落的，所谓"恨天无环、恨地无把"，身形上起伏很大。到了形意拳身形上就不明显了，而是着重在精神气质上头。比如打一趟劈拳，双腿下蹲约135°，身体始终在那个高度上是看不出起伏来的，因为起伏在里头不在外头，如果你在身形上做出起伏那就错了。而鹰熊斗志则是保留下来最原始的功架，一起一落非常明显，动作非常大，是让学人从有形而入，掌握了起落钻翻而后再入无形，到劈拳里头去体会形意拳的真意，那么劈拳出来了虎扑才能出来，因为虎扑比劈拳更进了一步。劈拳是一起一落两个动作很分明，而虎扑只有一个动作，就包含了一起一落，所以《形意拳学》里孙公禄堂说的那段关于起落钻翻的文字，如果搞不懂，练拳真是很难入门的。

　　说完劈拳再说说崩拳。其实形意拳主要就是劈崩两个拳，劈拳主要是身法，崩拳主要是手法，身法手法齐备就成了。所谓身法就是起落，而手法就是伸缩。炮拳和钻拳也都是崩拳的衍化，表现方式不一样。那么十二形里马形、䴥形都能体现崩拳的拳意。形意拳是事少而功大，从最简易处入手，把最基本的原则弄懂了，其他就都迎刃而解，这也就是形意拳不用天天跟着师父的原因，有句话就成。马形就是一个整体冲击，练的时候是走三角步，但用的时候则随意，多数时候都是走直线。形意拳的步法基本也就两个，一是寸步，二是三角步。寸步是迎面直取，三角步是抢大边。五行拳和十二形始终在这两个步法里头练习，其实也可以互换，走的时日长了，动手时想都不用想瞬间就到位。练马形一定要看看描写古代战争场面的电影，骑兵一冲击那是雷霆万钧，步兵遇到骑兵是不堪一击的，首先是经不住马的高速撞击，战马高速奔跑带起来的冲量能把一个人直接撞飞出去，马形就是练这个。咱们练拳胯下并没有马，就要把腰胯腿脚当成马，那么就是连冲带撞带踩带踢，赶上哪是哪。手上的动作其实就是兵器，马撞上去了上头的人就手就是一家伙，所以马形是连撞带打，这一打是崩拳的变化。

　　文武自来都是修身立命的根本，如果光是有武而没有文，就会越练越粗鄙。真正的武术家一定也是大文化人，因为在高层次上文艺武艺都是相通的，他通了武艺自然也通了文艺，所以高人都是文质彬彬，喊打喊杀的不是练错了精神出了问题，就是内心空虚自己瞎咋呼，这种做派其实最不值钱，最后一定是害人害己。但凡练拳入了港的，都是被窝里自己偷着乐，躲进小楼成一统，白马西风清风明月自得其乐，所以说有功夫的人没是非，是非多的人没功夫，这是不易的准则。

23 我辈岂是草木人

本篇主要是通过十二形、八卦掌来阐述形意拳一个重要的关键，就是"头"的作用。对于"虚领顶劲"有很多种解释，其实它的核心是"领"，所谓头领一身，如果这个没有，全身的功用也就没了着落。另外还讲了呼吸的用法，恐怕也是很多人迷糊的，在此一一说明。

我常说要多看看《动物世界》，人因为有身执看自己是不大清楚的，看看别的动物，对比一下自己的会有不同的感悟。对于汉语文字的创造，其实最早就是对物理世界的客观描述。头领头领，就是用头领着全身，没有了头领着，全身其余部分又作何用呢？这个对于所有的动物都是一样的。老虎豹子捕食，两个眼睛瞪得锃亮，脑袋挺得直直的带着全身一点一点往猎物靠近。蛇最典型，头带着全身蜿蜒前进如行云流水。人也是如此，萎靡不振的人脑袋都是耷拉着的，精神奕奕的人脑袋都是往上顶着的，这都是生理和心理的自然。比如这人没精神，一般就会激励他：把脑袋抬起来！这就是头领，百姓日用而不知。拳法是对人生理功能最大程度的激发，尤其内家拳练的就是精气神，这个头领的作用就非常关键了。看人有没有功夫，平时是不大看得出来的，要看他内劲发作的时候，那确实如灵猫捕鼠、头尾竖立、二目不瞬，眸子中神光奕奕。练拳的时候我们强调二十四法，其中虚领顶劲与塌腰坐胯是最重要的一对。头领在拳里就是虚领顶劲。如果这人练拳时脑袋耷拉着，眼睛眯缝着，周身上下无精打采，这叫练的什么拳？

在说头领之前，先把呼吸的事说完。关于呼吸，也有很多说法，有说逆腹式呼吸的，有说一呼一吸的，其实都不对。文中说一开始练形意拳要好像偷东西一样屏住呼吸，慢慢的心就能静下来了，而后从拳里头找呼吸，身体才能受用。这个就是呼吸一微秒，生理就微妙。南怀瑾先生不是说过，不管这个宗还是那个法，都是从两个鼻眼里头做文章，其实就是要专气致柔，转呼吸为息。不懂呼吸，拳法入不了内练，就谈不上易骨易筋洗髓，功夫就会始终在皮肉之间。那么这个呼吸的奥秘到底在哪里？可不是刻意去屏住呼吸，这里的文字有误导的嫌疑。作者是让你揣摩偷东西时的场景：比如你坐在朋友身边，想从他兜里把手机偷拿出来，不让他知觉，体会一下把手悄悄伸过去偷人家东西的场景，是不是那一瞬间连呼吸都没有了？这个就是专气，也就是息。真传一句话，真息假息的各种说法都有，其实是这个，你懂了这个也就懂了形意拳的呼吸。那么在练拳过程中，不要刻意去注意呼吸，也没有什么一呼一吸的事，而是要把心静下来，全身心沉浸到练拳的乐趣之中，逐渐忘我就转呼吸为息了。一开始还能听到呼吸的阶段就是调息，等没有了呼吸就是息调，其实都是身心生理的自然，根本不用刻意去追求，你到了那个境界它自然就来了。一呼一吸还在阴阳里头，呼吸转化为息就脱了阴阳进入到一维世界了。进入到息，生理就开始改变，才开始进入真正的明劲易骨阶段。

再回到头领的话题。所谓头领，就是虚领顶劲。我恐怕很多人会误解这句话，变成脖子直愣愣去顶着劲，这就又大错特错。头领也好，虚领也好，不都是在形式上，更主要是在精神上，用两个字来概括，就是"神照"。外型上来讲，头的两个后高骨虚虚向上领起，更主要的是内在精神的提起，而能统领一切。头领住了全身的神气，也就领住了全身的劲意,用身体任何部位打击都可以叫作"头打"。换句话说,头的作用就像中军统帅,它坐住了主位,三军皆受其指挥随时可以出击。所以说头为一身之主宰,处于魁首的位置。所谓"头打落意",关键在"意"而不是"落",就是说头领随时有个打的意态在那里,好像老虎狮子张着嘴随时都要咬人,但不一定真会咬下来,这样就能调动起全身的各个部分积极行动了。如果头无落意,那整个身体就处于盲从不知所措的状态。如果换做拳法应用里头,神意一照人就已经到了对手跟前。孙氏拳法归道彻底,已经没有后天刻意的行迹了,读者一定要注意不能入了后天。

下面说点十二形具体实用的,这里提到了鸡形和燕形。鸡好斗,一炸翎子脖子出来老长,一个是用喙叨对手,还一个就是飞起来用爪子勾踹,鸡形大义基本就是如此。所以鸡形要体现出这种咄咄逼人的形态,而且还得是威风凛凛的,不是小油鸡互相游斗,而是大公鸡迎面飞奔而来,好像是个大将军才对。孙氏鸡形有两种练法,一种是孙公禄堂在《形意拳学》里一腿撑一腿藏的金鸡独立,还有一种是抢步进逼的,身法虽不同但手法上并无不同,掌指直奔对手眼鼻或者咽喉,是极凶悍的杀法。鸡形这一腿是非常讲究的,因为鸡腿是四象之一,形意拳但有腿法形态就都是鸡腿,而所谓鸡腿就是缩起。鸡走路一般都是缩着脚一步再一步,平时独立一条腿缩起来不见,这种含蓄也就是之前谈过的含着劲,就是前一种鸡形。还有就是鸡打架,都是大踏步扇着翅膀飞奔过去,就是后一种抢逼的鸡形。还有鸡形的头打,必须是完全控制住了对手,或者二人僵持不下才有这样一头,不然盲目使用会使自己处于险地。

燕形,又叫"燕子三抄水",练得好的人摆一条长凳,人从凳下一闪而过又从凳子上面跃回来,再接着走下头,这样循环往复犹如一只燕子在板凳间上下翻飞。这是独特的练身子的方法,如今是看不到有这

么练的了。练的时候身法大，用的时候看不见身法。燕形是走险地败中求胜，对方过来自己抵挡不住，用燕形往往能够扭转局面，就在于似乎一撤但实际下潜上升，又到了对手眼前。很多人都会忽视那个双手交滚的动作，那个是撕搏，处于被动的时候要让对手自乱阵脚，你讲规矩就没机会了。我身边有个原来全国排位前三名的散打运动员，擂台上处于被动时就好用这手，对方只要进攻，他就上去撕掳一气，对手往往不知所措。因为在擂台上大家的套路都是差不多的，因此才会有预判，他这一下子不讲套路了，对方往往一下子自乱阵脚，这个时候就是出奇制胜的好时机。二起脚是轻易不用的，起腿不过膝，形意拳非不得已不入险地。最后还有一崩，才是制胜的关键。形意拳的打法，归根结底其实就是一句话，要让对方乱，你自己不能乱。

关于五行连环拳，孙氏门里的说法就是把独立的五行拳连起来，让学者在变化中体会它们之间的关系。这个一如文中所言，也并不一定就这么连，你可以在转七星或者转九宫中随意创造联系，关键在于就手，不能生硬。为什么要转九宫或者转七星呢？就是要把平地上静态的身法转化到动态中去，而且是越转越有心得的，一开始刻意一点，等熟了就此心如如不动。而且也不一定就都是五行连环拳，打什么都可以，什么顺手就来什么。杂式捶是把十二形和五行拳都串联起来，也可以用十二形来转。所以我们练拳更要用拳，就在于一个随机应变。

文中重点提到了八卦掌的练法。虽然李仲轩先生自己没练过，但他所引述的一定是尚云祥先生教给他的程廷华心法，因此应该引起读者的重视。孙氏八卦有一个定义，就是"横走竖撞"，横走就是扑，竖撞就是撸，一扑一撸就是说八卦掌一动永远都是两个劲隐含在里头，如果把劲走单了就不是八卦掌了。为什么说这一扑一撸劲力就鼓荡上了呢？孙公禄堂在《八卦拳学》里讲，八卦掌是一气之左右旋，拳意和形意拳

一样在里不在外，身形上除了两腿不停运动，其他部分都是不动的，那么要把这一扑一撸或者说横走竖撞体现出来，身体部位没有可依靠的地方，能依靠的就只有神意和神气了，所以才有鼓荡出现。就好比上学时几个人在宿舍开玩笑，把一个同学压在床上了，然后刺激他羞辱他，这个时候被捆着的极力挣扎，可身体动不了啊，这时候你观察他身体内部里头这种翻涌蠕动，就是鼓荡了。懂了这个道理，再打八卦掌就知道要内求而不要外作，这个真意鼓荡出来了你就得了程廷华的真传。

八卦掌动手其实和形意拳的区别并不大，我们门里有这样的说法："形意是直八卦，八卦是圈形意。"八卦掌打人也不一定非得上来就抢大边，有直截了当的为什么不用？只是遇见了水平相当或者更加强大的对手才会瞬间游动起来寻找机会。刚才举那个人被压在床上极力挣扎的例子，这个时候如果被他挣脱了，那身边这几个人就要倒霉了，这时候人身体里会迸发出巨大的能量。八卦掌也好，形意拳也好，为什么叫内家拳？就是用里头这个精神作用来激发身体功能，猝然一击摧枯拉朽。那么也就明白了我们练内家拳的是不用练硬功或者肌肉的，就这个精神本能的功夫已经足够，而且远远超出后天刻意的磨砺。

文中还提到两个重要的内容，一个是"全身重量上拳头"，一个是"如何气沉丹田"。不管是老虎还是狮子，扑击猎物的时候都是全身上去，瞬间把猎物扑倒在地然后一口咬住喉管，说白了就是要用好冲量，体重加速度。人在后天很笨拙，而且一动手就是局部做功，身体大部分都没做功，拳法就是要改过来，用整个的身体去打人。这部书前面说到形意拳的擒拿，说只有打而没有拿，用胳膊拿人是金丝缠腕，用全身拿人是懒驴卧道，懒驴卧道就是用上全身的重量去拿人。唐维禄说要把一百多斤挂在手上，怎么挂？我告诉大家，这个一定要动起来才行，你慢慢悠悠练永远出不来。那么文中说八卦掌这一扑一撸的慢慢就能体会全身重量上拳头，说的就是这个道理。其实转七星或者转九宫也一样，关键是你要动起来。

那么如何气沉丹田呢？我常说读书脑袋上还得再长一只眼，其实孙公禄堂在《太极拳学》里已经说了的，只要肩膀松下来，气自然沉入丹田，并不需要故意地往下沉，不然会有很大弊病。这里讲"两肱圆则气到丹田"，说的就是这个意思。所谓两肱要圆，就是开肩顺气，并不在你摆胳臂，肩膀的关节打开了两肱自然圆，而开肩首先要开胯，开胯则在于五行拳里要练对路。这段文字的重要意义在于后世很多人刻意强调气沉丹田，实则内家拳不入后天气血，你刻意了就违背了生理自然，就不是内家拳的路子了，入的深了身心上一定会出问题，到时候走不出来后果就很严重。所以重要的话重复一遍，松肩则自然降气，无需刻意。

24 君不见清风朗月

先引述文中一段话："能多练自然有趣味，苦练不对……练拳觉得苦，便是入了歧途。没有兴趣不上功，身子催着你练，身子不动脑子还动着——这是形意的练法。"有问我一天练多长时间的，这段话就是答案。内家拳用不着苦练，苦练也没用，因为内家切合人的生理自然，你熬着自己就违背了自然，除了自我戕害得不着什么。练拳要有兴致，而且得是兴致勃勃，自己坐不住想去练，练的时候也是兴致勃勃，而且身心内部感觉很美，所谓"飘飘欲仙"，自己一个人陶醉，这样才是练对了。什么是火候？不想练了这时候就要休息，如果非要坚持着再多练，那就是点灯熬油白费蜡了。练功时间长短和个人禀赋精气旺盛程度有关，先天本钱大的时间长，小的时间短，但这些都不是关键，关键是要保持浓厚的兴趣，则先天精气不堕，你就始终在内炼之中，身心就始终在受益。如果过了这个关节变成逼着自己练，功效就反过来了，那就变成烈火烧干锅，迟早是要出问题的。

其实体育锻炼也有火候的问题，只是西方人没有形成这方面的理论。体育锻炼不是多多益善，普通人锻炼身体以提高免疫力为宗旨，不能像专业运动员那样上大量，逼着身体去被动适应。运动个十几二十分钟，身体微微出汗，这个时候多巴胺的水平很高，身心感觉到非常愉悦，人也很兴奋，不由自己地想多练，其实火候已经到了，应该休息。

过了这个关节就会感觉疲劳，疲劳是身体向你发出警报，可多数人仍然会坚持，就把锻炼变成了摧残。凡是体育锻炼把自己越练越老的，就是提前预支生命，应越练越年轻才对。虽然西方体育的方法和咱们传统武术不一样，但人的生理自然可都是一样的，所以从根子上说体育也超不出内家拳的理论范畴。

时间其实不是问题，主要是要掌握内家拳的根本，就是返先天，从空空静静开始。你入了这个港，一分钟有一分钟的收获；你在后天上踯躅，每天练七八个小时也只是加速消耗生命而已。内家拳是挖掘人的动物本能，这种本能与生俱来，只是落入后天就逐渐淡薄。所以内家功夫不是做加法，而是做减法，后天上的刻意苦练不正是在做加法吗？所以要练对了而不是练多练少。前辈们晚年功夫进入化境，每天也就是站站桩，或者鼓荡几下，其实人家始终在那个先天本能的境界里头，又何须往里头加东西呢？

下面我们重点说说形意拳的"刹那显真身"。我记得第一次去见李贵江老师的时候，心里头认为他应该是个非常威猛的人，因为李老师三十几岁成名，随随便便到街上就打二三十个流氓，文革时还有一次力斗百人的故事。可见了面我差点没敢认，因为太普通了，就是个退休的老大爷，放在人堆里都不会有人特意去看一眼。可等到了他家里给我演示一个劈拳的鼓荡，瞬间就像变了一个人，真是如天神下凡般摄人心魄。演示完，李老师告诉我，这个就是一气！所以这最后的一章是把形意拳最核心的本质说出来了，我们平常念兹在兹的这个东西，大家都叫内劲，孙公禄堂叫它一气，只有在练或者用的时候它才会显现，所以才说"刹那显真身"。这个东西出来了，身上才有"浩然正气"。

孙公禄堂跟着郭云深并没有搞明白先天是怎么回事，还执着在腹内运气，丹田如铁，发人丈外。这个就需要缘分了。从郭云深这里没开

悟，就带他去了山西，见了车毅斋和宋世荣，结果孙公禄堂从宋世荣公这里开悟了。这段在《拳意述真》里有详细的描述，大家可以去查看。宋世荣完全否定了孙禄堂的东西，告诉他形意拳的根本大道在于返先天，在于练出浩然正气，孙公言下大悟。在这里要再次重点强调，内家拳不入后天气血，先天有了后天就都有了，如果非要在气脉上做什么文章，是一定会出问题的。比如有人问我说通了任督，但每晚都感觉真气盘旋于脑顶下不来，这个就非常危险。南怀瑾不是说过吗？看这人修炼得红光满面，大家都以为他有功夫，其实离脑溢血就不远了。凡是后天故意都是违背人的生理自然，气血自有归路，何须人为设定？所以孙公说：勿执于气，执于气则滞。气血的本质是要流动，才会发挥它的功用，如果滞留在一个地方，一定会引起病变。说句不好听的话，只有死人的气血才不动。凡是这样的，就去站无极桩，空空静静一无所思，等待气血自动归位，也就慢慢好了。

"练了拳，一天到晚身上显着架子，这是妖气十足。唐维禄怎么瞅怎么是个老农民，只在与人交手时两眼才来光，见着了唐师的神采，也就被他打倒了。在如何显真形这一点上，人和人就分出了巧拙"。这一段文字，与我刚才乃至之前的文章所说过的，是不是非常的契合？真东西出来了都一样，形意拳也只有这一条路，并没有第二条路，所以你看《拳意述真》里老前辈们写出来的历程几乎都差不多，只是程度上有差别而已。因为这个内劲或者说一气，你不用它的时候在你身上显不出来，老虎狮子吃饱了就在那趴着懒洋洋的，只是在捕食那一刹那让你看到它的真实面目。身上带着妖气的，流氓地痞爱这样，主要是为了吓唬人，所以横着走路，身上都是端着，脸上带着煞气，这个肯定不是浩然正气。还有练内家拳练拐了的，精神上、气质上、性情上都会不太正常，最起码的得是温文尔雅、气度雍容、道德高尚，不然怎么体现拳道相合呢？所以一正一邪，清楚分明。

"不着相"就是别入后天，"入了象"就是返先天。十二形也好，五法八象也好，都得是返了先天才能入那个象，不然在后天上玩弄就成了画虎不成反类犬了。之前我说过，一开始学拳叫练，等入了港就不是练拳，而是作拳了。所谓的"作"，就是别开生面，从架子里出了新东西，而且是自己的东西，即尚云祥所谓"最关键得有个独门的"。练一辈子拳到最后拳架子还和一开始学的时候一样，那是没得真意。几代人过来了，拳架子还和祖师爷一样，那也是没得真传。真正的形意拳没有演法，只有练法和用法，因为越练越有自己，这个架子拿出去别人也看不懂，还以为你的架子有毛病，其实是看的人自己层次太低，所以真练出来的绝不会没事出去表演，更不会在人多的地方卖弄精神。形意拳必然有个从有形到无形的阶段，功夫越是进入到化境，拳架就越来越简单，到最后基本就放弃拳架，只是在一气上运化了。王芗斋创立意拳，完全抛弃了拳架的练习，最后对拳法的总结就是四个字——"拳拳服膺"，这个膺就是先天精神。王芗斋基本是练通了形意拳，知道混元桩里能练出内劲来，所以五行拳也不要了，直接上来就站桩，把内劲站出来然后直接就是打法。这一套不能说没道理，从技击应用的角度可能还比较快，但却打破了拳道相合的系统性，形而下武艺是有的，形而上道艺就没法谈了。从我个人的观点看，他的水平肯定是到了很高的境界，但直接拿这个无形无相的教给初学者，恐怕会事与愿违。

过去门里新人都是师兄带着练，因为师父或者进了暗劲或者进了化劲，他那个架子给新徒弟就没法掌握，由"大师兄"来带着小师弟们练，他那个架子还在明刚阶段，相对就比较合适。李仲轩跟着唐维禄，是手把手教出来的，等到了尚云祥那里就是大师兄单广钦给他矫正拳架，而尚云祥只是教他站混元桩，给他讲拳理而已。这个差别不是明眼人看不出来。李仲轩自己也以为尚云祥对他不放心，其实是探摸他的层次，好决定怎么教他。当明白老师是不容易的，既得明白别人是怎么回事，更得明白自己是怎么回事，才能有的放矢因材施教啊。

刹那显真身，是形意拳的大巧，古拳谱云："拳打三节不现形，现形不为能。"——不恰当地现了形，是大外行。如果真能懂了这句话，也就懂了传统武术、内家拳与现代搏击的区别。我们是调动生理本能，刹那间一下迸发。老虎既不会戴手套，也不会摆个擂台和猎物公开决斗，老虎的本能就是隐蔽接近、突然扑出、一下翻到、咬断喉咙。古人创拳是模拟猛兽捕食，把它简约化了用在战场搏杀之中。拳架子赢不了人，拳架子里头直接出不来内劲，拳架子是个载体，通过这个载体把形意拳的内劲悟出来，内劲出来了拳架子可有可无，喜欢玩架子的可以继续玩，不喜欢的就站站桩，甚至寄情于山水书画，举手投足都是练拳。说白了，形意拳一定是从有形进入到无形，无形无相的才能打人，有形有相的只是瞎咋呼。你看擂台上的搏击运动员，有形有相的招数都能预判防住，两人就互相游斗谁拿谁也没办法，而KO的那一下基本都是灵光一现的无形无相，我们形意拳就练那灵光一现！

关于形意拳的打法，文中讲到要看对方送什么，说功夫好的打人跟预定似的，这是旁观者的看法，其实就是快，迅雷不及掩耳打上，这个速度超过了普通人后天思维感应，所以才有"人打不知"这句话。打法是形意拳到了一定程度之后才能感悟的，之前的所谓"打法须得先上身""未学拳先学打"只是一些打法技巧，还在后天层次上，比如走直线还是走斜线，身怎么用胯怎么动，这些都是磕头拜师之后一定要教的，但还不属于先天精神层面的东西，比较肤浅粗糙。先天上的打法，首先是不动心，在不动心的基础上利用人体自然的应激反应，这个才是真东西。但是你没有经过系统的专门训练，真到节骨眼上是出不来的，这不像小孩子过家家脑子一想就有，毕竟性命之争来不得半点虚假。

"练拳不能太用劲，要用脑子调。太紧了人受不了，你以为下了功，只要练就肯定好，不一定，练反了就糟了。形意拳哪一拳都健身，反过来哪一拳都伤身，越练越松快，就对了，练着乏味痛苦，就要赶快变招。否则劲太紧了，能把人练傻了"。这一部分涉及形意拳对身心内外的改造，也涉及练拳的火候问题。1949年以后的武术经历了大规模的政府改造，官面上的武术就是玩套路，脱离了传统武术的真实本质。民间的武术家们历经多次运动凋残殆尽，真东西也很少能见到了。官面上的竞技武术其实就是用西方竞技体育改造过来的四不像，几十年下来把人的脑子都清洗了，以为武术练功和西方体育一样，就得多练苦练上大量练，而且也都是肌肉上的功夫，其实这是大错特错的。传统武术，尤其是内家拳注重内炼，讲究逆反回真重新生长，你看孩子从出生到长大的过程是否需要我们去拔苗助长？生长是极其客观自然的过程，天地宇宙自有其规律，不需要人为造作提高，如果你非要违背生理自然去造作，身心上一定会出问题出毛病。有想法的搏击运动员退役后都会到内家拳、特别是太极拳里头去寻找恢复身心康复的良方，不然随着年龄的增长伤病会越来越严重，其实就像一部机器早早磨损了，等大修时已经过了最佳时期。

我们练拳一定要讲究火候，这个是万法唯心的。你有兴致，说明精气发动，而且旺盛，功夫在里头催着你练。你没兴趣了，说明精气消耗得差不多了，已经不支持了，这时候就要休息。所以练拳始终要保持兴致，结束也要保持余兴，不能每天把自己压干榨净，这样与慢性自杀无异。所以说练武术没法自学自修，你练个拳架意思意思倒无所谓，真要进入到拳法三昧，没有过来人引领，这个火候关窍一定是过不去的坎。你练得对了，身心就会出现二次生长，好像文中说的那些现象，这些都

是客观的，练拳的人自己都有体会，就不多说了。要强调的是，人作为生物的一种，都是道体衍化的产物，与天地宇宙一样都是受自然规律的控制，所谓生老病死，其实后头是道体功能的推动，如果没有这个功能在背后的支持，天地宇宙瞬间凝固，生命也就不存在了。所以练拳生理出现变化并没有什么神奇的，只要你符合了道体功能的要求，就一定会再次进入到生生不息的轨道，这个才是拳道相合的根本大义！

　　后面说薛颠象形术里的牛象和猿象，同时结合着猴形、钻拳和八卦掌，都是为了说明"肩在手前、手在脑后"的用意。首先你得懂"抽身换影"是怎么回事？前面一篇文章用"撩门帘子"解说过抽身换影，其实那还只是在身形上，不是精神方面，精神方面就是前文中说到的"刹那显真形"，要从无中生有，令对方无所察觉，就是有所察觉也晚了，所以说抽身换影的本义还是返先天，瞬间生发，不落痕迹。那么所谓"肩在手前、手在脑后"，是指转身时的惊炸，这里的转身是故意引逗，好像回马枪，关键在转身的一刹那对方没防备，以为你还在后退可你瞬间回来脸贴脸，也就是程廷华说的"打人如亲嘴"。其实形意拳不到对方怀里不打人，没有放长击远一说。"练武枯燥乏味时，要往骨头里边练，不要管什么'中节随、根节追'了，活动着就行了，全身往一块骨头里走，这是猿象的轻身法。只能意会，无法言说"。这话的意思在孙氏门里就是入虚，连一块骨头都不用，空空静静似水流，心到哪身就到哪，才是真正进入到无形境界。

　　作者的话：到这里，《逝去的武林》第一部就都解说完了。这本书好就好在几乎都是李仲轩先生的原话引用，原汁原味非常难得。这要感谢作者徐皓峰先生的客观与平实，并没有把自己的主观思想夹在其中。这本书对于形意拳的振兴有着历史性的作用，让后世的学人通

过这本书窥探到内家武学的一些真相，乃至引起了诸多人的兴趣，加入到学习研究探索形意拳的道路上来，真是善莫大焉。历史时机的奇巧，不能不让人以为李仲轩先生是尚公云祥安排在身后的一步棋，恰恰在传统武术即将凋落的现在发挥了中继的作用，更加引起我们这些不成器的后人对前辈的真心敬佩与向往。斯人远去，唯余戚戚！仅以此部作品，向尚公云祥、向薛公颠，同时向李仲轩老人以及作者徐皓峰先生表示崇高的敬意！

下部
解密孫氏內家三拳（形意拳、太極拳、八卦掌）

1 此身且付水东流——孙公禄堂拳秘起底

孙氏拳的根基首在无极桩，而无极桩的秘密在于直接返先天。无极嘛，其实就是涅槃境界。但凡思想故意寻找或者造作就都错了，那不又回到后天了？后天返先天，进入无极涅槃，是自然而然的，随着有无二相了然不生，自觉觉明。这一点是关键，做到了是气住脉停。定力不够会回来，没关系，去留无意。

无极桩有很好的美容效果，睡前30分钟，醒后30分钟，你可以照镜子对比效果。至于说减肥、疗病，回到先天气血自然发动，这些都是小儿科。关键是你练对了，练进去了，能够持之以恒，且生活中能保持在这种状态，也即行走坐卧皆是拳。姿势很简单，两脚跟靠拢，重心放在脚跟中间，身体挺拔而舒适，两膝盖自然微弯。

理解无极桩从它下一步的变化就可以。下一步是含一气，所谓先天一气自虚无中来，所以无极桩站的就是个虚无。意思简单，但一万个人一万个做不到，因为你心里头都是欲望和杂念。圣人设教，就是教导世人逆反回真找到本源。中国的传统文化，这是出发点。无极桩不对，后面就全错了。

从另一个角度，无极桩你站好了，其实也就悟道得道了。越是本源的、简单的，里头的衍化变化就越多。反而那些复杂的，其实不过是本

源衍化出来的现象，根本不值半毛钱，怎奈世人好繁恶简？释迦牟尼讲法半生，其实也无非这个无极的道理。

《形意拳学》中有孙公禄堂亲身示范的无极桩，可用手机拍下来再放大打印，挂在墙上每天看着，逐渐功夫就能上身。这就好像释迦牟尼指点世人学法的手段，也要用抓阄的，这里头有个形而上的讲究。重心放在脚跟中间，身体前后微微晃晃，找到临界点很关键，也即四六不靠、周身瞬间全无依靠的那个点站稳了，中正，空空静静，就成了。

从无极一变，就是先天一气自虚无中来，所以叫含一气。所谓含一气，是指一气发生还未运用，是个静态的，所以下面再一变则为太极。到此就应该明白太极即一气、一气即太极的道理。太极，也称四象，即鸡腿、龙身、熊膀、虎抱头。此时阴阳未分，只是当中一点子运用在酝酿。再一变则生阴阳，便是两仪，此时是动态的。动而复静，则为三体。

故宫里天子的龙椅做得非常巨大，坐过的人说上去就是四六不靠的感受，前后左右都挨不上，一种孤独寂寞油然而生，所以君王自称寡人，乾纲独断，这是娑婆王者的风范，但这个也是从传统文化中来的。修行中的四六不靠就是回到本源，看到本来面目，能够真正主宰自我生死，自己做自己的主了，你就比皇上还厉害。

两仪和三体的区别。两仪和三体动作是一样的，为什么分别设立两章？两仪是阴阳已分，是一气运动的作用，也即太极而生两仪，下一步就是阴阳和合，要造作天地万物了。万物的基本元素是金木水火土五行，阴阳和合与造作五行之间还有个过渡，犹如雌雄交配达到高潮后瞬间会出现一个绝美的静态，所谓动而复静，就是三体。

三体又静而复动，就产生五行。故道生一，一生二，二生三，三生万物。动而复静，静而复动，动静之间，悟彻本源，内家拳术，无非一

动一静耳。而动静之后的本源，不就是那个先天一气嘛。所以站桩是静中动，而练拳是动中静，道理即来源于此。形意形意，以形摩意，外面的动作都是在表达里头这个一、二、三。

内家拳是后天返先天，如何的返回法？就是形意的返回法。一气之动，是用。一气之静，是归。但骨子里始终是静，即"道本自然一气游，空空静静最难求。得来万法全无用，身形应当似水流"。

2 道本自然一气游——孙氏（孙禄堂）形意拳阐秘

"道本自然一气游，空空静静最难求。得来万法皆无用，身形应当似水流。"本文即从这四句诗开始。此诗最早见于孙公著作《拳意述真》形意拳部分第一篇，也即"郭云深论形意拳"之十三则中。郭公晚年将一生习拳体会著作文章，交付孙公禄堂以示衣钵传承。文中道尽形意拳秘密，非止拳术层面，更将以拳入道之门径路数、拳道相合之三回九转一一详述，故孙公禄堂著作《形意拳学》十分简洁，只谈功架和要领，是尊重郭师祖之意。

孙公禄堂将三拳合一，合的不是形式，而是本质，这个本质就是内家拳之内劲。孙公先练形意，后练八卦，最终太极，将三者融会贯通，去其形式归于本源，发现最根本的内劲都是一个。那么内家拳的内劲到底是什么？孙公在《形意拳学》中揭示："道自虚无生一气，便从一气产阴阳，阴阳再合成三体，三体重生万物张。所谓虚无一气者，乃天地之根，阴阳之宗，万物之祖，即金丹是也，也即形意拳中之内劲也。世人……皆于一身有形有相处猜量，或以为心中努力，或以为腹内运气……皆是抛砖弄瓦，以假混真。故练拳者如牛毛，成道者如麟角，学者不可不深察也。"又在《太极拳学》中提示："太极即一气，一气即

太极。"在《八卦拳学》中提示："八卦拳，一气之左旋右旋也。"

为了让后学者得有易入门径，孙公将内家三拳进行了系统总结。三拳无一例外地都从"无极式"开始，而后转"太极式"，此即"道自虚无生一气"。而后转"两仪"，阴阳既分，所谓"便从一气产阴阳"。阴阳和合此是一绝对静态，便是"阴阳再合成三体"，在形意拳中有单独的三体式，太极拳和八卦掌中未设，实则有阴阳相合处即有三体，又不在于有形有式。练拳者入境界深的能刹那定住，此即随时随地"三体"。"三体"非止有形有相，它的根骨在无形无相，也即"三体重生万物张"。《形意拳学》中云，"万法出于三体式，乃入道之门，是形意拳之总机关也"，即指阴阳和合后便开始衍化天地万物，所以有五行拳、十二形，有太极拳之种种，又有八卦之八八六十四易变。其实，又何止这些？天地宇宙无不在道体衍化中，拳术只其沧海一粟耳。而从无极到三体，此不易之根本大道，也即老子所云："道生一，一生二，二生三，三生万物。"故内家拳，实道拳也。

再回到四句诗。"道本自然一气游"，是说道体的本质，一为自然，所谓道法自然；二为一气，也即虚无一气。上面阐述已详。"空空静静最难求"，我们看孙公禄堂在《形意拳学》总纲"无极学"中的阐述："……唯圣人独能参透逆运之术，揽阴阳、夺造化、转乾坤、扭气机，与后天中返先天，复出归元。"所以内家拳入门，首要是返先天，复归本来面目。那什么是先天？什么是后天？我们人类身心中有所造作、追求之种种思维、行为便是后天。而先天，便是婴儿刚出生时那个状态，无思无想，仅有本能，所谓"专气致柔能如婴儿乎"！所以"空空静静"这四个字，即是返先天的要诀。别寻思，别琢磨，别瞎问，就是要求练拳者杜绝后天，给回返先天创造条件。难求，是人活在后天扔不掉、放不下、做不到这些思想、欲望，做到了就是顺中用逆、逆反

回真返了先天。"得来万法皆无用"，此时返回先天拳法从有形进入到无形，方知三回九转是一式，行走坐卧皆是拳，无非虚无一气，每日只是以神意作拳，有了这个便有了根本，有形有相的招法招式已经都不重要，便是形意拳由"形"进入到"意"的阶段，而这个意不是后天思想，而是先天神意，不思而得。但凡丝毫故意造作，就都是错的。到此处，拳法与禅宗要旨十分契合。故老辈人练出来的，最终不是归于佛，便是归于道。身形应当似水流"，是对前一句的补充。有形有相的都不重要了，重要的是一气、内劲这个根本，那么每日所练拳法乃至行走坐卧种种行为，但凡不动心处，无非一气之衍化，有如水流石上而石无声，任其百折千回，不改初心本质。体现在练拳中，就是所谓的"拳在桩里、桩在拳里"，无论是站桩还是行拳，此心空空静静、如如不动，于此真静之中便有生生不息之真动。此真动，便是虚无一气，便是内家拳之内劲！

内家三拳无论门派，骨子里的东西都是一个，只是方法途径或者说法上有所区别。孙公禄堂从程廷华处艺成后游历江湖，在四川得道法真传，于是将道家理论与拳法真谛进行统一，从而使内家拳从过去师徒间的口耳相授，变成有了一套系统理论进行指导。比如孙公讲"一气"，郭云深讲"真意萌动"，尚云祥讲"心里也瞪"，其实都是一个东西。拳道一途须实心踏地体验，也即道家的"性命双修"，靠后天思想琢磨是永远不上路的。故聪明人要不得，需要踏实人。就算是笨一点，等到智慧开了自然就能明白。比如齐公博笨到只学了三体式，最后却练出来了，不是三体式成就了功夫，而是通过站三体式返了先天开发了智慧。正确的道路只有一条，没有第二条，练出来了回头一看前辈著作，都是能够互相印证的。这方面，《拳意述真》里著述甚详，是后世练拳者的指路明灯。

内家拳原本只有练法和用法，故绝无表演一说。演法，只体操耳，与武技真实本质无关。于内家拳，练法是练法，用法是用法，古传真艺没有表演，以实战上见高低，故李存义言：形意拳不表演，只杀敌！

　　孙氏三拳的练法，首从无极桩开始，是让学者从后天返先天，摈弃一切后天思维情绪，无思无想，渐渐入定，到这个地步先天虽未出，但后天已经消灭干净。而后转入混元桩，此混元桩与《逝去的武林》中李仲轩说到的浑圆桩是一个。混元桩为形意门古传，一般教人三体式的多，教混元桩的少。混元桩，可以说是形意门内最大的秘密。一个是能快速提高体能体质，二是混元桩中逐渐体会真意萌动，丹田、内劲都从混元桩中出。混元桩明白了，其他桩法就会一通百通，练的都是一个。特别是三体式，其实站法和混元桩是一致的，就是返先天，萌真意，出一气。三体式不是熬腿子，不是练肌肉。内家拳不练肌肉，内以先天精神，外以气血筋骨膜。桩功有了进步，就可以练劈拳。所谓"拳在桩里、桩在拳里"，确实道出了形意拳的真谛。桩在拳里，是指站桩虽属静态，但里头真意萌动，是静中动，里面气血动得厉害，带动了筋骨膜等的再次发育。拳在桩里，是指行拳虽然是动态，但内心一片宁静，是动中静，无非一气之鼓荡。须知，天地宇宙间没有绝对的静，也没有绝对的动，都是时时刻刻互相转化的。阴极必阳，阳极必阴。动到极点就是静，静到极点又会动，动静之间循环往复无有间歇，而推动阴阳动静的本源便是所谓无极涅槃，其功能也即人类先天的强大本能，孙公名之为"一气"。归根结底，形意拳技术体系的核心只是混元桩和五行拳而已，拳和桩必须互相配合印证，缺一不可。

　　一气既出，鼓荡相随。一气为本，鼓荡为末。一气是先天功能，鼓荡是生理现象。在人，为一气。在天地，为太极。太极者，无极而始，造物之能。故孙公云："太极为一气，一气为太极。"人与天地宇宙皆相通也。

孙氏拳大多从形意拳开始入门，但并不是说不可以从八卦掌或者太极拳开始练，只是形意拳形式极简，易开悟入道。而孙氏太极拳系孙公晚年大成之作，将形意、八卦、太极三拳合一，不但本质上统一，形式上也统一。孙氏太极拳任何一个招式，既有形意，又有太极、八卦，随时可以互相转换。没有形意和八卦基础的，很容易将孙氏太极拳练成单一太极拳，丧失了孙公创拳本意。另外，真是练明白了的，从内劲上统一了三拳，那么练哪一拳都无所谓。以神意作拳，形式都是外在，核心在本质。孙公讲无所谓内家外家，其实都是一家。这话就是从内劲统一上说的。内劲，非内家拳独有，凡我中华武术最本质的都是这个，只是不轻易使世人得知而已。一开始入门的时候规矩非常重要，拳架子要标准，学老师的就得像老师。待到悟透本源，就要越练越有自己的。好像梅兰芳的老师说过一句话："学我就得像我，不然跟我学什么。学我老是像我，学了有什么用？"这话真是透底之言。为什么老辈人传下来的架子都不一样？架子只是服务于拳法本质，但内劲却只有一个。

为何开拳要练劈崩？因为劈拳主气，崩拳主血，一气一血，人身维系生命之根本。而身体功能之强大与否，在于筋和骨。血生筋，筋生气，气又生血，由此便知为何先练劈崩了。气血的问题解决了，后天健康与强壮与否的问题就解决了。当然，也有触类旁通从其他拳入道的，但最后还是要归结到劈崩上来，谁也躲不过去。那么接下来就是形意拳的三层道理、三步功夫。这个阶段身心的改变是与日俱增的，但都是皮相，是返先天后通过系统训练带来的。先天有了，后天也会有。光有后天，先天就会不继，就会落入纯粹消耗，此即有人练拳早衰早死的原因。这里就涉及内家拳最核心的一个问题，是如何拳道相合、以拳入道的？

看过去前辈的著作，没有相当的传统文化基础，特别是对道家，包括易学文化有一定了解，必然是两眼茫茫不知所云，所以欲深究其理的要补上文化这堂课。道家认为，人与天地万物都是道体的衍化，为什么天地能够长久？人却只能活七八十岁？那是因为天地无情而人有情，所谓"天地不仁，以万物为刍狗。圣人不仁，以百姓为刍狗"。七情六欲消耗致使寿命缩短，那么首先就是要停下来，所谓狂心即歇，佛家所谓"当下"，儒家所谓"止"，释迦牟尼说"香象过河截流而断"，所以无论什么道门，都是让你一上来就入静的，真静了也就停止了消耗，也即截停了顺中行顺。顺中行顺，就是阳极必阴，阴极必死。光是停下还不够，还要想办法活回去，佛家有留形驻世，经书上讲释迦牟尼的四大弟子还在人间，但是具体方法佛祖没有说。道家则说得很清楚，就是逆反回真、顺中用逆，落实到具体方法上则很多，而内家拳是其中之一。用一句话来概括，是"将周身散乱之神气顺中用逆缩回丹田"，此即根骨。顺中用逆，还要逆中行顺，即是"中和"。所以我们站桩也好，练拳也好，掌握了顺逆的方法，就是对生命本质的再造。过程中会出现体质体能飞速提高、身心状态年轻的现象，那么形意门中出长寿者也就不难理解了。

　　谈到形意拳的打法，其实都包含在拳路之中。五行拳是基础，十二形主变化。但拳路只是原则，练时讲规矩，打时没规矩。掌握了方法原则，就要多打，在实战中逐渐形成自己的特色特点，其实也不过就是一招半式而已。接敌刹那是容不得人有思考的，都是平时几十万、上百万次重复的积累，形成条件反射，瞬间激发。如郭云深出手就是崩拳，李书文出手就是猛虎硬爬山。形意拳的功夫，就是内劲激发出来的程度，过去讲两人试试劲，就是试这个。这些都是人的本能，百姓日用而不知，所谓蔫人出猛虎，你把老实人挤兑急了有万夫不挡之勇，等回过神

来精神泄了，还是普通人一个。我们内家拳就是要把这个东西练出来说用就用。普通人自然不知道怎么练，外国人也不知道，唯独中国的前人们智慧独具，创造了内家拳。

最后用几句孙公当年对学生的告诫作为结尾。一是"平时宜人后多下功夫，少到人前卖弄精神"；二是"欲学强身健体、防身自卫绰绰有余，若想打天下第一请速速另寻高明"。拳法于当代社会，最好的归宿是作为每个社会人自我修养的手段。首先是开发智慧，于个人事业生活中有极大帮助；其次是身心健康，生活中就会充满快乐和希望；三是道德高尚，于社会国家都非常有帮助；四是精神强大，面对危险敢于应对、绝不退缩。那么于人于己，就都是善莫大焉了。

3 云天万里一沙鸥——孙氏三拳内功内劲综述

打拳是练功，站桩也是练功，返了先天，练的都是一个。但桩是静中动，拳是动中静，动静有别，拳桩必须合练。这个功，于先天是真意萌动，是一气，在后天生理上，就是身心内部起化学反应。就好像饿了三天的人，给他一碗饭，肯定张嘴就吃，心里头那个美啊，啥也顾不上了，这个时候你要去打扰他，估计咬死你的心都有。这个化学反应，就是这么美。不要求数量，要求质量，开始的时候要勤站，但不要熬桩，里头都没消息了，死气沉沉，就走向反面了。

站桩最普遍的一个问题，就是一段时间后自己开始造作，往里头加东西，此愚不可及，自掘坟墓。要不忘初心，始终空空静静，无一毫加之，亦无一毫减之，无增无减，勿忘勿助。它本来是个零，何须往里头加减？无极桩出不来，混元桩就都站在后天上。无极桩就是去后天，空空静静，给后面做准备的，而后站混元桩才能出东西。无极桩都入不了静，混元桩入静是奢谈。功夫是自己来的，你逆反回真，它就来了。所以返不了先天就开拳，就会始终在后天故意中自我摧残，离道日远。此道须身心体认，没有坐那瞎想就能成宗师的。所以拳术从来都没有理论家，只有践行者。你只要一想，就错了。

功夫出在先天，但用可是在后天，要符合客观世界的规律。跑步是打熬气力最好的方式，负重也是磨砺筋骨的好手段，每周干干体力活也是好的，只是要分清主次先后，后天是手段不是根本，但没有后天磨砺光有先天也不足用。体质体能上来了，就开始跑步。循序渐进。易筋易骨了，就要用负重来检验。但不能多练，都要留有余兴。先后天一定要结合。拳从后天有形开始，最终进入到无形。拳架子是渡河之舟，老辈人功夫进了化境，你看不到人家练拳，人家是以神意作拳，行走坐卧皆是，偶尔发几下试试就行了。到老还是纠结于架子，是没得根本。动手讲招数招法，那是没真打过。一招半式就够用了，关键要练出神来。

为什么形意拳练出来了，兵器也会用了？因为形意拳就是从战场厮杀总结而来。劈拳，就是刀法。崩拳，就是枪法。钻拳，就是匕首贴身。炮拳，就是一手盾牌，一手短刀，这边挡开就进了身，一刀攮进去。招数平易，但练出神来就有了变化。拳不打人，变化才打人。招法不打人，招法后头的简易才打人。拳术练是一码事，用又是另外一码事。练得好，功夫都出来了，一遇上敌人手脚都不知道往哪放，特别是遇见散打搏击的，自己十分被动，那是没掌握打法，实践太少。

郭云深有曰："形意拳无他，神气耳！"何解？先神而后气。神，是先天精神；气，是先天一气。换个说法，就是心能转物！内家，先是越练越有自己，此还是人间气象，再深入是越练越没自己，才是拳合上了道。老师年轻时讲的好懂，因为还在有形有相，等老了只是讲"神气"二字，就凤毛麟角如广陵散了。形意拳，无非神气，说白了，就是那个古佛之"心"。化脑子不是脑子生理上起变化，而是绝了后天返了先天，全神完气。前辈一纵两三丈，不是肌肉骨骼之力，是先天精神激发出的潜能。从有形进入到无形，日日以神意作拳。太极拳，尤甚之。从一开始就是神气！

太极拳，即"一气"之拳。孙公禄堂云："太极即一气，一气即太极。"说白了，就是直接练内劲的拳。太极，在阴阳之先，无极之后，那个本体创造一切的功能。懂此，便可与天地精神相往来。须知，天地万物都是本体衍化，殊途同归。支持天地万物生生死死的功能，就是太极一气。故修道无他，唯在本体、太极两处盘桓耳，其他都是装神弄鬼。有太极，才叫太极拳，没太极，叫太极操。形而上一路，拳亦道。形而下一路，打人只在一念之间，使人无所防也。

杨澄甫说："要松，不松就是挨打的架子。"于是很多人都去找这个松，造作出各种松来。什么是真松？就是放下，放下了就松了。你看刚出生的婴儿，脑子里空空静静，身上是大松大软，没有丝毫的故意。放下得越彻底，就越接近真松。其实，就是返先天！以心行气，这个心不是后天故意之心，而是真意。故孙公云：一气即太极，太极即一气。太极拳如何易骨？要将精气收敛。如何收敛？孙公《太极拳学》中说得明白："腹内松静气腾然！"这个气是先天一气带动后天精神，若往经脉气血上找，便是走偏了。后天气血是衍生物，要寻那个先天的源头，便都有了。行拳不动心，便是身形似水流，此系道艺，向上一路。拳术要致用，便要向下一路，一气腾然，精神乃发。

气血是用不上的，用得上的是精神，所谓心能转物。如鸢人猛虎，用的是这个。没有这个，不如练拳击、摔跤来得实在。武艺入了道艺，才发现文武根本上是一个。所以文质彬彬的是上了层次的，不然皆在武艺上还未入道。

太极拳，借人劲顺人势是技术原则，也是方法手段，要想在实战中做到，只一句话——意在人先。说起来容易做起来就难了。何为意在人先？不是慢慢腾腾推手或者拆招当中经验丰富的相对于经验欠缺的可以从容安排，而是实战中零点几秒的瞬间意在人先，太极拳的东西才使得出来，刹那本能反应。所以太极拳从核心上讲，就是一气。故孙公云："太极即一气，一气即太极！"从这个关键核心上，太极拳、形意拳、八卦掌只不过是用不同的手段来实践一气这个核心而已。

　　平常就是下两个功夫，一是返先天用本能，二是自己顺手的招几十万遍重复形成记忆，对景了出手就中，闪电般就打上。动手时大脑都是空白，靠后天思维能行吗？这就是内家练在空空静静上的道理。在身法身形上，六合九要、四梢、四象，规矩上身内外皆合，合到最后就从有形有相进入到无形无相，筋骨膜再次发育，此时方知前辈创拳之伟大。待拳法化了内外，也即所谓打合了，体重就像水银泻地一般，随时可以挂在手上。

　　八卦掌，一气之左旋右旋，唯需在先天处动作，后天刻意皆拙。拳势如激流飞舟，要悠起来练，如有高低起伏抑扬顿挫皆是谬误。须自始至终一气贯穿，无有丝毫停顿。八卦者，八象也。八八六十四，错综复杂，其变化无有穷尽。若执迷于变化，则永无出头日。须知，八象为根本。天地间唯此八个根本象，有此则有一切，故操之在手变化由心，此真八卦也。八卦掌的要诀之一在于松肩，若肩膀不松则气不下行，就会集中在膻中穴一带，日子久了就练偏了。

　　内家外家从根本上其实都是用内劲打人的。内劲，不是内家的独创。要知道武术与西方搏击根本上的异同，临场决命，要素都是一样的，然搏击的功力于外求，武术于内求耳。简单一句，若练在筋肉消耗上，就离题万里。天地人三才非无用，若是悟到三才合一就有体会了。练在养，功夫在养上出。五行拳引出了内劲就能体会什么是内功。何为不外求？我们练拳，都是练在本能上，如果在后天故意上，除非大欺小，不然伸手就会挨打。拳法招数都是原则，应用的窍门在于变通，练出最适合自己的一招。这样的一招，一辈子最少也要演练百万次，还不

139

算心里头走的。学拳一开始要规矩，等熟到和吃饭走路一样不用走脑子了，就叫"身形应当似水流"，之后就会越练越有自己，再到最后就是"拳无拳，意无意，只在当中一点真意"。所谓无可无不可，举手抬足都是拳。所以一辈子在拳架上出不来的，那是未得真意啊。

学拳要先舍了两臂，终日只在双腿、腰胯间求真意，则能化了双膀蛮力，而逐步以腰胯一领全身矣。如此，一动便是周身整力，如同十几条胳臂对人一两条，焉能不胜？老谱云"时刻注意在腰间"，此谓也。若无腰，便是膀子力气，终究不入正轨。此武术与搏击之相异处，不可不察。单重者，身法分阴阳也。故敌一沾身吾即变矣，重重叠叠、虚虚实实，如十面埋伏。双重者，无虚实不分阴阳则无变化，全靠钢筋铁骨愤然一击，一击之前或之后如何？此先贤取单重不取双重故也。兵者，诡道也。拳道亦如兵道。站着打一拳，一般都能有几百斤。高速运动起来再让你发力，浑身就别扭着不知道怎么使劲了。人家凶神恶煞般杀过来，心理一萎缩，还得再打折扣，遑论后发制人？身上练不合，不在恶斗中检验，功夫练出来却只是自己性命上受益，于外用就不要说了。所谓山外有山，就是说技击实战上永无止境。

无论哪种运动之于后天，都要形成自己的节奏。节奏有了，身心才会安泰。虽然你处于运动中，但依然在休息，所以你不会喘。节奏一乱，气息就乱，喘了，心跳就会加速，消耗便加大。长跑的人最有体会，"菜鸟"气喘吁吁，"老鸟"几乎不喘，气息悠长深远、若有若无。节奏是自己来的，不是能造作出来的，其实就是进入到思想空灵的状态，节奏就来了。这样练拳是不容易累的，动手就更不累。孙存周有句话"打一晚上都不累"，就是节奏的事。八卦掌转圈开始就八步，就是人为定节奏，等练明白了就无所谓了。要转化了呼吸，但不要着急，凡所有相皆是虚妄，只放空了自己练去，早晚会得！

拳练对了能给人两个大好处，一是心静，因为心肾相交，心气下行，自然安静。普通人心气往上走，越是爱思虑的越厉害，所谓心火上炎，脑子转得厉害，睡觉也不得安宁。还有就是心花怒放，开心得很，之前有什么想不开的一下子都放下了，看周围的人也都很可爱，就是缺点也能接受，这是肝气疏解的征兆，好处受用不尽。你要是天天都这样，身心能不健康吗？越是久坐的心气与肝气越是容易凝滞，连带着心绪心情都出问题，你要是干点活出点汗就能疏解，因为活动了气血。所以劳动人民大都没有那些小资情结，比较直来直去。越是知识分子越是无语怨东风，其实都是不爱动闹的。我们练拳比这个高明，性命双修。

入门就得把劲改了。人在后天习惯了顶劲、较劲、膀子使劲，这些都是局部死劲，一是不够宏大，二是死板呆滞。传统武术主要是腰胯发力，因为腰加胯比胳膊粗多了。腰胯里头还有个丹田，就能加上个精神内炸的辅助。如果再能返先天用本能，就神乎其神了。腰胯用劲不难懂，比如五十斤的东西放地上让你抱起来，你用胳膊就容易闪了腰，且拿着费劲。你蹲下抱住了用腰胯起就容易了，所谓百姓日用而不知。练法号称绝密，其实也简单，就是不练到胳膊上，而是练在腰胯丹田上。这些其实也还都是技巧，不是功夫，就是一小姑娘，教她十分钟学了几个技巧，打个老爷们轻悄的事。

功夫浅是打拳，功夫深了是作拳。拳谱上摆个样子只是让学人知道标准，真练起来全不是那么回事。一开始入门让你守规矩，功夫上身就是得"作"，所谓至极、尽性。虎形得一两丈远，龙形得平地飞升一尺多高，燕形能瞬间从条凳子底下一窜而过，诸如此类。太极拳也是如此，金鸡独立单腿膝盖几乎贴地，野马分鬃如龙形伏地，全是对人体生理极限的再造。这个，就是基于易筋易骨腾膜后的真实功夫。那么我们几十年如一日练拳，身心上看不到增进改变，练的不是架子是什么？跑步，一样出来一气之鼓荡。在动态之中，更能体会实战的情景要求。你拳上出来的东西，在跑步里都要验证；跑步里出来的东西，拳上一样受益。丹田是始终核心，腰胯是唯一动力，懂得把丹田腰胯统一起来引领全身，拳法才上路。

练拳就是练功，形意拳、太极拳、八卦掌都是如此。智慧高的，一句话就说完了。给句话，就是这个，好像禅宗悟道。根本，要在空空静静里头悟。独孙公创立无极桩，是大法门，大方便，大智慧。拳上没进步，就回桩上去悟。练拳修身，总会出现很多现象，气血筋骨膜，力量硬度体力速度反应等，这都是先天出来在后天的显像。先天后天是一体变化的，所以不要执着于后天，知道就行了。但如今有多少是练在皮相上的？以为现象后天就是根本的？那就不是练拳术，而是练杂技了。比如裆劲是一种生理本能，悟性好的刹那就能掌握，练不出来是因为不懂先后天的差别，你老是在后天求局部之功，那永远也出不来。比如孙氏的龙形，所有人都练成了往起蹦，或者干脆往前迈腿，这都是离题万里。龙形是平地飞升，不能用丝毫腿劲，而是丹田内炸催动腰胯，犹如直升直降。又比如横拳，都说是大秘密，其实就看你懂不懂一气，因为横拳是一气之团聚，一气都不懂，何来团聚？打出来的又像钻又像崩，实为四不像。拳术归根结底要落在修养和技击上，最起码别人都老了，你还很年轻，四五十岁了体质体能还和二十多岁一样，甚至有过之而无不及，这还不算成功吗？自然就把宿命改了。此生死大事，唯内家拳所独有啊。

4 孙氏（孙禄堂）形意拳的系统训练程序与方法——无极桩篇

关于形意拳，孙公禄堂有两本重要的著作，一是《形意拳学》，二是《拳意述真》。前者是孙公55岁时对形意拳做出的总结，后者则是把前贤对形意（主要是形意拳）、八卦掌和太极拳的心得进行了汇编，特别是将郭云深公所著《解说形意拳经》无私公布，可谓造福后人。学习孙氏形意拳，一定要严格按照孙公所制定的程序循序渐进，一开始不明白不要紧，随着功夫的深入逐渐能开发智慧，功夫和道德也都会同步深入，无论渐悟还是顿悟，早晚都有劈破旁门见一轮明月的那天。

孙氏一门首站无极桩，《形意拳学》里也是把无极学放在第一篇，不可谓不重要不关键，道理何在？就是为了"返先天"。孙公禄堂从一开始就已经把内家拳的本质揭开了，但是人都是生活在后天，理论上不一定能够明白，所以孙公直接按程序安排好，一开始就是无极学，且在序言里告诉大家，你只管练，早晚得其奥妙。我们后世的人错就错在瞎琢磨，你一想就落在了后天，就背离了孙公的本意与苦心了。

初学者站无极桩，就是要把思想中所有的杂念都放下，达到空空静静，所谓不思善不思恶，哪个是你本来面目？当即停掉，能够站到瞬间入定，连呼吸都没有了，就能够体悟到先天是个什么样的境界了。说境界其实不够准确，先天用文字无法形容，只有你练到了且身心上有了应验，才能明确把握。具体的练法一如孙公图像所示，好像立正站好，但两脚之间是90°，重心放在两个脚跟的中间，这样膝盖就为自然微弯，全身舒适自然，两眼平视远方，这样就行了。有的人悟性好的，一上桩就能入静；有的思想乱的，也有一个窍门，就是朝远看，看得越远越好，最好是能看到天地宇宙的尽头，这样眼神就把心放空了。或者看着这些烦恼，自己的心不要动，慢慢也就能入静。

　　无极桩一入静，身上气血马上就开始动，有病治病。当你进入到那个寂灭为乐的境界时，你都不愿意下桩，到这种程度就真是站到了，而且得了好处。无极桩另一个功用，是中正。人在后天身形大都不正，比如让你去走马路牙子，有的走的长一点，有的走几步就下来，但你看小鸟站在电线上从来不会自己摔下来，这是因为动物都是在先天境界上没有计较，除非得病。身体阴阳平衡气血冲和，各方面都是均衡的。而人和动物不同之处在于有思想有欲望，一进入后天就开始消耗，所以阴阳平衡被打破了，体现在身体上就是各处的气血不一，上下左右前后都不均衡，走路迤逦歪斜，站没站相坐没坐相，大都是这个原因造成的。所以我们练拳首先要恢复中正，就要从阴阳平衡上去调整，无极桩就起到这么一个作用。

　　刚开始站无极桩的时候多数人都站不住，身体会歪歪斜斜，这时候你就会主动去调整，用肌肉去矫正，身心上就开始较劲了，这是不对的。我们让你返先天，不让你用后天的东西，你又人为地去造作，怎么可能站出真东西来呢？这也就是许多人站无极桩最后一无所成的原因。这里告诉大家，平衡不在你主动地调整，而在于空心，把心空了自然就站稳了，而这个稳不是笔直不动像站岗那样，而是会轻微晃动的，但不是你自己主动做出来的，而是自然而然的状态。比如一个大楼或者烟囱，越是筑得好的就越是会细微晃动，如果不晃就要倒了，这个是天地间最朴素的物理规律。所以你把姿势站好，把眼神放远，把心放空，其他就都不要管了，一管就错。

其实最核心的东西就是一开始入门的东西，老前辈们到了晚年几乎都不怎么练拳了，基本都是站站桩，走几下神意，就够了。可初学者不懂这些，以为入门基础功夫不重要，都想着多学几套拳，这是大错特错的。桩功在形意拳里是最根本的秘密，不掌握桩功后头没法开拳。其实无极桩是可以入道的，而且比和尚道士盘腿打坐更高明，只有以拳入道了才会明白这个道理。如果只是想求真悟道，一个无极桩已经足够。无极桩的来源不可考，但是从民国遗留的武术著作中，孙公是最早把它单独提出来作为系统学习的一环，而且有着提纲挈领的功用。无极桩的编排有其特殊之处，大约来源于道家性命双修的体系。因为孙公从程廷华处学艺成功，游历江湖数载，曾经在四川与隐士学易修道，故后来才能把拳道合一，形成孙氏一门特殊的理论系统。说这些就是为了引起后学者的重视，过去人们写书，一个字都不会轻易放过。

在无极桩，乃至以后的站桩、练拳进程中，最忌讳的一点就是往里加东西，这是毁人不倦的恶劣手段，是害人害己的。从无极桩你已经进入到空空静静，那么以后无论是其他的桩还是打拳，都始终要在这个空空静静、也就是先天的状态中，不需要你加入哪怕是些许的东西，只要按照规矩傻练就行了，该出来的一定会出来。还有一个忌讳的就是瞎想瞎问。有诗云："道本一气自然游，空空静静最难求。得来万法全无用，身形应当似水流。"形意拳是需要用身心来感悟，而不是靠瞎琢磨瞎想能够成功的。我们要靠智慧，而不是靠聪明。智慧是不思而得，聪明是思而有得。你不在那个层次上，所思所想就都是错的，又何必错上加错呢？只要按照老师给你安排好的练就行了。无极桩要站多长时间呢？其实是要站一辈子的，这是终身可以依靠的桩。但从学拳的角度，只要做到瞬间入定，呼吸若有若无，也就是转后天呼吸为先天之息，到这个阶段就可以往下走了。

5 孙氏（孙禄堂）形意拳的系统训练程序与方法——含一气、太极、两仪

无极桩之后，便是含一气，含一气后是太极，太极后是两仪，两仪后是三体，三体后是五行拳。这一整套的顺序安排，是孙公禄堂用心良苦，知道后人不一定能够彻悟先天之理，但是只要按照次序规矩练习，按照空空静静的原则和六合九要的规矩，早晚会有云开日出大彻大悟的那天。

无极就是先天本源，勉强用文字来形容，就是空空静静，天地俱寂。而后内在精神一立，就是含一气。动作上是身体半面右转，左脚后跟靠上右脚内侧踝骨下，两脚之间呈45°。无极桩要站到能瞬间入定才能往后走。而含一气是什么呢？就是内劲初生。孙公在《形意拳学》里明确说到："一气者，金丹也，形意拳之内劲也。世人皆从有形有相处猜测，此皆是抛砖弄瓦。"具体大家可参看原文。此时仍是空空静静，但内劲已经初步显形，鼓荡隐隐约约。所以练孙氏拳一定要从无极桩体会到空空静静，然后从混元桩里体悟到内劲为何物，并且知道鼓荡是什么？而后向下才是一路坦途。悟不到怎么办？还是那句话，按照规矩次序只管练。

含一气之后便是太极。什么是太极？这个要去看孙公禄堂的《太

极拳学》，自序里孙公解密："太极即一气，一气即太极。"所以，太极就是内劲。换言之，太极拳是什么？就是直接练内劲的拳。动作上也称为"四象"，即"鸡腿、龙身、熊膀、虎抱头"。从含一气开始身体慢慢下蹲，切记保持中正，身体的重量要放在大腿上部肌肉上，如果失去了中正转到大腿前部肌肉，膝盖就要出问题了。这个，也就是很多人练太极拳伤膝盖的原因所在。在身体下蹲的同时，两臂缩到胸前两手相搭，当身体下蹲的角度自行锁住，两手正好相搭完成。从这里开始，四象在所有的拳势中永恒存在，不管三体式、五行拳还是十二形，四象隐含其中永不退位。"四象"所谓何来？就是将这四种动物的功能合到人身上，这个也是十二形的道理，取天地万物之象为我所用，是先天精神上的事。鸡腿，就是一腿始终要含着劲，所以形意拳里总是隐藏着一个暗腿；龙身，就是折身，身上要永远蓄着一股劲；熊膀，头颈背臀始终竖立，中正浑厚之意；虎抱头，肘不离肋，手不离胸，守中路取中线。

从"含一气"转到"太极"，内劲发生，鼓荡即来。其他的内家拳谱有"气宜鼓荡"一句，实则说的是这个。当内劲勃发的时候，带来人的一个生理现象，就是内膜涌动，全身膨胀。要重点说明的是，鼓荡只是生理现象，而不是内劲本质。鼓荡亦不可造作，造作出来都是假的。太极一式，主要是体现内劲，到这里还是在先天。架势是为内劲服务，四象是身形上的规矩，是为了配合内劲体现而设立的，所以千万不要本末倒置，以为架势就是根本、架势做得好功夫也就有了，而忽略了内家拳最根本的内劲。郭云深云："形意拳无他，神气耳！"这个神气，就是内劲的另一个体现。

太极之后就是两仪。这里头有个很大的问题，就是两仪的架势和三体的一样，为什么？有首诗："道自虚无生一气，便从一气产阴阳。阴阳相合成三体，三体重生万物张。"这首诗基本就把道家的根本理论

说完了。太极是虚无本体的功能,这个功能即是天地宇宙万物生死衍化的根本力量,也就是形意拳的内劲。太极一动而有阴阳,也即两仪;阴阳的本质要和合生育万物,而阴阳相合的一刹那就是三体,是个绝对的静态,而后才有万物的衍化。所以两仪与三体的差异不在外而在内,从太极式做到两仪就进入了后天,这时的精神状态是活泼的,而后马上一静,这个一静的状态就是三体,但架势不变。所有这一切都是自发出现的,不是人为造作。所以说三体式是形意拳的总机关,万法出于三体式,是从生发源头的角度来讲的。

两仪与三体架势相同。从太极开始,周身不动,把前腿徐徐迈出,这一个跨步的距离就是孙氏形意拳三体式的两腿距离,相比其他拳派跨度较小,原因在于技击时的灵活多变,跨步越大变化的难度就越大。前辈们不用双重的三体式,就是因为它的重心在两腿中间,你要变化时就必须先把重心移到后腿,而后再迈步,就这一下先手就没有了。手的变化与腿的变化同步,慢慢伸展,有如撕棉。一手前展,一手后放,具体可参看图片。要注意的是,两仪只是变化的过程,到三体才成为定势。为什么是平掌,一句话:周身不可有丝毫的较劲!

6 孙氏（孙禄堂）形意拳的系统训练程序与方法——混元和三体篇

长期以来，人们多知形意拳有三体式，而不知有混元桩。实际上，混元桩为形意门古传，是形意拳功用体系中最重要的一环。混元桩的功用分形而下和形而上两种，形而下是融合气血，调理身心，特别是对肾系统的功能有特别强大的促进作用；形而上则回返先天，渐能体会到内劲。混元桩的命名来自于老子《道德经》，其中"有物混成、在天地先"一句，表明其溯本追源、明心见性之根本。

三体式在近三十年里被推举到极为崇高的地位，练形意拳似乎必站三体式，因为万法出于三体式，三体式是形意拳的总机关，所以人们相信只要三体式上下功夫，那么就能深入到形意拳根本三昧。实际上老辈人很少站三体式，他们的功夫大多出在混元桩。三体自身的意义来自于拳法从先天到后天的演变，也即"道自虚无生一气，便从一气产阴阳；阴阳和合成三体，三体重生万物张"。简单解释，就是阴阳交合的那一刻就是三体，而阴阳交合是天地宇宙生生不息之衍化形式，而三体对拳法的要求就是"一静"，它只是个过程，而后拳法无穷生发，才有五行十二象。

形意拳的桩功其实只有混元桩，三体式大约是民国时才有人单独拿出来作为桩功来练，而实际上两者的站法并无区别，然三体式一腿吃重，人很容易就陷入熬腿子的痛苦自持，是很难通过三体式做到空空静静的，遑论返先天悟内劲？"道本自然一气游，空空静静最难求"。形意拳不是靠胳臂粗拳头大打人，靠的是人先天本能的瞬间激发，所谓"遇敌好似火烧身"，而这种本能只有在先天状态下才能自动出现。所以凡是练在后天的，故意、刻意就都是错的。

人的身心内部始终有两套神经系统在支持生命的行为，一套是主动系统，一套是被动系统。主动系统就是后天故意的能力，是由交感神经系统负责的。被动系统是人在危机状态下的应急反应，是由副交感神经支配的。比如你想去做什么的、走了脑子的，这都是主动系统。而突然一个没想到你身心本能做出的反应，这个是被动系统。比如你急刹车，都是车刹住了脑子才反应过来，那个瞬间刹车的动作是被动系统，脑子慢慢反应过来的是主动系统。主动系统的行为速度慢，力量小，较为笨拙。比如让你冲着沙袋使劲打一拳，你大抵只能发挥出百分之二三十的力量，而且越想使劲打就越是笨拙。而被动系统纯是人作为动物的先天本能，快似闪电，且打击效果超出想象。形意拳，练的用的就是这个后天系统。那么如何才能把这个本能练出来说用就用？非常简单，你把后天全放下了，自然就返先天出本能了。所以孙氏形意拳从一开始的无极桩到混元桩再到五行拳，非常清晰明白地告诉后人，从空空静静中起步。

具体说到练法，其实非常简单。混元桩就是轻轻松松一站，两手环抱对着胸部，如果能够刹那做到物我两忘的就不用说其他的了。脑子里头免不了胡思乱想的，就用第一篇我说的"往远看"的方法，用眼神把心带空。总之，就是要空空静静。做到了这个层面，才能逐渐体悟到内劲为何物。也有些方法可以使用，比如体会在水中漂浮的感觉，水会消

除你全部的重力和紧张，是人体最放松的状态，那么站桩时可以体会，但感觉都是在后天，只是帮助你放松，尽快达到空空静静的状态，做到了就赶紧把这个方法扔掉，所谓渡河用舟，到岸则弃。

单独把三体式拿出来作为桩来站，则要求与混元桩一样，但是你得过了一开始的肌肉疼痛期，大约是七八分钟的样子，过去了也就没感觉了，这个时候周身自然放松也能进入到空空静静的状态。三体式站桩的另一个作用是体会"四象"与"六合九要"，通过三体式来纠正和调整身形不对的地方。而且必须在那个丝毫不用拙力拙意的状态里来进行三体式的调整。过去有个叫齐公博的前辈，因为太笨什么也学不会，孙公禄堂就让他站三体式，他就这样傻站了三年，结果倒练出来了，后来被人称为"活电瓶"，意思是只要人一挨他就飞出去了。其实倒不是三体式里头有什么文章，而是他通过三体式返了先天，开发了智慧，悟出了内劲。能做到齐公博那样的没几个，而且他旁边还有个孙公禄堂，这个才是关键。

《孙禄堂武学录》中的三体式是双重立掌，是孙氏后人自己编录的，实际上民国时期出版的《形意拳学》里的三体式是单重平掌，要以后一个为宗。《武学录》里劈拳一章里的定势和单重三体式一样，也可作为纠范。三体式在拳法里最根本的作用是承上启下，无极开始，两仪分阴阳，然后是三体，然后五行拳。所以三体式真正的意义要在练拳过程里体会，起式之后身形一动就分了阴阳，阴阳一交合就成了三体，此时天地俱寂，如果你心中一片寂静就对了。

7 孙氏（孙禄堂）形意拳的系统训练程序与方法——六合九要

在掌握了三体式的功架以后，就要进入到纠正"六合九要"的阶段，这些要求初学者并不能知晓其义，老师只是让你照规矩去做，而且从标准上差一点都不行，日日练日日纠，时时练时时纠，要把这些规矩形成习惯雕刻进自己的大脑，形成本能的意识，一动就是这个，熟悉到这种程度才能开拳。

"六合"即是内外三合。"内三合"就是神与意合、意与气合、气与力合；"外三合"就是肩与胯合、肘与膝合、手与足合。

肩与胯合，前提是肩膀和胯骨的关节要松开，一开始只要放松、别较劲就好了，这时候肩膀与胯骨互相呼应，精神上要照顾到，包括肘与膝、手与足，都是一出俱出、一回俱回，形成完整的合力。等功夫到了一定程度开了胯、开了肩，那个时候才是真正的松开，才能体会到肩膀根部与胯骨根部都往里缩劲，功夫不到那个程度是无从体会的，如果刻意只会引起肌肉的紧张笨拙，这样就练拐了。

肘与膝合，肘尖要始终下垂，也就是坠肘。肘关节下垂犹如准星，能够使劲力如子弹般瞬间透入人体，如果把肘尖横过来发力，劲力打到目标上就是发散的。体会坠肘可以在开车时把双手同时放在方向盘上，

这个时候的肘尖垂直冲下，就是标准的坠肘。同时，两个膝关节有相向内扣之意，与后面手与足合里脚后跟有外扭之意正好互相配合，这里也可以称膝与足合，其实浑身上下无有不合，最后合到虚无一气处，便是一先天的精神。

手与足合，手要坐腕，手指要顶起，大拇指与食指之间要撑住劲，相应的两足脚踝有外扭之意，重心放在足跟中间，两足大趾轻轻点扣地面，其余四足趾随序配合，切不可死扣地面，否则会影响身法灵变。

内三合说的其实是一件事，郭云深说："形意拳无他，神气耳！"内三合强调的就是这个神气。神、意、气、力都归结到先天精神上，这个先天精神就是内劲，先天有了后天也就都有了，无论是气还是力都是神意发作使然，所以内家拳不论后天，也不练那些肌肉功夫，精神上到了功夫也就到了。对于初学者，只要做到心静也就行了，而后慢慢深入逐步去体会内劲为何物。

关于"九要"，就是三顶、三垂、三抱、三弓、三扣、三摆、三圆这些具体要求，核心的就是周身上下要处处争力，也是处处蓄力，周身如火机引而未发，到处都是消息，一碰就爆炸。但也不能乱争，都是意思上到，不是让你真做出来。浑身不能有丝毫较劲，要严格按照要求一处一处做到。每天练功行架要认真找自己的毛病，所以初学要从三体式把六合九要都找齐了，而后才能进入到劈拳。打劈拳要慢慢行进，方便过程中继续找毛病。一个劈拳成式了要定住不动，按照六合九要再调整，规矩都到了再进行下一个劈拳。

"九要"中要特别强调：

一是虚领顶劲和塌腰坐胯，这两个是相互呼应的一对。虚领顶劲就是脑后高骨（不是百会穴）好似有两根绳子虚虚吊在空中，此时下颌会自然回收，上丹田与十二重楼再到膻中就连通了。塌腰是命门以下的腰

部整体向下移动，肛门就会自动关闭，任督二脉相交，会阴穴则向上移动，也就是尾闾上升。而坐胯是落地为马的意思，形意拳是从马上功夫来的，到了地面上虽然没有了马，但是把上半身放在胯骨上，以下半身为马，就又有了整体冲击的力量。虚领顶劲是向上，塌腰坐胯是向下，两个相反的劲合在一起就有了大龙，等到把七节腰椎练出来，就会有了如虎豹一般的腰胯驱动。

二是含胸拔背。含胸，不是把胸部往前缩，而是肩膀沿着水平方向朝两边伸展，这样就把两个肺部解放出来了，此时两肺就好像是人嘴里含着糖块一样虚含在胸腔中，这样任脉才能从上丹田沿着十二重楼直达下丹田。如果是把胸部往前缩，气血就会积压在膻中穴不得下行，时间长了人会变成"罗锅"。初学者只要记得放松肩膀就好了，这个必须得在开胯以后，肩缝才能打开，之后才能体会到含胸是何意。而拔背的意思就是一开始说的水平方向伸展，有互拔开展之意。总之形意拳的要求就是"内开外合"这四个字。

8 孙氏（孙禄堂）形意拳的系统训练程序与方法——劈拳

　　形意拳的功夫分先天与后天，先天就是内劲，后天则是气血筋骨膜这些具体功夫，比如皮厚、骨硬、筋韧、体能等。劈拳是形意拳功夫的母拳，也就是说，形意拳形而下的功夫都从劈拳起步。练习五行拳也必然从劈拳开始，而且劈拳是一辈子不离手的拳。别的拳可以不练，但劈拳必须练。三年之内，每天最少五百个劈拳。有句话叫"欲作神仙先练劈拳"，因为劈拳调肺，而肺主气。在人后天的身心系统里，筋生气，气生血，血生筋。筋，有十二筋络，与十二经络同在。筋脉、经脉走到何处，气、血就走到何处。人身后天强壮、健康与否，全在气血，气血旺盛则身强体壮。我们练功夫，就是把自己打造成强人。欲做强人，无非气血筋骨膜。所以，五行拳起始劈拳，重在调气，气壮则血盛，五脏六腑得以荣养，筋骨膜愈发健壮矣。

　　劈拳从理论上讲，是一气之起落。一气，就是内劲。起落，就是上下。所以，一气之起落，就是在内劲激发的状态下身体做一上一下的整体运转，带动七星随身而动。所谓七星，就是头、手、足、肩、膝、胯、肘。可能很多习武者更加关注双臂下劈的动作，其实双臂只是整体的一个局部，而且也没有单独的双臂下劈，而是因为身体整体

的向下运转，带动双臂走出一个下劈的形态。真正懂得劈拳的真意，双手背在身后不动也能走一个劈拳，一气之起落一样出来，因此要搞清主从的关系。

孙氏形意拳从无极桩起始，到三体式而开始五行拳，是一个完整的先后天内劲生发和衍化过程。通过无极桩返先天，通过混元桩悟出内劲，从五行拳开始改变身心，所以从无极桩到三体式这一块不要轻易忽略过去。没有悟出内劲也没关系，只要做到空空静静也可以，因为通过五行拳对机体进行改造是自发进行的，先天有了后天就都有了，不需要任何的刻意造作和追求。进入劈拳，如果学练正确，也就正式进入了明劲易骨的阶段。所谓明劲，是形意拳得了初步功夫，身心上有了初步的改变，由内而外呈现出一种至大至刚的浩然正气。身体内部由于心肾相交，将后天精气转化为先天精炁走入骨髓，髓满骨硬而称之为易骨。这个阶段生理上体现出骨密度增高、肌肉厚重、身体重力感增加等现象，拳劲上逐渐出现一种摧枯拉朽的凌厉之劲，也即"明刚"。

三体式完成，此时一定是万籁俱寂，心静如水，而后身形发动。所谓"起为横、落为顺"，横即一气之衍化，也就是内劲生发，也即是郭云深说的"顺着真意萌动练去"，故不可有丝毫的后天故意。这个关节，文字就无法形容了，需要师徒间口耳相传以心相印。整个劈拳的过程没什么可说的，形态大同小异，但唐山一脉是双手抓回，后手附在前手肘弯处起钻，与孙公《形意拳学》上略有不同。孙公书上是单手抓回、单手起钻，以我个人体会，后者更易于调整气息，而前者更注重于实战的需求。无论走到哪个步骤，四象与六合九要皆不可丢。六合九要就是内功关窍，所以练拳要慢，始终保持身形完整不走样。打完一个劈拳务必要定住，按照四象和六合九要对身体进行调整到位，同时把心也定住，然后再走下一个劈拳，如此才能长功夫。要

杜绝不求甚解只求数量的练法，那样就是一天打几千个劈拳，也只是出汗而已。人身体出汗会分泌多巴胺，给人欣欣然愉悦的感觉，这个只是生理现象，不是功夫。

　　要特别强调一下劈拳的"劈"字。劈拳是整个身体的一上一下带动胳臂显示出下劈的形态，而不是胳臂自己去做出一个下劈，那样胳臂与身体就脱节了。但是我们打劈拳的时候，前手起钻完成，后手是顺着前手胳臂向前推出去的，又怎样体现这个"劈"字呢？凡是把劈拳打成"推拳"的，都是因为胳臂与身体脱节。所有的拳术动作都是整体发动，没有例外，关键是要理顺发力机制。形意拳是腰胯驱动，通过"大龙"——也就是整条脊椎骨带动四肢的运动。好像人甩鞭子，大龙就是鞭杆，胳臂就是鞭绳，而握住鞭杆的手就是腰胯，所以只有把腰胯和大龙练出来，才能把劈拳的真意打出来。否则整体出不来，又要打出劈劲，就都练到膀子上去了，这个重点就在塌腰坐胯和虚领顶劲上。一开始出不来不要紧，把六合九要盯住了，慢慢就出来了，只是切记不可有丝毫的刻意和造作。

9 孙氏（孙禄堂）形意拳系统训练程序与方法——崩拳

"半步崩拳打天下"。起手崩拳，势如破竹，当者皆靡。理解崩拳的真意，一个是半步，一个是崩。打崩拳要如亲嘴，脸贴脸打上最好用。小步一蹭就到了对手眼前，想反应已经来不及了。崩字何解？它不是捅，也不是砸，更不是扎，而是好像被压缩到极点的弹簧瞬间松开"蹬楞"一下，打到人身上劲要爆炸在他身体里头，内脏瞬间就被打坏。有把形意拳的劲说成绝劲的，也有叫绝手的，主要就是体现在这一崩里头。其实钻拳和炮拳也都是崩拳的变化，方向角度不一样，但打上的效果是一样的。所以崩拳会用了，钻拳和炮拳也就会了。

崩拳属木，五脏属肝，肝主血、主筋，所以劈拳后头跟着练崩拳，是气血双运的意思。也有劈拳后头跟着练钻拳的，认为金生水、水生木，则是另一种认知。崩拳似箭，乃一气之伸缩，就是内劲催发身形由后而前瞬间爆发的一个形态。有说崩拳是胯劲的，其实所有拳都有胯劲，因为形意拳是全身整体劲力的运用，而运动的枢机在腰胯，所谓时刻注意在腰间，好像猫科动物腰胯高耸驱动全身一样。腰胯还没出来的只要记住形意拳是整体运动就行了，一进齐进，一退齐退。过程中一定要注意虚领顶劲和塌腰坐胯，未来大龙和腰胯都从这里出。先练劈拳，

是因为要开胯，胯开了周身关节才能打开，才能体会到腰胯的整体驱动，而后再练崩拳就不至于找不到门路。

劈拳结束有个向前跟步的动作，就是为了崩拳做准备。很多人感觉打崩拳比较吃力，所以不喜欢崩拳，相对钻拳就轻松多了，其实是不懂崩拳的道理。打崩拳一条腿承重，半蹲着身子，几十米打过去打回来看似辛苦，但千万不要在筋肉上做功，不然就是越打越累而且气喘呼呼。形意拳要返先天，必然转化呼吸为息，应该是若有若无，飘飘欲仙，到这一步就不会累而且喘了。打崩拳也可以两条腿换着打，以右腿为主，左腿为辅，适当时候换一换，把两边的生理都调节好。

李存义说过，形意拳难看，不表演只打人。过去民间是看不到有人练形意拳的，一个是练法不外传不能让人看，第二是要找个自己喜兴的地方吸取天地灵气。清末以后武术家们出来报效国家，社会上有了巨大的民众需求，才产生了各种各样的表演以及普及型的练拳方法，一百年过来大家都不知道原汁原味的形意拳是什么样了。而且这三十年武侠小说和武打片把人都洗脑了，以为传统武术就是小说或者电影里那样，更是错上加错。内家拳练法的根骨就只有一句话："只有极慢才能极快，只有极软才能极硬。"练拳要慢，要把劲含住，只有这样才能练出真功夫来。

一般都是劈拳过后接着练崩拳，程序上没什么可说的。五行拳动作极其简单，就那么五个动作翻来覆去一辈子几百万遍重复，不管是哪一家哪一派，拳架子可能有差异，但骨子里都是大同小异。崩拳就是上半步跟半步，两脚之间的距离可长可短，看自己的生理适应，一切顺其自然。孙氏形意拳转身是右手在前左脚上一步，双脚对扣右转身接"狸猫上树"，里头有很多讲究，变化很多。转身一定要利索，迅雷不及掩耳，好像你前头后头都有人打你，一拳把前头那人打躺下，瞬间回身后

头那人正好撞你枪口上。大家可以去看《动物世界》里狮子和豹子的转身，刹那就转过身来，而且转过身来就要伤人害命，这个才是转身的要义。狸猫上树是又打又顾的动作，上打下踹同时动手，而且身体还有一个整体的擒扑，顺手就变成鹰熊斗志擒敌于马下。狸猫上树还可以对付从侧面的攻击，还可以化解对方从正面来的正蹬或者侧踹，总之变幻莫测，越是简单的变化就越多，宜仔细体察琢磨。

练拳架子不宜太低，架子太低就把肌肉练死了，形意拳不练肌肉，主要是以心帅形，练的是精神和意志。比如吃饭从来不会考虑怎么个吃法，也没人会吃到鼻子眼里去，只有爱吃或者不爱吃，爱吃就多吃点，不爱吃就少吃点，形意拳就是找那个能够控制你吃或者不吃的原始精神，有了这个才是真正的"拳无拳，意无意，无意之中是真意"。打崩拳一定注意坠肘，胳臂不可伸得过长，一气之伸缩，身上处处都含着劲才对，没有直接放出去的。崩拳的用法就是不能停，崩拳似箭，而且是连珠箭，只要动手不把对方打躺下绝不停歇，要打得对方喘不过气来，手忙脚乱接不上退不出，三两步就挨了打。当然，高手打人就一下，没这么多麻烦。练拳时要规规矩矩，平时不练拳脑子里要走拳意，对景时想都不用想一出手就是它。

10 大道行来本无斜——三拳合一

我们这拳，练功是有标准的，即汗而不喘，心脏也不会剧烈跳动。体育运动无不是剧烈喘气、心脏剧跳，这其实是对身体的透支。西方的体育通过上强度来逼着身体主动适应，如果能熬得住，一段时间后身体就会貌似强健了。但过头了就是运动员的猝死，一般都是衰老的早。普通人喜爱运动，到岁数该得病一样跑不掉。

身体运动要符合自然的话，凡是与自然不合的都是错的。不气喘，心脏不巨跳，但你的筋骨膜和五脏功能却不断强壮了起来，你说会不会健康长寿？等于说你原来存银行一万块，一分钱没花每天还往里头存钱，不是一本万利吗？游泳、慢跑和快走是最好的体育运动，因为这三种都是消耗比较少的。

"一气"之应用，要在忘我的时候。什么人最容易忘我？战场上厮杀的士兵。生死决斗之际，什么都忘了。如果在平时有意识地培训，让士兵的身体形成记忆，则到了战场对景了真意就会勃发，所谓蔫人出猛虎，一人能够力敌数人。撼山易撼岳家军难，大约由此而出。懂这个道理，切忌自我编制造作，会谬误千里。

有练形意拳精神上出问题的，就是用后天意识故意做作编制场景，入得太深，最后变得神神叨叨的。我们练的是先天一气，先天一气自虚无中来，你老是瞎琢磨想象，岂不是离题万里？这个就是慧根深浅的问

题了，老师也没办法。练拳当傻子有时是好事，太精明了反而会坏事，傻人其实有大福气。道生万物，万物本自相通。练拳傻点好，傻人有傻福，没有小聪明却能开发出大智慧。人虽然傻却是厚德载物，最后练出来了福慧双运悟道解脱。智慧是先天，聪明是后天。郑板桥云吃亏是福，他是明白人。吃小亏能占大便宜，占小便宜最后吃大亏。走火入魔，都是自心造作。无论是练拳还是修道，觉得自己越来越与众不同了，那就走错路了。和光同尘，水处卑下而能有容，这个才对。最多的是中丹田出问题，心之官则思，精神就要出毛病。内家三拳从程序上确实就是书上写的那些，再没别的了，孙公禄堂和薛颠都说老实跟着练就能成功，关键是没人真信。

　　无论练什么拳，在后天有形上就无法突破先天身体条件的限制。拳击搏击都分量级，街头打架也是胳臂粗力气大的占优势，这是后天客观，谁也逃不出去。唯独中国的武术先辈们发现了神意之作用，发现人的先天本能会迸发出几倍甚至十几倍的能量。郭云深、尚云祥、孙禄堂、李书文都是小矮个子，却都独步一时。

　　有些练法上的东西，现代人看过去的文字理解起来费劲，其实他们也都说了，只是文字金贵，过于简洁，非得有个过来人点你才恍然大悟。起如挑担，是腰胯上的事。落如摘子，好像尚云祥说形意如摸虾。走入明劲，皮肤会火烫，但身体里好像夏天吃冰棍的感觉，尤其是舌头。舌为心之苗，说明心火下降，下一步就是心肾相交，这个李仲轩老在书中明白说出来了。

　　人心气强盛的时候，细胞都是受精神控制的，精神一垮人也垮了，就是细胞功能分散了。人死了所谓四大分离，也是这个。咱们练内家拳，其实就是练这个心劲，或者说精神控制力，但老师要这样一说大家都往后天造作上去想，又都走偏了，搞不好还会练成精神病。先天一气

从虚无中来，为什么孙公禄堂非得把无极、一气、太极、两仪、三体按次序摆出来，还费那么多笔墨来阐述？道本自然一气游，空空静静最难求，身形应当似水流，就是教你别动心。

横拳，一气之团聚，内含金、木、水、火也即劈、崩、钻、炮四德。何意？起为横，形意拳但出手皆有横拳劲。待至内开外合，则横拳劲无处不在，与其他四拳之劲融合。看似直，其实直中有曲，所谓起横不见横，身体内处处暗运螺旋，周身皆横拳劲，此横拳真意也。明横拳劲，则八卦掌之劲亦得也。

拳在桩里，桩在拳里，非指拳桩合练，实乃动静之意也。人身有阴阳，人心无阴阳。此心关照处，只一点灵机存焉，但有丝毫不足，即不可用矣。灵机者，一气也；金丹也，形意之内劲也。太极拳，是一气之开合、伸缩往来。太极即一气，一气即太极，此太极拳之所以命名者。明晰一气，即出鼓荡，便知形意、八卦、太极皆是此意，故三拳乃能合一。

11 一脉清流育芬芳——孙氏武学点滴

对于形意拳的易骨、易筋、洗髓和明劲、暗劲、化劲，所谓三层道理、三步功夫，早已是尽人皆知。郭云深说："明劲易骨，即形意拳之明刚也，必练至六阳纯全，刚健之至。"尚云祥说："再给我二十年阳寿，我就再打二十年明刚！"此皆何意？现在普遍的理解，认为明劲就是明明白白的劲，只要入门按规矩练形意拳，发出来的劲就都是明劲。那么为何以尚云祥之彪炳辉煌，晚年还孜孜不倦地打明劲；什么又是六阳纯全、刚健之至；形意拳的内劲又是什么；明劲的劲与内劲的劲有什么联系？孙公禄堂云："所谓虚无一气者，乃天地之根，阴阳之宗，万物之祖，即金丹也，亦即形意拳中之内劲也。"这个虚无一气又是什么？

一气，作为孙公禄堂对内劲的理论总结和命名，在传统武术的历史上是前无古人的。在这之前，人们耳熟能详的就是神秘的内劲。唯孙公以数十年拳道修行积累厚积薄发、拨云见日："一气，肇物之始。金丹也，也即形意拳中之内劲。世人皆在有形有相处猜想，或以为心中努力，或以为腹内运气，皆是抛砖弄瓦以假混真！"孙公言之凿凿书之确确，然后世之人仍如坠雾中不得其解。先天之道，在于不思而得，所以不懂的就去读金刚经和六祖坛经。形而下武艺，形而上道艺，除此以外都是其衍化出来的枝节。我们练拳，一个动作或一个套路重复几十万次，到底是为了练什么？就是通过逆反先天激发精气而催动后天气血，

而后将活跃起来的气血一并收敛入骨,则道门始开啊!这个,才是性命双修。

很多人认为民国前辈的著作写得太玄,其实大家看过孙禄堂的、李存义的、薛颠的乃至更多民国武术家的著作,几乎都是言必称易理,那是不是所有的民国武术家都在忽悠人?其实是传统文化断层造成的,像四书五经这些过去的文化基础课现代人已经没几个学的了,又怎么能看懂前辈们的著作呢?何况那些武学著作都是前人自己练出来后在至高境界上写出来的体会,如今又有几个能达到人家那个水平的?所以,自己不懂不能就说前人是忽悠,而是要反躬自省,看看自己是不是真明白。

形意拳提出易骨、易筋、洗髓和明劲、暗劲、化劲的三层道理、三步功夫,其实是对所有传统武技功法的全面总结,无论是哪种拳派,都脱离不了这三个层面的功夫修炼。武术对身心的改变,首先是易骨而出明刚,明刚不出则无以谈技击,就还在常人境界。所谓举手发人于丈外,那是跟人客气不想伤了对方。如果一拳把人钉在那,外头没事里头内脏已损,这才是出手见红。形意拳讲究"遇敌好似火烧身",充分指明了练拳必须返先天,把人体自我防护的本能调出来。民国时考察传统武术的日本人回国刊文,说练形意拳的身上会瞬间爆发出难以置信的巨大力量,瞬间将人打出老远。这也引起了日本皇室和武术界的重视,后来才有多次派人来华挑战的事。

形意拳是一层功夫一层道理,练功必然带来身心的转变,你到了那个程度回头一看前人的著作,才明白古德之不我欺也。在这之前,师父是传艺不传理的,因为内家拳是拳道相合,靠后天聪明琢磨思考永远弄不明白,要靠先天智慧不思而得。只要师父是明白人,把你看得真真的,一步步你也会走过去,到地方自然也就明白了。所以修习内家拳聪明人是要不得的,得要踏实本分人。笨一点没关系,如齐公博笨到只会

三体式，最后也练出来了。

无论是明劲、暗劲还是化劲，是内劲三个不同程度的表现形式。明劲易骨，是指将周身散乱之神气收入丹穴，所谓心肾相交，水火既济，神意入骨，后天之精气便走入骨髓，则髓渐满，骨渐硬，又称"日增一纸"，骨密度越来越大，体会双臂则如绵中裹铁，周身骨骼皆愈发沉实坚硬，而身体则如阳春天气一般逆反回真愈发雄健，身心便会生出一种浩然宏大之反应力，此力便是明刚。过程中首先是做到内开外合。"内开"首先是开胯、开肩，周身骨节一一打开，气血才能入骨。从易理上来讲，这是人体一个逆反回真的过程，也就是说你的生命质量越来越高了。所谓六阳纯全，刚健之至，是用卦象来解释这个逆反回真的过程。婴儿刚出生头半年的状态是乾卦，也即六阳爻的状态，而后随着生命消耗阴爻逐渐占据阳爻之位，到了五十左右先天阳能就耗尽了。内家拳是顺中用逆、逆中行顺，以道之理贯穿的拳，把消耗掉的阳能再补回来，那么阴爻一点点褪去，阳爻一点点回归，六阳纯全就是又回到婴儿出生那个鲜活的生命状态，也即乾卦。拳法走到这，明刚练完即走入暗劲。

内家练拳是不累的，只会越练越精神，越练越累就入了后天消耗了。睡眠好就是一种修炼，醒来应是一柱擎天，此为无欲之刚，系先天精气勃发，说明生命状态仍然年轻。精气神是不用说了，起来后应有练劈拳的感受，双手胀满，周身有力，这些都是客观现象，是功夫上路的表现。晨起练功最宝贵，应以劈拳开路，此与天地阳气合也。平时身体里的精力爆满，好像藏了个小豹子，随时会蹦起来咬人，这种身体状态才对。学武之人要远离是非，一入是非则离道愈远，断无成就的道理。拳法修炼到自心与天地万物同心，天地、宇宙、人生皆了然于胸，则再无余事，也无话可说了，只守技自娱以待天年罢了。略微沾染些红尘，是还有责任未了。心愿了却，无不是愈隐愈深啊。

功夫到底是什么？内家拳讲功夫就是内劲的程度，但身体是发力的载体，就体现为筋骨膜的强壮。我们说这人天生有劲，其实不是肌肉的作用，大部分是筋骨之力，这些都是先天娘胎里带来的。西方不懂这些，就通过跑步和肌肉练习来上量。而传统武术是拳、道、医的结合，我们知道人体通过返先天可以进行改造，把筋骨膜锻炼得更加强大，从而迸发出巨大的力量用于技击，所以才会有易筋经这类功法。我们要练功，要靠功夫打人，如果没有功夫就还在常人打架的层次，也永远跨越不了量级。所以练法必得真传才行。如尚云祥、李书文都是一米六不到，孙禄堂一米六五。因为传统武术是拳不打人功打人，练拳主要是练功，而拳是功发挥能力的载体，所谓"练拳不练功，到老一场空"。而我们的功，是对身心潜在功能的深层次开发，要具有普通人所不具备的反应力、速度、力量、硬度。

12 白云苍狗世事非——形意拳之本来面目

形意拳简单，只有五个拳——劈拳、崩拳、钻拳、炮拳、横拳。拳击就三个拳——直拳、摆拳、勾拳。直拳类似形意的钻拳，反而勾拳类似崩拳。三种拳根本上是三种劲，或者三种进攻方式，取其精髓后要活学活用。比如钻拳也可以平着打，崩拳也可以向上打。劲在其中，变化由心。

横拳似弹，不是说弹子是土做的，所以横拳属土。那要是铁弹子如何说？似弹，是指横拳如引弓欲射、含而不发之意。身体里头分阴阳扯着走来走去，横劲就练出来了。练到什么程度？一动念横向移动一两米，到动手时瞬间就抢到侧面。这是横拳的妙处。自然，还不仅于此。比如含而不发就是后天之横，能生劈、崩、钻、炮四拳，包括七星在内，随意变化。这都是横拳。

每天我们练什么？主要是三回九转，明劲、暗劲、化劲，炼精化气、炼气化神、炼神还虚，易骨、易筋、洗髓。这都是没错的。内家拳不练外功。髓满骨硬，骨头像铁棒子。筋肉涨满，拳头像皮锤子。身体内部逐渐生出内膜，便能抗住打。这些便是内家功夫根骨。

练拳要有兴致，则精炁不堕。累了还坚持，就落在后天消耗了。觉得自己有功夫，禁不起高手霹雳一击，到那时才知道自己练拙了。我们这个拳得飘飘欲仙，身体越练越轻盈，如凌波微步，感觉体重都没了，才能出来内外一气、与太虚同体，为的啥？灵动！

站桩，要出来鲜活，里头气血涌动，好像化学反应。站桩不是单纯熬时间，硬挺着筋骨都僵了，气血也不走了，关节、筋肉就会出问题。故桩要活站，觉得不入港了就休息一会再站，则比之前运化更深。

打法须要先上身，是指一入门就要学动手，不然脑子里没有攻防意识练拳会打折扣。所以明白师傅都是先教打法，对应着练法，功夫出来就快。非把五行十二目都学全了再练打，容易把自己练傻了。打法其实无非前后、上下，劈崩钻炮而已，关键在身法引渡上。没身法没法打，站着不动是挨打的相，一切对抗都在零点几秒内高速完成，还没反应过来就打完了。高手就是打人不知，对手不知，自己刹那也不知，都是本能。

十二形要玩，五行拳要练。学了劈崩就可以打人，所以"形意一年打死人"。好比汽车上绑个圆木，开起来撞上去，任谁都得死。我们练的是汽车，不是圆木。汽车是什么？就是身架和身法。往前递拳头谁都会，一高速运动起来就不会了，这就是需要依靠过来人的地方。老师不在你身上递，你永远不明白。

第一步都是炼精化气。骨密度大了，骨头沉重硬实，体重也会增加，冲量就大，拳头搊人身上就跟那铁棒子杵他一样，受得了吗？肌肉的密度和筋的韧度都会增加，所以练拳感觉手掌胀大，皮肤厚了，一攥拳头像皮锤子似的不愿意撒手，打人一下就出事。

武术就是练身架，先把架子练整，而后通过速度带起冲量打人。这是很科学的，整体总是大于局部。形意拳是自然界最朴素规律的总结。拳击是把身体抡起来打人，所以是一部分的动能，是甩劲，高低全在功夫大小。搏击类是后天体育运动，到一定程度体能素质就上不去了。内家是逆反回真，只要你有悟性且执着进步，前面没有止境。

武术与搏击不冲突，可以互相补充。比如得了形意拳的劲，你打勾拳、直拳、摆拳也一样赢人，一样能发出甩劲来。同理，练拳击的要得了形意的劲，KO的本事就大了。

形意拳"手黑"，明的、暗的都有。最早形意拳来自战场搏杀，双方士兵一个对冲，多少人就倒下了，不就是一下嘛。你还站着，对方躺下了，靠什么？快、重、狠、尖。手不黑就死了，所以形意是千锤百炼的拳。到了后世也掺杂了许多华而不实的东西，这个得靠明眼人指引。其实到了见真章时就那么几下，练得太多也没用。

十二形的本意是神意上的引进。动物身上的能耐人没有，要把它学到自己身上来，怎么学？尽其性，要从精神上靠近，只是学外形就错了，那叫画虎不成反类犬，比如猴形，人说你练得像个猴，这不是骂人吗？猴形的本质就是一气之伸缩，走上下，一缩别人眼里没你了，一伸多出来好长一块，一惊一乍地就把人打了，其他的都是捎带脚的。明白人其实都可以自创，所以学拳要入骨。孙氏三拳，一门深入就行了，一门通了其他的也就通了。一般都是练形意的多，因为形意简单，形意上出了东西就不愿意练太极和八卦了，别的拳里有的形意拳里都有。大道至简，天地也是这个性情，何况人呢？

13 春发小花有几枝——拳法如何内炼

练拳要奔着向上一路去，所谓无形无相。有形有相则是附于无形无相之外、形而下的产物。比如气血旺盛、筋骨的再发育、体力精力的爆棚、岁数逆返回去的逆生长，但这些是末不是本，知道就行了。我们这功夫，始终在空空静静中自我知觉，有了刻意就错。虽然简单，却不易做到，因为克"心中贼"难啊。故孙公伟大，去站无极桩。其实，无极桩最大的秘密就是道家的性命双修。你踏实去站，就都有了。

学拳要系统地学，不能指望有个什么秘诀一蹴而就；练拳要整个地练，注重局部就练不出来了。比如常有人问我松这松那的，我告诉他们没有局部的松，松都是一体上下内外身心，真松下来就是专气致柔如婴儿。练拳一开始就是把规矩都摆正了，其实你压根做不到，待身心逐渐转化才会内外合一。比如胯松了全身关节都会松开，自己当然会有体会，身柔筋软，冷暖自知啊。六合，是合到那个一，最后无所合哉，便是归返无极。有老人说功夫是捡来的，也有说撞上的，反正没有说练出来的，何不悟之？

李仲轩说的都是门内的方法，就是现在也都密不外传，这点是最宝贵的。各家门派的说法不一样，但东西是一样的，过来人看了就会心一笑。比如他说内功和拉屎撒尿有关联，其实是说内膜鼓荡。他说力丹田，其实是描绘一气的景象。形意拳到孙禄堂这真正实现拳道合流，并进行了总结，上升到理论了。以前都是口口相传，每个人悟性文化不同，说出来就各式各样，因此说形意拳有点神，师徒间像打哑谜一样，由这可看出孙公的伟大，自他而后内家三拳走入了传统文化的真正殿堂。

四正八柱，是一气激发后身体的自然形态，比如身体瞬间膨胀，脖子和脑袋会差不多粗。走路也不一样。人走路都是往上起着走，我们是悠，离地一点点就够了，一个践步平着悠出去，就是将近一丈远，也是如滑翔般瞬间就到。练形意的一定用形意打人吗？练太极的都是慢慢悠悠？练太极的出手见红跟泰森似的，才是明白人。

真东西，一练就有效果，每天都有收获。若数月乃至数年没消息，决然是练错了。甭管什么拳，变化就是皮厚、肉实、骨硬、胀满，体能体质的再生长。先天本钱不够，能给你练出来，有本钱才能去打人，这是颠扑不破的真理。内家是外家发展到极致才出现的，太极是内家之极致。身上没东西，就是白练。大龙，主要是伸缩，到了易筋的阶段，骨节都能打开，体现在龙行、猴形和蛇形里。从整体上讲，脊椎骨没有单独的作用，把大龙单独练出来就变成局部了。最重要的是腰椎尾椎的部分，但也不能单独拿出来说，非得鼓捣个"飞龙在天"出来，小心椎间盘突出。

易筋易骨，很明显的身体就健壮起来了。儿童到小伙子是发育阶段，咱们是逆反回真再发育。生命的发育是客观现象，只要掌握其规律，就能长期处于一个年轻态中，看你怎么选择，阳刚到头就是阴柔，入了道就身不由己了。站桩和打坐的区分，打坐有的站桩也都有，站着站着就入定了，气息、思维皆无，此时欲往深处去就是四禅八定，也即形而上道艺；一定即出，只是在无极、一气作为处更换身心，此是形而下武艺。

练法轻易不让人看，快慢刚柔都是方法，只要不是后天上做功，就随意取舍使用。一开始练拳普遍觉得苦，其实是练在后天上消耗了，熬过这一阵逐渐熟悉且得心应手了，心理包袱也轻了，就会慢慢入港，其实是回头奔先天来了。要是一起始就能悟到先天，少费多大功夫！所以说，明白师父和好悟性一样重要。

含胸，一开始实则是开胸，后世多少人真把胸口夹起来含住，那是大错特错。孙公在《八卦拳学》中特意讲过：含胸，一开始要松开肩膀，神意上往回缩住，日久自见其妙。说白了你得开肩，骨缝都开了胸才能真正松开，松开了之后才能谈下一步的。开骨缝首先得开胯，之前讲过就不多说了。

武术之养生，其实就在回返先天一气。婴儿出生头半年不得病，就是始终在混沌一气的状态，这个时候只有本能没有后天思虑，半年后阴阳一分有造作了才开始得病。所以，生死和旺衰的秘密就在这，越是造作的，死得越快。阴阳分化结合得快了，本钱就渐渐没了。所以道家让你逆反回真，所谓心能转物、万法唯心，通俗点怕你不懂就说入静，挨上了就受益。除了这个再没有第二个道，有就是假的。佛家让你放空，都是一个意思。此心回到混沌不生不灭的状态，先天一气就来了，先是调理，阴阳完全平衡了就入道。很简单，无极桩就是这个。人后天得病吃药打针，其实是抑制病态发展，真能治好病得要靠静养。生命是经不起消耗的，养病养病，关键在养，和练拳修行是一个道理。懂我的话，有病自己就会治了。更进一步，把握生命，运用阴阳，都不在话下。

14 假作真时真亦假——拳法真伪辨

内家拳其实不难懂，关键是得遇上明白人。比如外头那野猫，趴那晒太阳，脑袋埋在膀子下头，看着像睡着了，可你悄悄走过去，人家一激灵腰弓就起来，浑身跟胀起来似的，眼神瞋瞋地盯着你，随时会扑过来挠你一下。猫劲大不？可猫要扑上来挠你防得住不？换泰森行不？一样挨挠吧？内家拳，练的就是个灵。

练正根的内家拳，于身心上首先是延缓衰老。我们练的是先天一气，道家说先天一气自虚无中来，它决定了后天精气神。人衰老，是欲望习气斩断了先后天的联系，先天不继，后天消耗，因此就像机器不断老去了。当你通过练拳或者修道把先后天再次联系起来，精气神源源不断地输入，生命就延续了。练好内家拳长寿的秘密，以及道家修行返老还童的秘密，其实就这么简单。傅剑秋说李存义七十多了恒如五十多岁，这是练到了的，不过还不算高明。我说佛道一家，无非心能转物，所以要先悟道，明白了天地宇宙的大道理，首先把自己的心转了，才能实践虚无一气的转变。

练拳要往轻灵虚无中去，不能沉重凝滞。孙公禄堂和人动手，一下人就不见了，其实早站你后头了。有人借点烟的机会偷袭孙存周，结果自个儿手还没到，孙的手已经捂到他脸上了。唐维禄教训李仲轩，你劲儿再大也挨不上薛颠的身。形意拳的本质是轻灵敏捷。孙公禄堂有句话叫"与太虚同体",拳法不是力量大小那么简单。如何是练到轻灵虚无的途径?我们这拳是身心双炼,有身无心就是块死肉,就是拳头上有2000斤的劲,可身法笨重缓慢,就会连人家的边都沾不上。所以传你架子、不传你心法,只靠着体重、力量去打人,就始终未入拳法三昧。调心即调身,此心虚灵了身体也就虚灵了。中华武术和西方体育有什么本质区别?其实就是身心双运与否。西方科学没有深入到精神领域,而中华文化早就把这些都研究透了。有句话叫人定胜天,只有中国人敢这么说。感天动地,因为天地人是一体联系的。

像鬻人出猛虎、士兵抬大炮这类故事谁都能认可,都知道人有巨大的能量潜伏在身心之中,但具体怎么把它开发出来,只有咱们传统武术,尤其是内家拳做到了。有些秘密其实就是一句话的事,比如西方科学认为人体百分之七十多的力量自我消耗掉了,而形意拳练三节、内外三合,就是把这个发力机制、流程捋顺了,所以六合九要是形意拳的核心。老辈人也讲,明了三节多一力,内外三合增一力等,这力是怎么增加的?不是肌肉多粗块头多大出来的,而是你自身运动机制本来就带着的,拳法通过科学的组织把它们释放出来了。老辈人文化水平不高,或者没有西方科学的教育,不会用现代人理解的话把它讲出来。

心是怎么回事?你要是琢磨、思考就是后天的功能,这个咱们内家拳不用,使得越多越笨。咱们是后天返先天,让你用那个不思而得的心。为什么民国时几乎所有的形意拳大师都是农民出身,知识分子没几个?因为知识分子大脑发达,后天用得太多了。如果是学西方科学的,更加不可救药。这人要是好琢磨事,就练不好形意拳。大脑再发达,进了门都得当傻子,别没事瞎琢磨,越琢磨越离题万里。电影《最后的武士》里,汤姆克鲁斯学剑不入门,小孩告诉他别想,这句话含金量很高。别想,就是别用后天意识。但是还有一句,要顺着先天本能的萌动去练就对了。这句话郭云深说过，也即所谓真意萌动。形意拳最核心的本质，就是"拳无拳、意无意、无意之中是真意"这句话。懂了，功夫上了身，才算练对了。不懂，当然谈不上功夫，就都在后天上磋磨自己。

记得赵道新说过一句话，某些拳法完全是自己和自己较劲，那咱们审视一下自己，如今练的是不是和自己较劲？但凡是较劲的，就永远走不出体重量级的限制。什么叫拳无拳？入门规矩肯定重要，等到拳法已经熟到不用走心，架子就不重要了，也就是说，从形要进入到意、心意做主的层次。而意无意，就是不走心，不琢磨，不在后天里。无意之中有个真意，先天本能的萌动，通过拳法把它用在技击上。两人动手，一方精神被笼罩了，干脆就别打了。蔫人出猛虎，老实人被逼急了跟你拼命，一口气血上来，七八个人都不是对手，除非遇见个真厉害的一下把他这口气血打下去。这就是瞬间他返了先天，出来的就是内家功夫。郭云深说形意拳不过神气耳，无需练气。在后天意识上练气功，会被欲望习气不自觉地引领，见鬼见神的其实是自家精神作祟，早晚出问题。气血筋骨膜是后天的东西，根子都在先天一气上，你返了先天归了真，这些后天所谓的功夫自然都会出来，何须鹿头上再寻角？好比婴儿出了娘胎自然会慢慢长大，需要你给他打激素催长吗？天道循环就是如此。我们是成人，逆反回真重新来过，再用拳法规矩把需要的功能引领出来，这就是内家拳的本来面目。

李仲轩说"桩在拳里，拳在桩里"，意思是得一而毕，骨子里是同一个东西，也就是逆返回真。不懂其中真意，三体式要么熬腿子，要么站成榆木疙瘩，对身心是无益的。老辈人没有在三体式上熬腿子的，实在太笨才让你去站三体式。把桩站死了毫无用处，身上、尤其腰腿的筋肉得活，才能用得上。电影《李小龙传》里关于他用电流练功的画面是

177

错误的，李肯定是得了内家的东西，但不系统，他明白了先天的作用，却用电流来刺激，就流于表面了。返先天，打拳站桩一定是如婴儿般笑眯眯的，脸上狰狞心里较劲好像便秘，那是自我造作摧残。打崩拳很多人觉得累，便衍生出很多练腿的方法，比如熬三体式，练负重深蹲，这个会越练越拙的，特别是反应速度。绝对力量不是建立在绝对速度上是没有意义的。真实的练法，是要化身入虚，走出轻灵，才能越练越有。打十分钟崩拳喘，走十分钟路你为什么不喘？因为腿没弓着？你试试不打崩拳，弓着腿往前溜达看喘不？心一造作，入了后天，想不喘都不行。你就不能轻松点？很多人故意把腿弓得很低，自以为是功夫，动手时你也弓得那么低和人打架吗？稍微低一点坐住了胯就行了，但忌讳把胯坐死。看孙公的高度，这就是标准，刚刚好。同理，打太极拳要是喘，那可真是愧对祖师爷创拳苦心，边都不挨着了。和美女聊两个小时都不累，打打拳就累了？老辈人反复说要纯以神行，神在哪呢？本来无一物，何处染尘埃？

张玉书一拳透牛肋、碎猪头，此劲从何而来？其实就是唐维禄说的，把一百多斤挂在手上。筋强得自于肝，肉强得自于脾，骨强得自于肾。五行则先天一气之衍化。故练拳须知根源。太极拳最简单，简单的不能再简单，只是一个大原则而已，便是一气。所谓一气即太极，太极即一气。明白了一气，无所谓拳不拳，内家外家皆可拿来就用。太极统领一切拳。此中深意，非三丰而能谁？前有三丰，后有孙公，还太极拳本来面目。于拳法，只本能激发雷霆一击；于修行，回返无极涅槃原始。此真太极也。三丰以后，先天减而后天增，愈是纷繁复杂光怪陆离，离道日远矣。奈何后人总于有形有相中自以为是！练拳之效，无非健康长寿和技击实战，自己踏实去验证，真伪立判。入此境界，则无所谓内家外家、形意八卦，皆一拳耳。此时，便是先贤所云无可无不可，于一静一动、行走坐卧见本心也。何为内家？不向身外求也！

　　在未知探索的过程中，很容易被一些奇谈怪论、人为神化的事迹所迷惑。要想鉴别真伪其实很简单，只要拿着先贤的著作去考证，没有不水落石出的。内家三拳有孙公著作，还有《拳意述真》里几十位前辈的心得，路子都只有一条，没有第二条。检验自己练出来没有，前辈们的著作要都能看懂，人家走过的路如今你也走过，怎么可能看不懂呢？看不懂是你走得根本就不对。感觉都是假的，若有感觉皆入后天，那是主观意识的反应。身心于修炼过程中会有变化，应不加留意，顺其自去，如有执着停留，便是以幻为真，走火入魔第一步。感觉既不能帮你打人，也不能帮你健身，更不能帮你成佛做祖。所谓本来无一物，何处惹尘埃？一杯水本自清洁，杂质沉淀则见本来面目，无需再去造作个清洁出来。你非要自寻清静，就是造假。这是路子问题，当下就是清静，要从这入门。

15 妙到毫巅一寸心——内家拳练与养的本质

传统武术与西方体育是两个截然不同的练养体系。西方体育强调上量，而后通过睡眠、饮食、医疗保健等手段调补。传统武术练就是养，通过对精气神、筋骨膜的内在锻炼，达到身心不断强健之目的。绝大多数热爱体育运动或传统武术的人们，出发点都是为了健康长寿，但知其然还要知其所以然，盲目练习有时非但得不到好处，反而会戕害身心，这样的例子数不胜数。比如激烈体育运动中的猝死、早衰，又比如练太极拳的磨损膝盖，武林中一些大家五六十岁的逝世等，都值得我们大家认真思考、理性分析。

传统武术的修养体系，是主张内炼内壮的，主要是气、血、筋、骨、膜这些东西。同年龄段的孩子，为什么有的身强力大，有的矮小瘦弱？其实就是先天足还是不足的问题。这个先天，形而上是娘胎里秉受元气的厚薄，形而下就是筋骨气血的强壮与否。我们认为，健康与长寿完全取决于这些因素，而练武者克敌制胜依靠功夫，所谓功夫也都植根于这些身体最基本的要素。过去讲强梁强梁，不比一般人强如何做强梁？功夫，首先是身体功能超出一般人，遑论健康与否？

从传统武术的角度，对西方体育不是一概否定的，比如游泳、慢跑、快走，都是很好的锻炼方式，关键是"火候"。西方体育没有这个

概念，给人的印象是必须上大量、累得爬不上床才会有效果，其实大谬。体育运动的火候，在于身体内出现一种难以莫名的兴奋状态，这个时候就是最佳火候，一旦过了这个火候，身体出现了疲劳的感受，就是身体提出警讯了。可是多数人都会强自支撑，虽然一段时间后身体会出现适应，能够支撑你延续更长时间的锻炼，看似好像身体更加健康了，其实该得病的一样得病，甚至免疫力会比一般人还要低，这种情况非常普遍。

传统武术入门首先是站桩，站桩有两个目的，一是从精神上回返先天，二是旺盛气血，调理阴阳，所谓专气致柔如婴儿。因为人只有在无思无欲的状态中，也即最接近婴儿状态时，气血才是最活跃的。刚出生的婴儿，如果是完全健康的，头半年的气血是最旺盛的，也不得病。原因是无思无欲，纯属先天状态。过了半年后为什么开始得病了？就是思维打开沾染后天，欲望慢慢来了。传统武术和道家、儒家、佛家的文化是一体的，对于人生命本质的探索让我们知道，只有在婴儿状态才能本质上激发气血活跃，所以各种道门修行、各种武术门派，都让你入静、无思无想，其实都是为了这个。

当你进入到无思无欲的状态，生命最本质的气血就开始萌动了。气血萌动乃至逐渐旺盛后，就开始调理阴阳，修复机体。人进入后天没有绝对的健康，如果是绝对的健康，就是绝对的长寿，这种情况不存在。只要你有病，就不能带着病练习拳术，所以站桩就是要解决这个问题，把身体调理好。一段时间的站桩后，身体愈发强健，感觉轻盈灵快，身体也开始变得柔软，这个时候就可以开拳了。

从常人追求健康的角度，其实站桩已经足够了。桩法有很多种，但万法归一，都是为了以上两个目的。形意门秘传混元桩，所谓混元，就是老子《道德经》上有物混成、先天地生的那个意思。混元桩的练

法，非门内真传而不得。李仲轩先生说站混元桩要学虫子，春天气机发动，冬眠的虫子醒了开始在土里蠢蠢欲动，就是这个意思。形式上都是一样，轻松自在的一站，两臂胸前一抱就成了，无思无想，乃至能够入定。但入定只是现象，关键是内里要鲜活，便能治病强身了。

形意拳是中华武学最系统的总结，因为其三步功夫、三层道理，其实多数的拳派都有这些东西，只是没有总结，或者没有这么系统，但功夫都是这么练出来的，最后走入化境也即化劲阶段。那么拳到底怎么练才能有效果？所谓易骨易筋是怎么出来的？易骨，就是精炁走入骨髓，所谓日增一纸，骨髓越来越满，则骨质越来越硬，密度越来越大，如绵中裹铁。易筋，就是周身筋脉如渔网密织一般走遍全身，周身劲力成为一体。而易骨的练法，首先是要打开周身骨节，这个是通过开胯来实现的。通过将周身气血顺中用逆引入丹田，将后天精气蒸腾为炁走入骨髓。易筋则是在易骨之后逐渐出现，而所谓的明劲、暗劲也相继出现了。身体在进入到易骨阶段，即形意拳的明劲阶段，此时身体的强健日甚一日，体能体质快速提高，身心内外充满活力，便出现了道家所说的"逆反回真"现象。

人身体的健康与否，有赖于经络的通畅、气血的旺盛，则脏器得到气血不断地滋养，方能去陈就新，保持新鲜的活力，一旦经络堵塞或者气血衰弱，脏器也会逐渐衰老，疾病即来。那么我们反向思维，只要保持了经络的畅通、气血的旺盛、脏器的新鲜，健康就不是一个问题了。以形意拳为例，通过站桩旺盛了气血，通过五行拳强健了五脏，通过易骨易筋的过程保持了周身筋脉、经络始终的畅通，当人的内脏器官始终保持在健康状态时，健康长寿也就是题中应有之意了。八卦掌、太极拳其实也都是如此，只是方法上稍有区分而已。

对于大部分不一定能够得到明白人指导的爱好者来说，又如何能够

练出真东西来呢？站桩，只要秉持无思无欲，一切顺其自然，就能取得一定效果。行拳，要以慢练为宗。人快是后天，慢才是先天。让你快谁都可以，慢就难了，在慢中体会意气的萌动。总之不可有任何的拙力拙意，则必能见功。特别是打太极拳的，为何要慢是不知道的，其实慢就是让你回返先天，不让你用拙力，则气血自然就会萌动。开始要舒展大方，但又不能一味放出去，而是要懂得收敛，则精气神孕育其中不使外泄，好像银行存钱越来越多，才能日久见功。而对于专心于武学修为的人士而言，并不建议自学，一定要找到明白人口传心授，不然初有毫厘之谬，终必有千里之失啊。

16 千松万壑一花红——内家练拳之本末

拳学是个完整的体系，从第一天入门开始，到最后老师说你可以了，中间差哪一点都不行。从哪断了，后头的就续不上了。所以学拳必须完整地学，单独拿出哪一个局部来研究的，要么是自己糊涂，要么是教者忽悠。过去规矩大不让问，一是怕徒弟瞎琢磨，二是问题太肤浅也没法回答。徒弟走到哪步老师看得很清楚，用不着当徒弟的瞎操心，只管踏实下来练就行了。所谓指点，其实就是接引一下，看能不能从你那悟了，其他的都得靠自己几十年如一日从系统里规规矩矩地练。

大小周天也好，气脉运行也好，这些都不是本，而是随之而来的末，或者说是生理上自然出现的现象。后人舍本求末，非要去练这些，后果就不用说了。内功主要是精神层面的东西，它带动身体做功，便会出现种种之现象。首要的就是心肾相交，水火既济。普通人心气是往上走的，肾气是往下走的，是为顺。等到心肾之气衰竭，也就到站了。拳道是逆之而行，要让心气下降，肾气上升，二气相交是为结丹。丹非有形之物，乃是回返先天真一之气。所谓腹内空静气腾然，由此功夫才上道。

练拳要把胳臂膀子都扔了，始终是腰胯在做功。腰加胯，够不够粗？吊个二三百斤的沙袋，没事就在上头玩，把手搁上头，膀子不用劲，拿腰胯去发各种力，逐渐身上劲就改了。但凡胳臂上使劲就错。八

面支撑，六面争力，静态上整力有了，再过渡到高速运动中，瞬间一个冲击，整劲不丢，再进一步就是把体重挂在手上。这些还都是技巧，还不是内劲，但没人教自己永远也琢磨不出来，即所谓关窍。

太极拳仅就养生而言，关键是不用后天之拙力，自觉地回返先天了。所以太极拳的练习一定要找没人的地方，最好还是幽静秀美之地，能让人精神一振的地方，就能得到好处了。一是入静，静则激发先天融合后天；二是要舒展，周身关节筋脉都要放开了；三是要含蓄，精神上内敛不要出尖。

松，不是刻意求来的，是在返先天归本能过程中自己来的。随风潜入夜，润物细无声。悄悄的，不知不觉间就来了。说白了，真松就是婴儿态，脸含微笑，心中不带一丝血气，周身不带一丝拙力，自然便是专气致柔，而后便是止、定、静、安。所以练拳无需去求松，求来的都是假的，你只回头往无思无想去，早晚便得了。后天造作，越求它越不来，求大劲了还会出毛病。学拳，按部就班是最快的捷径，越是自以为聪明的，想方设法吃快餐速成的，越是离题万里，早晚还得回到原点从头来过。

一气为本，鼓荡为末。鼓荡是现象，不是究竟。你内劲出来了，自然鼓荡。凡是见过别人鼓荡的，切莫照样学样，容易心火上炎高血压。多少练家子死在心脑血管病上，就是造作故意上吃的亏。这东西不得明师指引，万年难悟。越是自以为聪明揣测模仿的，最后毛病越大。

明劲易骨，一开始是精气灌满，然后骨骼开始再发育。一是愈发粗壮，二是愈发沉重。过程中实现了开胯，则周身骨节逐步打开，筋节软化，此时开始易筋，暗劲就来了。

坐胯，最关键是坐。之前说练功要真松，其实特别简单，既松又中正的状态，近似地就是人坐在板凳上。为何中国人的中堂里只有90°的

硬木椅子，而非西方传来的沙发？君子重而威，此行状也。拳道而合，于吾大中华文化，则有异乎？松，则返先天，是为真松。坐胯者，站立之板凳也。

　　孙公云："内家拳之秘密，无非中和，除此而外无元妙也"。那么，到底什么叫中和？这是借儒家修养的话：喜怒哀乐之未发谓之中，发而皆中节谓之和。欲发而未发，其实就是太极、一气；发而中节，就是顺中用逆，也就是我常说的练拳要含蓄。越复杂越不对，简单的才对。这就像大学里研究《道德经》的很多，但你不悟道，如何能理解老子的思想呢？都是瞎琢磨。

　　拳道相合，逆返回真，必然练出一颗童心来，洁白淳朴，同时还有着玩心、好奇心，看什么都挺有意思。如果说越练人越老成持重，四十几岁像六十几岁的心态，那是决然练错了。内家拳与人的关系，犹如水土与植物的关系，会滋养着你青青翠翠，冒郁葱茏。生命的花朵鲜艳娇嫩，充满了生机活力。对生命充满了信心，对生活充满了热爱，只因心底里那股子勃勃的力量，会推动着你创造更美好而丰富的生活。多数人想到内家拳第一念想不是白胡子老头就是杂毛老道，那是错误的，应是花季少女，青春年少，生机无限！

　　为什么李仲轩说尚云祥喜欢看别人打拳，小孩打架也能看半天，看得津津有味？为什么出去转大街半天也不累？这就是逆返回真，把童心练出来了。练拳就怕把自己练的老气横秋，沉默寡言，不通事故，那就与道不合了。真明白了，于出世入世两不耽误，皆鲜活有余耳。

　　人老了灰心，对什么也提不起兴趣，其实也没什么别的道理，就是精气不足，动力不够，非但力不足，心也不足了。这东西很客观，如果打一针荷尔蒙估计又能兴奋一阵。练拳逆返回真，是盗天地精气为我所用，补充自身的动力，这个荷尔蒙不光劲大，而且源源不断，没副作用。

炼精化气是内功修养第一步，同步易骨。为什么易骨？因为后天之精通过水火既济，也即内三合、顺中用逆，将后天之精熏蒸为炁弥入骨腔，所谓日增一纸，髓渐满、骨渐硬，终极出楞，肉松骨沉，即绵中裹铁。后天之精能被熏蒸入骨，需要两个条件，一是立炉鼎，顺中用逆将周身精气神逆入丹田，通过内三合将心火沉于炉鼎，则水在上火在下，道行中有文武火，拳术开始阶段则不论，空空静静则可成矣。精气神为先天无极于后天的产物，而一气则是无极功能。

练形意拳讲究四梢，四五十岁最是检验功夫的时候。发为血梢，头发白得晚。牙为骨梢，不可掉牙。舌为肉梢，满舌鲜红没舌苔。爪为筋梢，一双手饱满膨胀，指如钢钩。梢，最鲜活者也。

李仲轩说龙形前脚外撇是打开天地人三盘，真是把秘密都说出来了。然此非过来人不知，而老辈人教拳是基本不教拳理的。包括五行拳的前脚外撇，都是一个道理。重点是开胯，胯一开则周身无有不开，精气始能入骨，才有之后易骨的开始。

桩不以时间长短论高低，几个小时是结果而不是目的。要勤站，多站。不在状态，熬桩无益。若能瞬间回返先天，哪怕几分钟所得也甚多。至人之息以踵，站桩与太极拳相得益彰，站一站、打一打，不亦乐乎。拳到深处总须舍，那些酒色财气不想舍都不行了。故向上一路无非自得清静快乐耳。

周身内外，无有不合。合什么，怎么合？其实最终都合而为一。一者，即返先天本能，所谓得一而万事毕。只要时时处处相合，便是祖庭归处。人落后天，气血两分，此阴阳不调、虚耗致疾的主因。但能先后天相合，则气血自然重归一处，此形意门逆返回真以拳入道之圭臬。

所谓行走坐卧皆是拳者，即返先天之意。世人皆知练有形之拳，不知无形之拳也。若拳有形，行走坐卧如何行之？得一而万事毕，得根本

则天地万物无不可入拳，无非道体衍化耳。拳，道，本无距离。

　　先天之肾，后天之脾胃，此二者一身健康寿命之根本也。肾于后天是没法补的，后天能补的只有脾胃。补肾，唯有于拳、桩中回返先天，则无极而始、一气催动，自然能源源不断。何效？四十多岁人恢复到十八九岁，但有睡醒尘根即勃起。逆返回真，顺中用逆，如能于酒色财气消耗处谨慎自守，则寿数可更改矣。此即形意门延命秘诀。

　　于三拳合一处看内家，何止是拳？就是修道。故于明白人处学得拳法，实为一生至大事也。所谓生死事大，此生纵使入不了道，此一份智慧钱粮也会随缘往生而不堕啊。

17 龙精虎猛一气生——形意拳之内炼

有一个问题，你琢磨了三天没答案，干脆扔下不管了，爱咋地咋地吧，突然之间脑子里就有了主意，十分高明。前面那个就是后天聪明，后面那个才是先天智慧不思而得。你狂心歇了，智慧才会出来。内家拳要返先天，凡是动心动念就都离题万里，所以要先把自己彻底否定。原来那个自己死了，新的一个你就会生出来了。入门权当傻子，你要是比老师都高明还来学什么？你到哪步老师都清楚，所以老老实实傻练就行了，等功夫上身，智慧自然开发，就会慢慢明白。

搏击得多练，为了上量，内家不是这么练的。我们练拳只是个药引子，可不是越多越好，要恰到好处，火候非常重要，没师父盯着会出问题。功夫不是练出来的，我们更多的是要从日常生活中去悟，所谓行走坐卧皆是拳，行拳生活化才是真谛，所以此法妙难思，就是说耍聪明瞎琢磨没用，聪明人练不出来，听话的老实的机会才多。谁要是这点上做不到，不如先去学佛修心。

梢，是肢体的末段，一般都对应着五脏六腑，有毒热之类的，身体气血循环还好的，就会从肢段冒出来，按道理是好事，如果气血循环不中了，毒憋在脏器里会麻烦，身体阴阳有自我协调的功能，它不会考虑你漂亮不漂亮，舒服不舒服。有这样的问题，毒出尽了也就好了，自己就要注意是哪里的问题，以后就要当心。如果是始终不断，比如痔疮老

是不好，意味着肠经热毒已经很严重，就要吃药了。内家是拳医一体，把这些梢都用上，反过来就易了身心，所以六合九要齐全，这都是有很深道理的。

严格地讲，内家拳不练肌肉，甚至几乎所有的门派都不练，我们练的是气血筋骨膜。练肉必拙。内家的功夫是什么？就是内劲发挥的程度，至于身体上种种超人之处，是内劲于有形处的显现。内劲本身，无形无相。故孙公云："形意拳之内劲，即虚无一气，也即道家的金丹。"不悟此道顶多也就是活动气血，出不来功夫。还要区分技巧与功夫的差别，技巧不是功夫，大多可归于打法。

拳的招式都是原则，掌握了原则之后要懂得活用，得会随机应变，不然招式就死了。招式都入脑了就要简化，最适合自己的无非一招半式，一辈子打人就都是它，虽然是一个半个，但变化就大了。郭云深打人就"崩拳"，李书文就"猛虎硬爬山"，但每次用都不会一样，必然变化。搏击类是两人对着互抡，我们是猝然发动打人之不能防。不会打不是拳有问题，是你自己学的有毛病。别被电影、小说骗了，武术极朴实朴素，打人还有那么多讲究吗？美仑美奂，扣人心弦？你还没醒过神来已经打完了，这才是武术。丑功夫，俊把式！

从练功上讲，站桩和打拳练的是一个东西，本无差别。练拳汗流浃背，因为气血蒸腾，站桩也一样。如果站得寂静无声，一点消息也没有，就站成死桩了。桩是静中动，看着不动，里头动得厉害。练拳易骨易筋，站桩也一样。练功要顺中用逆与逆中行顺结合起来才行，先后天要相交，所以练拳更能全面体现这个宗旨。八卦掌和太极拳最早都是没有桩的，拳里的已经足够了，后人又创造出桩来，是未解前贤真意啊。太极拳要野战，就得落实到打上，体现太极拳的引进落空、借人之势，不意味着不打，而是更高明地打。武术不出功夫就是舞术，功夫本质上

是内劲的程度，表象上是生理功能的超群。过去讲"强人"，自然界就是强欺弱，没有弱欺强的道理，不超群是连强梁也当不了的。

站桩，首先是活跃气血，调理阴阳，这个阶段是治病强身，身上的明暗疾病都调理妥当，感受是身轻。同理，感觉肢体局部或整体沉滞就是有病。而后气血愈加旺盛，开始入骨，此是在站桩中实现易骨，骨骼愈发粗壮沉重，身有愈发强健之感。再往后则骨节一一打开，易筋开始。人多以为易筋就是抻拔，不知先要开骨节，则周身筋脉才能放开而再次滋长，筋骨不断强韧，则体质体能日甚一日，超群有望。我们练功，练的就是这个功，千百年都是这个路子。拳与桩要配合进行，功夫来得就快。最大的秘密是练法，孙存周练三年就横行天下，因为形意拳确有独到之处。

看人有没有功夫，要看他的眸子，平时和老百姓一样，但一动意（真意）则神采飞扬，凌厉如闪电。低眉耷拉眼，二目无神，甚至有的眼睛都睁不开，像睡着了，这都练拐了，要么就是个空架子。还有故作精神的，整天瞪着个眼看谁都跟有仇似的，这是强作精神，日子久了精气神都消耗了，早晚成病。真大家子平实朴素，看不出是练拳的，只他发威那一瞬感觉如天神降临般震撼。一切都要平易真实，自己先得让自己信服。不是只要练就受益，实则练错了是找病，练对了才能得到好处。

最误人的一句话，就是沉肩坠肘。练功要开展，周身如水泡张力，无所不至，三百六十度圆面上每一点都是松张蓬勃的，沉肩坠肘就练耷拉了，何谈易骨易筋？发劲试力则要沉肩坠肘，此是松以快，柔以重，以期周身劲整一线出耳。形成了习惯，化了后天气血，则用时仅心动耳，又无所谓肩肘了，此才是真传。以有形而入，从无形而终，随心所欲，非内家而谁？

易筋在易骨一段时间后自然出现，周身筋脉如密织鱼网，又如老

牛筋撕扯牵拉不绝，此时易骨与易筋同步矣。明劲和暗劲是不能分开讲的，筋骨齐进，则功夫日进一日矣。内家就是不外求。道理在哪？比如这人天生神力，这个天生是从娘胎里带出来的，既然是先天本钱，就可以找到原因把它练出来，原因是什么？就是人胎得天地宇宙元气的厚薄。人入胎即有因果，五行自有亏损，接受元气程度就分厚薄，此即人出生后先天禀赋深浅的原因。内家拳必须返先天，就是要接上元气，而后通过方法对筋骨膜等再生长，则逐渐出功力。懂了这个，就会练拳了。天大的秘密，不过如此吧？

一层功夫一层道理，不同层次有不同的认识。入门叫你虚领顶劲都不知所谓，顶多是提起来人精神，但进入暗劲后才发现这个太重要了。虚领的是全身之筋，不领起就无法全其筋。所以练拳耷拉脑袋的都没入流。而所谓劲上脊背，与虚灵顶劲和塌腰坐胯有巨大关系，这两个没有"大龙"就没有。拳法、桩法，进入到暗劲后也大不同了。同样是三体、混元，原来是空空静静、轻松自在，如今里头出了东西，便是另一番景象。

人身有十二经脉，同时有十二筋脉。毛细血管到哪里，经络就到哪里，而筋也就到哪里，大筋主要跟着骨头走，所谓筋膜一体。人后天练肌肉可以增加一部分力量，是因为肌肉充血后刺激了筋的功能，但是用进废退，一段时间不练就会衰退。跑步呢？主要是强肺，而肺主气，所以能增加体能。言而总之的一句话，是筋生气，气生血，血生筋。明白了这句话，当大夫的几乎无往而不利。人身筋脉只要有盘结、虚弱之处，病即有此而生，因气血虚弱矣。明白人找到病灶，把筋理顺气血一通病即好，弱即变强。然易筋非从抻拔而始，而是从气血旺盛荣养开始，故形意拳初练劈崩，一气一血，则无不明澈。从养生而言，混元并补先后天，劈崩气血筋荣养，则全矣。

18 无为有处有还无——顺中用逆

练拳，实则是拳修。修，即修剪，去掉后天之心行，通过拳法来验证根本大道。何为根本？即后天返先天，顺中用逆，以道体功能发挥拳法应用。故，练拳即练心，拳与德同步。始终在后天意识和欲望中的，其拳似真，但功夫不真。心即是行。此心不动，而拳法自行连绵不绝，如水流而石无声，即身形应当似水流。

功夫不是练出来的，是逆反回真的过程中自动出现的，是天地宇宙客观自然的现象。用在拳法中是为功夫，用在修行中是为功德。懂此，即懂了内家拳。每日所下之辛苦，是为了修剪，不断去掉后天之种种，才能顺中用逆，回返先天。故，不和于道者不对，不和于自然不对，一旦故意做作，即落入后天，其谬远矣。

练拳是做减法，不是做加法。想怎么做的，想达到什么的，都不对。而是无所用心，一无所有才对。有心练拳，需无心用功，功夫才会出现。神变，不是神仙的神，而是心神的神。心转身即转，也即心能转物。此人人皆有，为后天蒙蔽而不知。这个世界没有神仙，只有觉悟了的生命。拳道合一，拳高道必高。

练拳得见道，才能真正上路，以何见证？去看孙公禄堂的著作，如果你现在的心得与孙公写的都能一一对上，那才说明你练对了。求道之路不易啊，如果一开始就能遇见明师，那真是太幸运了。孙公禄堂的几

本著作说的都是一个根本大道，其实就是"一气"。一气即太极，太极即一气，就是道体那个根本功能。

孙公在序言中讲到："古人不能明言者即此也。"这东西用文字没法描述形容，释迦牟尼说了那么多经，就为了让人明白这个东西。孙公是伟大的，因为他对几千年的传统武术进行了归纳总结，把这个多少代人练的出来却说不出来的东西用文字明明白白地公布了出来。告诉你，"体为太极，用为一气，都在当中一点子运用。"

拳法的最高境界就是顺中用逆、回返先天，用那个与天地同根的道体功能，也即先天本能来应用。这个功能有多厉害？苏联卫国战争时，四个士兵在危急关头曾经把原本需要二十个人才能推动的大炮运到了山坡上。我们练的就是这个，要能拿出来说用就用，就成功了。

有形有相皆是假，无形无相始为真。但凡故意做作的，就都落在后天了，所谓顺中之顺，也就可以解释为什么练得硬的人衰老得快。气血这东西，能保则保，你不珍惜还瞎折腾，无异于慢性自杀。内家拳所谓反其道而用之，如果真是张三丰创拳，那就是明白了顺逆的道理，翻外家而为内家，往回走了。

内家拳攻击的力量有多大？无限大。因为道体的功能是无限的，宇宙都是道体自身功能衍化出来的，那么应用在拳术中，它的功能自然也是无限的。至于个人能使出来多少，完全在修行修养的程度。你越是近道的，功能就越强大。这就可以解释为什么佛的能力那么强了。也就可以解释为什么很多前辈最终都化于佛道了。

拳高道自高，道深德自厚，所以无论孙公禄堂、尚公云祥，都是道德高深之士，这是同步的。德上不见道，拳上怎么可能见道呢？那是假道。回头再说这个鼓荡，我们练拳是逆反回真，走到了能够运用先天本能的时候，也即是体为太极，用为一气，身体自然就出现鼓荡。说得太

详细，就怕有人自我造作，最后出毛病。

　　翻外家而为内家，就是顺中用逆、用先天本能，但这个道理真不易懂，需要开发慧根。这也就是我让大家去看《金刚经》和《六祖坛经》的原因。此生福德不够，智慧就不够，你理解不了，老师只好教你套路或者打法。形意的打法是另一套东西，会打不一定见道。

　　见道了是把先天的功能调出来了，要用于技击还需要学习打法来进行融合。不见道的也可以直接学打法，所谓打法须得先上身，学会了打普通人很简单。打法都是些平常人想象不到的东西，往往是被打倒了还不知道怎么回事。但打法就是打法，是后天的东西，与是否见道无关。真正的高手只在于其整合其太极官、也就是一气功能的能力。

19 寻深觅古现幽兰——还虚与入虚

谈到一个小问题，虽然小，却是很多同好始终迷惑不解的，就是无论站桩还是练拳，刚一开始感觉效果挺好的，进步也快，怎么过一段时间后就停滞不前了，甚至会退步呢？道理很简单，无非一心使然。刚开始练的时候，你心里头是张白纸，合上了无思无想这个窍诀，功夫长得就明显。过一段时间感觉自己有功夫了，心里头就有了患得患失，总想着怎么练、练多少、得了多少？心里头不素净了，就远离了这个大原则，自然精炁不动，反而会退步了。可见无思无想是绝对的根骨，不容任何违反和逾越。所谓先天一气自虚无中来，不管练什么功，还虚、入虚都是窍要、关键中的关键。

为什么人得病会自动卧床休息？就是生命的自我调节，通过卧床来实现少思寡虑而能入静，这样先天一气慢慢就来了。人得病终于快痊愈，男人会出现"一阳来复"，也就是睡醒后阴茎勃起，就意味着大好了。换个角度，人有病不能瞎琢磨，如今有多少人是被自己吓死的？古人得病卧床吃药，大夫都告诉你少思虑，多休息。如今可没人这样说了，病人自己瞎琢磨，非但没有入静还虚，小病还能吓成大病，最后生生地把自己的一颗心吓死掉了。心死身即死，所以万法唯心，生老病死、贵贱福祸，无非一心使然，只是我们都落在了后天，感觉不到那颗心的作用。

等你因为什么机缘把后天都忘了，会把自己都吓一跳，原来自己还能这样？内家拳返先天练的不就是这个吗？其实没什么神秘的，谁都有，只是绝大多数人都被后天思维意识、欲望习气给困住了，所以佛家让你"止"，道家让你"回"，儒家让你"和"，其实都是去后天而返先天，真回来了就能做自己的主了。

再回到一开始的话题，练拳练功不要患得患失，任何身心上的变化都是虚幻的，大家去读一读《心经》，你的后天感知，觉得自己长功夫了，其实是色身的幻知，都是假的，如同这个肉体一样，也是幻躯，早晚要死掉。把假的当作真的，还执着上了，那就是假上头再做个假，那就会假得一塌糊涂了，哪来的进步啊？

真正的功夫是从"虚"上来的，还虚，入虚，回到了先天的精神本质，佛家叫"涅槃"，道家就叫"道"，儒家叫"中"，基督叫"上帝"。你回去的程度越深，入虚的程度越深，功夫才会越深。所以我们在练拳练功中不要在意身心的感受，而是要从空空静静而致的身心愉悦中找门路，也就是佛家说的"寂灭之乐"了。

那么身心上还会不会有反应呢？肯定是有的，而且反应会越来越强烈，比如气血的奔涌，身体的轻快，体力的增加等。这些在后天都是实实在在的，但也只是现象，现象就意味着不牢固，随时都在变化，所以身心内外的变化会很繁杂，没有智慧和定力的就容易被这些现象带走了，即所谓"入邪"。

一般人只是求身体健康的倒是不用担心，有些追求功能求仙修道的就危险了。过去有句话："众人到此多不还嘛。"你修炼到了一定程度，身心也有了变化，但没有入虚，而是入实，就被自己这颗有为之心带偏了，虽然名义上是在修道，实则更加深重地走入了后天，有些练气功的神神叨叨的，就是因为这个。

练套路一开始是为学会，犹如小儿学语，不解其意。等练熟了便是神练，所谓身形似水流，只是神意运转之间便长了功夫，待到动手之时全是自然而然的下意识，哪来得及你思考，遇上什么情景，脑子里就自然配对，胳臂腿就出去了。这就像头一次亲女人，没人教你就会，那是自然而然的本能。

平时练得快，打时未必快。平时练得慢，打时未必慢。太极拳深得其窍要，越是往慢了练的，打起来就越是如闪电一般。为何？从肉体到精神都没负担。平时往快了练的，真一打起来反而快不起来，那是被自己束缚住了。练是练，打是打。练有套路，打没规则。练时不化脑子，打时两眼茫茫。

平时练拳少发力，练武术是修行养生的一部分，经常发力会把自己的精气神都打出去。练时要保，打时才放。所以平常练时要多往回收，少往出放。收怎么收？看你练的是哪派。内家拳都讲究一收一放，重点在收，放只是轻轻一划拉。少放多收，你才能将养体脉，才能健康长寿，才出功夫。

很多人都看孙禄堂的著作，但大多忽略了其中最重要的一句话："拳中之内劲，是将人散乱于外之神气，用拳中之规矩，手足身体动作，顺中用逆，缩回于丹田之内，与丹田元气相交，自无而有，自微而着，自虚而实，皆是渐渐积蓄而成。"这便是习武练拳之绝大机密，也就是我说的多收少放。

很多人打拳一是快，二是猛，那是一点收都没有的，练完了好像挺精神，可日子久了就会变成外强中干了。你收着练，慢慢地脑子里的私心杂念也没了，心里头空空洞洞全是这拳，每次练完了气一归丹田，溜达溜达散散步，回家一照镜子，两眼睛锃亮，这就是精气神足了。

总之，说一千道一万，只以"还虚"为始终准则，甭管你练什么，

以什么为目的，但凡有形有相就都是假的，不要执着在意，只当阵雨过去就算了。为什么说太极拳最高明，其实太极拳骨子里就是入虚、还虚的道理，柔能克刚，静能制动，无非是虚空能生万法，无形能生有形，只在虚无空寂中守那万古不更的真意。

20 也无风雨也无晴——形意拳之明劲易骨

没有英雄骨，何来英雄胆？骨之不易，练拳终无用处。明劲到底是个啥样？是气象威猛刚健，一派森严。但也并非全是刚硬，而是侠骨柔肠，平时身软如棉，用时刹那似铁。郭云深说，明劲易骨，即形意拳之刚劲也。尚云祥说，再有二十年阳寿，就再打二十年明刚。明劲易骨，是人体通过形意拳的系统锻炼，进入到易骨阶段后出来的一种宏大刚猛之力，所以也称为明刚。不易骨，力量再大也是个俗人。说你的东西真不真，过来人一摸就知。我这边真力透心，你还没反应，那是连门都没进。发劲也不一定非用手，两人错个肩，轻轻碰他一下，让他痛彻心扉，这个也是明劲。所以形意拳三步功夫三层道理不是白说的。任何武技都无非易骨易筋做大本钱，形意拳走的是易筋经的路子，只有套路没了这个东西的，传承就不全了。

易骨主要是骨头密度增大，如棉裹铁。人自然会转弱为强越来越健壮，健壮到一定程度就不怕一般的击打了，就是所谓的铁布衫。其实很简单，小孩打大人打不坏，因为大人强健数倍于孩童。我这有位国家级散打运动员常来交流，敞开怀让人打跟没事一样，这就是客观生理现象，你不断强壮上去，自然就高高在上了。尚云祥说练功不练拳，功体现在身体上就是不断超越常人。

李仲轩在《逝去的武林》中曾描述过明劲，就是他想去和薛颠比武，因为他练到明劲阶段、体力精力前所未有的充沛，这就是我说的没有英雄骨何来英雄胆？明劲阶段就是这样，因为身心愈发雄健，豪气自然生出了。这是练得明白的，其必然的阶段。郭云深公进行了总结，明劲易骨，是炼精化气的结果。这个才是实实在在的功夫，千古不易。少林也是有的，但不像形意分的这么清楚。形意练明白了，回头看各门各派都很清楚。少林那个马步，古称"地盆"，两条大筋要练得如扁担一般撑起全身，而后以五拳进行身心改造。内家外家皆可互相参悟、互为助益，但前提是得练明白了。

　　三层道理三步功夫是郭云深公总结的，孙公的功绩是总结出了一气，对三拳从道法本质上进行了统一。如今还有很多人把一气解释为一呼一吸，这是始终没悟先天啊。尚云祥天赋异禀，不识字却悟了，被郭云深带走专练了三年。唐维禄也没文化，李存义那多少拔尖的人杰，唯独他悟了。悟了，练出来了，才能开山门正式拜师，不然就只是学员和教员的关系。开山门正式收徒意味着衣钵传承。

　　混元桩是形意门内古传，后来被社会上错喊成浑圆桩。其实是有物混成的意思，其先天地生，可以为天地母。站混元桩就是修道，练得对不对关键看能不能返先天，于先后天相交之际，先天则清静寂灭，后天则气血涌荡，只在无极、一气间立足，此亦中和也。学者当谨慎知道。

　　动静有别。静中寓动，是生生不息之真动。动中寓静，是形如流水之真静。静中有动，动中有静，即阴阳鱼互相转化也。拳在桩里，静中动也。桩在拳里，动中静也。此练法之要秘，不明动静有别则终不得其门。静为本体，动为应用。造作之动，滞矣，非真动。无心之动，有感皆发，才是真动。此内家技击之根本，不悟此动静关联，伸手即在后天。内家之练，与道家之炼，无非先后天要相交，缺一不可。所谓性命双修者，此意也。先天是为中，逆中行顺，化后天之阴。后天是为和，顺中用逆，复先天之阳。归其根也，曰复命。孙公所谓中和即此也。中者，灵根不昧也，此静中动。和者，将散乱神气收于丹穴，此动中静也。动静互根，一气阴阳。悟此则达道也。

万行门中，不舍一法。人生最大的问题，是始终看不清自己，一辈子跟着情绪思维走了，咽气那天也是跟着习气六道轮回。既然道在屎溺，自然道在一切万有万行。"山穷水复疑无路，柳暗花明又一村。"人遇见美丽的景色，顿时胸襟打开、心生美好，此时身心便产生化学效应，连水分子的排列都美丽了。常人是不想为什么的，但形意拳却把它用在了练法里，以之转化身心，用孙公的话是盗取天地之灵气，说白了还是得用到自己身上来。如尚云祥点拨李仲轩："你抱过女人没有？"练拳得真情流露，心里美不胜收。不起化学反应，就只是空架子。落实到生活里，心情总是美好的人，比终日戚戚的，肯定是年轻且健康的。

易骨，其实就是骨骼的再次发育。功夫这个东西很客观，主要是对应了天地宇宙阴阳转化的规律。练形意拳，以《拳意述真》中郭云深的著作为圭臬，一步有一步的验证，没有第二条路。形意拳其实无所不用其极，是典型的拿来主义，只要符合自己的技术特点拿来就用。十二形就是拿来的，其实天地万物何止十二？象形取意，很多人看了拳击、散打就学来了，一动手不自觉就是这个，人天生就是善于模仿的，只是不自知而已。手底下硬的强的一下就能把人带沟里，心里没底精神就软弱，一对眼神就被人压制了，这叫精神笼罩。李师告诉我："和人动手，要是一对眼神自己先矮了半截，就别打了！"

内开外合，无有不开，无有不合。开，即搜骨。筋长且韧，骨即开。合则为一，无所合也，开合归于一气。孙公讲练拳须接天地灵气，因天地人本自一体，三体之于外是盗也。长功夫与睡眠关系很大。练一练睡一睡，睡里头有乾坤，便是一阳发动，要及时采取。练拳的人不一定睡大觉，但一定是随时都能睡，且质量很高。睡眠是以阴补阳，长期失眠的人阴阳失衡，虚阳高亢，比饮食不调的危害还大。睡醒后精气涨满，宜打劈拳盗取，转化为气血为我所用。武术与道家合流后，一个最显著的变化特征是收敛，外放的练法会短寿的。只想着上量却不想以后，是很短视的做法，人生还有比健康和寿命更宝贵的吗？

明劲易骨，一是筋脉松开，二是骨节打开，三是精力暴涨。此先天肾气强也。虽中年，体力精力如十八九岁，睡醒之一柱擎天，阳气归矣。内中精力如虎豹，跃跃欲试，此逆反回真第一步。如果说形意拳有秘密，其实秘密都是于过程中的现象，而不是原则。形意拳的原则，包括八卦、太极都是一个，即返先天。形意拳为何前脚撇开？胯也。胯为一身总轴，接天连地，胯开则周身开也。开胯于易骨中必然达到，则有精气入骨，日增一纸。说通俗点，身体里感觉在长东西。精气神，筋骨膜，日渐粗壮矣。

21 一江翻转天地新——解密明劲

拳法向上一路，所谓"三回九转"，与丹道是一途的，这个参看《拳意述真》郭云深一篇就很清楚。拳道相合，拳即是道，道而验于拳。只是具体丹道如何开布流行，郭公、孙公皆未明言。此中若非透彻佛道武三家，且于自身上有所验证的，确实如入迷雾。故后人多以为前人附会，只是用道家言语来做掩饰的，由此迷而又迷，逐渐丧失了内家的本来面目。

其实中华传统的东西，用西方科学、哲学思想是无从解释的，二者交会点不多。而热爱于此的，却又不能于儒释道三家踏实深入，特别是对易经别无了解，就真的是茫茫然不知所措了。

形意拳开门即练劈拳，是为补气。气壮血行，故次练崩拳。气血双旺，身躯乾健。而入手明劲，即是回返纯阳之体。何为纯阳之体，即是刚出生之健康婴儿，头半年不生病的状态。此时可用乾卦来显示，也即六阳纯全，刚健之至了。半年后先天破体，纯阳被后天假阴伤破，于是各种疾病来袭。此后女七男八，一个阶段就是一个卦象，直到男48、女42，则完全变成坤卦，也即六阴卦，先天阳能就都消耗光了。故女人四十左右开始衰老，男人五十左右开始衰老，头发变白，牙齿脱落，百病丛生。

假设一个男人从48岁开始练形意拳，那么第一步就是达到复卦，也就是六爻中最底下的阴爻回复成阳爻，即是把阳能修回来，而后一点点修上去，直到六个阴爻全部变成阳爻，又回到婴儿出生时的状态，这也就是前辈说的明劲阶段结束，最终是六阳纯全，刚健之至，是乾卦的象。

明劲本身就是顺中用逆、逆反回真的一个过程，从坤卦衍化到乾卦，身心就会逐次发生变化。阳能的逐渐充足，带来的是身体素质、机能的反向增长，四十来岁的人会逐渐变回像小伙子一样的体能，而老年人则会出现头发返黑、牙齿新长等现象。这些都是客观自然的，用通俗点的话讲就是活回去了。如果不是如此，拳就只是练在后天消耗，非但没入明劲，还是顺中行顺，自耗阳能，自掘坟墓。

练拳首先是身体机能的增强，不然如何致用于武技呢？所以练武术强身健体只是小儿科的事，是捎带来的效应。而身体好了，不是胳臂练得多粗、耐力有多强，是因为你的先天阳能充足了，活在世上的本钱又多了。至于说越练身体越不好的、出了毛病短寿的，便是背道而驰练错了。真正能走上三回九转逆反回真的，才是道艺。

老谱中有句话："练得丹田长命宝，万两黄金不与人。"便是说这个三回九转，逆反回真。通过练拳改了先天性命，活得比常人久，还能预知生死，一笑而逝，拿多少钱能换吗？那些亿万富翁如果让他用全部财产换多活一年，他愿意不愿意？所以什么才是人生真正的财富，不言自明。

练拳不得真意，就体会不到其中的好处。一旦你得了真意，日日便是自饮长生酒，乐在其中了。如此对照自身所学所练，也就一清二楚了。至于说向下一路的技击应用，有另一番实操训练的手段。一个是悟，一个是练，一个是打，表象上与现代搏击并无太大区别，只是武术有自己的特点，根本机制上强调先天本能的激发应用，方法上强调整体大于局部，是需要脚踏实地、日积月累而厚积薄发，并没有捷径可走。

无论站桩还是行拳，内家拳唯一根骨就是返先天。故郭云深有云："不起丝毫血气。"此意也。内中后天不起，先天便起。寅时天地阳气生发，先后天一交，即盗也。若不悟彻此玄机，终一生亦无所得。道即盗也。先天一气自虚无中来，不盗天地灵气，如何补此阳健残缺之身？但得此中真意行之，则由复而至于乾，所谓六阳纯全，刚健之至，此亦形意拳明劲之理也。一路向上，顺中用逆，则活子时一阳来复，身心回转矣。

练拳的道理，就在于先后天要相交。仅有先天没有后天，就只是修性命无以致用。只有后天没有先天，就是纯消耗自掘坟墓。故必以先天为体，后天为用，方是拳道正途。孙公之先后天八卦图即此意也。道家的有些话是内家拳修习的不易准则，如"无为而治"，如"专气致柔能如婴儿乎"，如"虚其心而实其腹"。先人曰："道本自然一气游，空空静静最难求。得来万法全无用，身形应当似水流。"又云："先天一气自虚无中来。"

所以练拳修法，一定要于空空静静中得其真谛，但凡有所造作全入后天，虽然也有日积月累之赢人功夫，却都是逼迫身体的适应，归根结底是提前预支生命。故于拳法正途，形而上悟道修真，全是先天功夫。形而下技击搏杀，也必然要将先天后天结合，养要大于耗，才不至于早早而衰，最终落个没下场。

练拳实则是体悟天地宇宙的大道理，修性修命其实不过是修心。心也者，本自虚无，故有达摩一问："拿尔心来，吾给尔安。"毕竟了不可得。奈何后人偏于胡思乱想中挣扎不出，这便是生命流转之痼源了。寻常人等，每日心思繁乱，心气杂于膻中一带，则中丹田日日堵塞，愈是好思维者中脉愈是不通，日久则五脏机能渐趋赢弱，此生命顺中行顺。更有造作者，如伍子胥过昭关一夜白头，用心过甚，则心火自中脉走入上丹，今人之高血压、心脑血管疾病虽有饮食起居之病因，但根底还是在心杂欲重而心火上炎，日久逐渐病变乃至不可说之境地。

吾等修人，是将心气下行，与上行之肾气相交，则有水火既济，此时阴阳恰恰平衡，譬如冬至子半天心不动，身心内外一片安静祥和，阴阳不动，便入气住脉停之境，此才为拳道正途。若问如何做法，其实便是无为而治。当尔心如如不动之时，心气自然下行，肾气自然上行，二气自然相交，全不用人为造作，但凡造作皆是背道而驰、离题万里，种种现象会层出不穷，便有执着于此魔境不能自拔，最终心神变异，终入沉沦。得此理，则再看"道本自然一气游，空空静静最难求。得来万法全无用，身形应当似水流"的诗句，无不明晰也。奉劝诸君，万不可有丝毫之有为、执着、造作，入得彀去再出则不易也，慎之！

22 唯有先学继旧统——站桩之阴阳虚实

单重与双重。单重就是要分清虚实和阴阳。孙存周说过,三体式前腿可虚可实,意思就是主要在后腿,其实道理很简单,一条腿启动和两条腿启动其灵敏迅捷是没法比的,所以那么多前辈都在批判双重。比如三体式如果是五五,当你想启动时,就要先把重心往后腿移动,而单重瞬间就可以启动,是不需要这个行程的。

单重就仅仅是重心主要放在后腿那么简单吗?关键在启动是否灵敏上。站三体式其实无所谓四六还是三七,既然孙存周说过前腿可虚可实,说明体重分配多少不重要,关键是要用的得劲儿。每个人对单重的体重分配都不一样,总体而言是三七,但这个分配在站桩、行拳和技击中是随时变化的,关键是后腿不能失了灵性。

关于孙氏拳的三体式一直有争论,我去见李师贵江时专门提到这个问题,他的回答就是"三七"。如果拳法脱离了实战的本质,那你随便创造,好像1949年以后推崇套路,怎么好看怎么来。如同李师让我把胳臂收回去点,说你把胳臂放那么长打起来不吃亏吗?瞬间我就懂了"手不离心、肘不离肋"这句古谱是怎么来的。

少林派站四平马入门,但可不是功夫的绝对练法。站桩是为了脱胎换骨,是中国式的增长体能素质的手段。四平马到用上就是把重心换成四六或者三七,其实和三体式并无太大差别。桩在静态上是炼,动态上是用，不能混淆了。无论四平马还是三体式，我都站过了三十分钟，说白了就是锻炼身体的事，不能神化和绝对。

形意拳练功夫，主要是混元桩和五行拳，老辈人三体式上下功夫的不多。还是那句话，脑子不开窍的才让你去站三体式，把智慧开发了就开了窍了。拳不是死练的。所谓三体式是总机关，真实意思是三体重生万物张，五行拳是从三体式上变化出来的，而后又衍生出十二形代表天地万物。三体式练法本质上和混元桩一样。

所谓入门先站三年桩，其实像混元桩要站一辈子，每天都要站，不然不出功夫。桩首先是气血先动，和劈拳和崩拳的道理差不多，身体里头气血动得厉害，手掌也感觉胀大了，而后精炁发动，身体里就有股劲头上来，好像十七八岁的小伙子干什么都兴致勃勃、一天都不累，再往后就和五六岁的小男孩一样，见什么都想摸一把。混元桩是形意门古传，体现了顺中用逆，逆反回真，先天一气自虚无中来的道家真理。三体式和混元桩也一样，或者说但凡桩法都应如此，只是哪个更顺乎天地之德、从气血上来得更快。混元桩是最核心的秘密。

而无极桩，是可以悟道的。站无极桩主要是去拙力拙意，从精神到肉体都回归到婴儿态，凡是把天真烂漫站出来的就对了，凡是没事自己还在耍小聪明、瞎琢磨的就是背道而驰。无极桩站出真意来，学下面就快了。五行拳为体，十二形为用，没有五行拳就没有十二形，十二形细分还是五行拳，因为天地万物不离五行。

23 无人会、登临意——站桩的秘密

站桩是为了什么？可不是为了立地生根。高速对抗中立地生根是自掘坟墓，需要的是极快速的移动，谁快谁占优势。真正的技击来不得半点虚假，不能拿命去做试验。《逝去的武林》中说练形意拳的脚底板要非常敏感，这个才对。门内怎么练脚底板是有秘诀的，其实就是为了快速移动，不能脚下牵滞，一固定就输了。

站桩的本质也是返先天，所以要求你入静。无思无想，如巨石沉入幽深海底，则气血乃能发动，气血筋骨膜就会二次发育了。拳在桩里，意思是静中动，先天一气发动了，身体里头的气血就运转起来了，功夫越深动得越厉害。练拳是动中静，身形似水流，此心要如如不动，全是神意本能运转。练拳和站桩核心是一个。

不管站什么桩，没有幽潜沦匿，没有先天一气发动，就不是正门里的功夫。比如三体式和混元桩，本质上一样，但三体式熬腿，只适合神经够粗大的人练。少林四平马、八极拳两仪桩，虽然要死要活地站着很吃力，但本质上也是练那个先天一气。

劈拳练气，崩拳练血。肺主气，肝主血。人之一生健康长寿全在气血，拳法在个人性命修炼上也是气血。没有了气血，人就死掉了。而后天气血的旺盛程度，取决于先天精炁。人从娘胎里带来的本钱，是一

点点消耗掉的，到四五十岁就差不多了。所以，无论是求健康还是练功夫，都要在气血上做文章。西方体育就是上量，把气血的活跃程度提上去，虽然在短时间内身体看似强壮了，但却消耗了先天的本钱，使得锻炼成了无源之水无本之木，所以越是水平高的专业运动员，衰老得越早越快。就是现役的运动员，心脏没问题的也不多。传统武学是从返先天开始，直接对着本源去，把本钱做大才好用工夫。

中华武术有站桩，西方体育则没有。内家拳是把外家拳翻过来创造出来的，这个"翻"其实就是顺中用逆，把道家性命之术和战斗之术结合起来了。内家拳的练法，实则太极拳是登峰造极之作。练法是关起门来不给别人看的，形意、八卦其实和太极拳一样，完全是神意运转，且要将周身散乱之神气顺中用逆收回丹田，此即立炉鼎。

太极拳虽然练的慢慢悠悠，但动起手来一样快如闪电，雷霆万钧。近代以来太极拳走群众健身路线，离其本来面目愈来愈远了，以至于绝大多数人都以为太极拳就是慢慢悠悠用的，跟人动手也是推手，不着急不上火的，可真是大谬不然了。孙公禄堂创立孙氏太极，还了太极拳本来面目，动手就是一下，无形无相。

所以说，中华武术，尤其是内家拳的本来面目就是后天返先天。有的门派让弟子体会用手摸电门的的感觉，其实说的是一个意思。人与生而来的那个本能，是自动激发的，不是走主动神经，而是副神经，不受大脑控制。练时需要从无思无想中入手，若是故意做作，就又走入后天了。内家拳难就难在这里，好像禅宗悟道。

学拳不容易。调教一个好徒弟不易，遇见明白人更不容易。光是悟这个先天，就不是想做就能做的。孙公晚年登报收徒，招三人各学一门，以承继其武学，其中一条就是大学毕业。那个时代的大学毕业生，

恐怕得是如今的博士生水平，文化对于内家拳的体悟很重要。武术打打杀杀的，如果走入后天很容易变得粗鄙野蛮，乃至心性变态，这是需要谨慎的。武术到了顶点就是文化，所以内家高手也必然是如秀才般文质彬彬，绝不可能是粗鄙之徒。

24 事非天然皆有缺——浑圆之密

薛颠说，浑圆桩一定要站过两个小时，不然人体里的运化不够，为什么？此浑圆桩非彼浑圆桩，我指的是形意门古传之混元桩。当然得站到两个小时之后才有真实体会，才能解答这个问题。因为只有站够了时间，心气才会下降，身心才会进入到空灵的状态。而不入空灵，即无法回返先天，此是原则大问题。

平常人的心气都是集结于膻中一带，所以胡思乱想，心思繁杂。若是胡思乱想过了头的，便是心火上炎，走到脑部引起心脑血管疾病了。故此任何武技或任何修命，首要就是把心气下降，去与肾气相交，致达水火既济。太极拳所谓"求放心"，形意拳所谓"心虚而腹实"，道家之"立炉鼎、运龙虎"，都是一个东西。

一般都知道练功要入静，核心就是要返先天，老师怕徒弟不懂瞎寻思，简而言之"入静"。其实入静也有很大流弊，因为大多数人会去求静，还是后天故意。真要入了个无思无想，又进了无想定，佛祖说这样的人死了要入畜生道，也是离题万里。故佛教的流弊是偏空，思想上容易走向偏执而不自知。道家提出性命双修，不光体上要悟，身上也要实修出来，同步行进就踏实多了。混元桩过了一段时间身心自然会宁静下来，出现气住脉停的现象，这时候就是自然入定了。注意，都是假象，不可执着，不可琢磨，仍是空空静静，自己家主人翁做主。入定也不是

根本，只是现象，出定入定顺其自然。

混元桩有两个困难，一是肩膀酸痛，二是心绪烦乱。关键是松肩，要体会在水里漂浮的感觉，肩膀浑不受力，漂浮在空气中就成了。如果肩膀僵硬，则心气不降反升，造成心火上炎心绪烦乱。心之官则思，心生万法，心能转物，真做到心气下降，心肾相交，此生与心脑血管疾病就彻底告别了。

至于说混元桩要站多久？大约能站多久就站多久。到一定程度就是享受了，和佛道两家修命并无差别，自然是越久越好。九华山有个肉身罗汉，生前就是每晚站在大殿前修行，一站就是一宿，最后肉身不腐。其实也没什么神秘的，拳道相合，向上一路咱们练的都是一个。

25 几度寒暑一炉春——拳道相合与性命双修

内家拳有两个主要的考核指标，一是要能打，二是生理上逆反回真，此二者同时具备才是练对了。如今有很多专门练拳架子的，钻研细节上精雕细刻，打出拳来很标准，只是全无用处，和跳舞体操的没什么差别。形式服务于本质，内家拳的本质就是内劲，内家拳的应用就是克敌制胜和性命双修。形式可以千变万化，唯有本质千百年岿然不动。入门时一定要规矩，此时懵懵懂懂，还是小学生水平，只是牙牙学语而已。待功夫初步上身就已经步入中学，渐渐有了自己的东西。等到彻悟本源无非一气使然，就已经是大学水平，万法由心操之在手，自己都可以创拳了。

慢是练，快是用。慢才出功夫。快谁都会，慢就难了。只有极慢才能极快，极软才能极硬。太极拳第一层功夫如全身沉入水中，体会阻力就是此意。八卦掌蹚泥步也要慢，慢中还能悠起来，就练了功。形意拳呢？更得慢，两手如撕棉，处处都是争力，功夫就慢慢上升。道者，反之动。执于沉重，即为沉重所困。执于力量，即为力量所困。执于气血，即为气血所困。执于轻盈，即为轻盈所困。不能执于一切，而应于一无所住处回归先天原始本来精神。先天者，不动之动。受亦是打，打即是受，无非一气激发鼓荡。人生而有之，何须再鹿头寻角。形意者，

回归本来面目耳。不明此理，拳法如何入道？

　　内家创拳原本极简易，拳就几下，拳会了兵器也就会了。后人没学通的，才搞出那么多零碎来，可以叫文化，但离武学本质则渐行渐远。练功不练拳，拳不打人功打人，招式顶多一个半个，一刹那出手就是，平素里几十万次练出来的自然而然。执着于招法花样的都是皮相，也没真打过。功夫才是关键。什么是功夫？就是内劲的程度。什么是内劲？就是本能激发。孙公云：内劲即金丹，虚无一气。孙公是用道家理论总结了内家三拳，之前的内家传承无话可说，师徒间跟猜闷一样，全看徒弟自己的造化。孙公对内家三拳进行了总结，升华到理论的程度，自此别开生面。但看1949年以后的武术书籍，要重视引述过去老人的话，《逝去的武林1》真东西最多，因为里头老人的原话多。

　　尚云祥让李仲轩练根节，唐维禄让他整个的练，这不是矛盾吗？其实不然。唐没错，尚也没错，尚是让李仲轩练丹田这个总根节，他听不懂而已。所以说，学拳不遇明白人没出路，遇见了自己没慧根听不懂也白搭。《逝去的武林1》这本书多少人批判它忽悠，其实里头东西我一看都对，只是真东西失传已久没多少人知道。孙氏门里是用理论讲的，李存义门里都是借机启迪，靠师徒间心解心悟。所以机缘来了得抓住，不然过去就过去了，可能一辈子就停在这没法进步。如今虚假的东西太多，误人子弟有因果的。咱们这门里要懂得洁身自好，不去赶那个虚名，也不去坐那个热炕头，自己练出来了自己受益，偷着乐就行了。

　　人生而有两个本，肾为先天本，脾为后天本。先天不足，去调理肾。比如免疫系统疾病。脾不足用，则百病丛生。胃为中宫，决主气血升降，胃一出毛病，血液循环就出问题。四十岁以上人们高血压多，看看自己是不是喜欢吃喝搞坏了胃口，调理好了，血液循环畅通，血压就正常。人是上虚下实，精气的根基在腿脚。人死先死腿，一点点往上

死，反过来你保住腿就是长寿可期。至人之息以踵，脚后跟有个大秘密，它连着后脑，所以寻常人要保护好脚踵，而练拳的不懂如何从这里下手，就很无奈了。过去抽大烟的人一咽气，眼角会流出黄色眼泪，说明精神与细胞功能是相合的，一旦四大分离精神作用离开了，细胞失去了控制力，毒素就会分离出来。内家拳练意的道理其实也是这个，只是若落在后天就是瞎胡想，得走到不思而用才对。

练拳要跟对师父从一而终系统学习，像孙禄堂、尚云祥这都是把老师挖干榨尽的。今天学点这个，明天学点那个，回头一报履历学的真多，可哪样学成了呢？又糟烬了这些门派的名声，让人觉得这些拳都不行似的。自己没练出来的，就永远不要提自己曾经学过。要是什么都练过又什么都没练出来，最好是说自己不会武术。见天地，见众生，这话透着明白，非得自己跳出来才做得到，否则看不着自己的局限。

练拳是性命双修，里头气脉逐次通了，如佛家讲几十几层天的，无非如此，很简单。一层功夫一层道理，又是一层境界。就好比《圣经》里说诺亚方舟，其实洪水就是人欲，方舟就是境界，你有多高层次就能接纳消化多少众生烦恼，佛家所谓眷属，菩萨所谓应世也无非如此。也就是担当了。做人的至高境界是无我。无我相，才能无人相，无众生相，无寿者相。做人修德也是修炼，德厚至极就是止于至善，其实就是归于无极，返先天了，气脉一样通。宋儒礼教讲克己复礼，实则克制功夫都是假的，对身心还有害，后天上做作害人害己。气脉全通罗汉境界，看什么都笑呵呵的，心里不装丝毫阴暗，这都是实际功夫。所以宁可循循善诱水到渠成，也不要强按牛头。练拳和做人一个道理。一开始赳赳武夫，让人敬畏。等入了境界就越来越不像练武的，非但别人看不出来，自己慢慢也忘了会武术，只是平易中一寻常人而已。反过来，觉得自己是天神下凡、大圣归来，离神经就不远了。

三拳合一，它不是合在形式上，而是内劲上的统一。孙公说无所谓内家外家，是指传统武术在本质上都是一个，区别在方法手段上。不管是哪个拳派，都要经历从有形最后上升到无形的阶段，也就是形意拳从形到意的过程。有形的东西都可以从老师那里学到，无形的就难了，如果老师愿意教给你，还得有慧根能悟出来，因为无形这一块要返先天用本能，非得大彻大悟才行。因为悟出来不易，一般也不会轻易教给别人。本来就不易懂，再加上老师保守，以及社会变迁等因素，就更如广陵散了。内劲这东西其实简单，就是返先天，你要起心动念稍有造作就都不对。以此可作为准则来衡量自己。

之前说过太极拳如空心皮球，而形意如实心铁球，这个球是立体3D的，不能只作用到平面上。而从最外沿到最里头可分为三个攻防层次，手脚、肘膝、肩胯头，明白这个七星也就懂了。就手用的事，手法上太繁琐了其实毫无意义。武术的进击始终是一个整体，不可有任何出尖的动作，有则易被人所乘。拳谚云："手脚齐到方为真"，又云："眼前无人似有人"。上中下三盘，里中外三圈，无不是齐进退。好处是什么？就是让人顾上顾不了下，接一接不了二三。比如形意拳上面拳下头脚，不是蹋就是踩；八卦掌上头打，底下不是踩就是钩挂。如果手脚放空则顺势肘膝，而后肩胯。如今练拳最大的问题就是只有局部而没有整体，上下孤单不能齐顾，单拳单脚。练的时候眼前似有人，要反复体会揣摩三盘齐出的用法，几十万遍重复，最后玩出真境界来。说老人们举手发人丈外，那不是一条胳臂的劲，而是全身整体出击的力量。

形意拳的技术体系，实则分为两个部分，一是返先天用本能，是技击用的，也即尚云祥日日以神意作拳。这个悟不出来，就都使在后天上了。怎么区分呢？后天的东西有形有相，先天的东西无形无相。先天后天，把后天放下，当下即是先天，何须去找？找来都是假的。当下，就

是无极。不用即入定。初定极浅，虽然思想空了，但牵缘未化，外界一联系就动心了，以后向上一路，就是修这个。然而若故意磋磨，就又入了后天。修行一路，空空静静最难求。拳术向下一路是应用，就要先后天相交，谓之中和。守中致和，即发而中节。此是练法，用法则无所不用其极。

为什么走着也可以打五行拳？其实很简单，走路时人最放松没拙力，还有就是刹那动与静的分野，就会打人了。但这还在后天手法上，还不是先天。另一个体系就是拳道相合，主要就是性命双修、转变身心的事了。核心的就是两句话，一是顺中用逆与逆中行顺结合，二是先后天要相交，有了这个拳法才能入道，才有易骨易筋洗髓，也才有明劲暗劲化劲。这两个体系不是互相关联的，得并学并悟。有的悟了返先天，动手厉害，但不悟顺逆，拳法入不了道，就始终是个常人。自然也有懂了顺逆的，性命里就会长生久视，要么无疾而终，要么预知生死，其实就是修道了。

受就是打，打就是受，无非先天本能一气之鼓荡。无论先发还是后发，都是又接又打，打就是接，接就是打，能接才能打，故形意之勇猛向前，非不得已决不后退。因其打受一体，故总是在对手出拳同时击中对手，对方几无反手之望。形意，泱泱乎国技也。太极拳强调八面支撑，其实何止八面？要如水泡张力无所不至，球面上每一个点的正反对应力都是均衡的。虽然你的手脚有指向，但神意要带动身心同时到达四面八方，球意就形成了。常见的问题是打拳只有一个方向，且手伸向哪重心及神意就趋向哪，此为失中，大忌也。当球意形成，你自己就永远处在球心的位置，万变不离其中，而球意的收放有度就是和，也即中和。孙公云："内家无非中和，除此无元妙也。"杨澄浦云："掤也不是掤到别人身上去，捋也不是捋到自家身上来，挤按皆蓄势耳。"何意？

只在球意边缘神气相交感知，到别人身上还是到自己身上都失中，必为他人所乘。太极者，以我之守中破敌之守中耳。处处皆球意，点点力均衡，身法周流无息，一沾即化，己不动对方已失中，此真太极也。

　　我们练拳，很享受。打一拳就有一拳的收获，走一步就有一步的感受。外面炎热，身体里是清凉的。同理，三九天外头寒冷，身体里是温暖的。人身体的自我调节机制，恰好和天地气候是反向的。夏至到冬至身体转为寒凉，冬至到夏至则转为温热。其实一年只有两季而已，一寒一暑。丹田的景象，有若无，实若虚，混混沌沌，有了自然舌顶上腭，此谓炉鼎初立。只是万不可作意，都是自然而然来的，时有时无，顺其自性萌动而已。练拳会激发蒸腾，所以坐不住，非得溜达平息了才行，故此溜达长了也不累，全在丹田催动。归根结底还是虚无，若有个实际东西，便走歪了，早晚成病。身心转变也是一景接一景，身上有变化但都不能在意执着，不然就被感觉带走了。一阵阵身上软软的没劲，南怀瑾先生提到过这个景象，李仲轩的说法是跟得病似的，一过来功夫就长了。这些东西最诱惑人，其实都是皮相，不是根本，要注意别被感觉带走。

26 不染娑婆半点尘——练拳的快乐与解脱

练拳这些年，最大的体会之一，是要想快乐健康，就远离一切酒色财气，只在拳里琢磨享受。练练拳，打打坐，于清静分内踏实活着，此生也就足矣。人这辈子很快就过去了，所以不能有攥着不撒手的心，东西早晚都是别人的，心里头的秘密，人一死就白手两茫茫了。我们最终连自己也留不住，过好每一天就行了。人心如镜，物来物去，不留不恋，来则来矣，去则去矣，各有各的因缘因果，撒开了手便洒脱。

回到拳法的话题。老人们常说，三尖要像刀劈的立面一样齐整。还不止于此，三尖在形意拳中的作用，是作为阴阳转换的中枢，这个立面不仅仅只存在于身前，而是前后都无限远的一个立面，而人身则一切为二，串在这个立面上进行阴阳颠倒。

懂了顺逆，便懂了何为立炉鼎，何为调铅汞了。拳法是动中取静，身体里头的动作与打坐修道的并无二致。形意拳的下丹田不是脐下一寸三分，而是整个小腹。所以练拳必然先由明劲而入暗劲，其实是从调息而入息调。明劲阶段气息宏大，还处在内外皆动的境界，此时谈不上内功。等到身法规矩都到位了，渐渐声息归于无，则动而入静，方能立炉鼎、调铅汞，才开始真正的内功修养。所以孙公禄堂称自己练到暗劲时

的种种变化，才是真正开始了拳法合道的修炼。

练拳到这个阶段，有看破红尘的味道，什么都不太在乎了，每日只在拳道之中过活，所谓如人饮水冷暖自知。你自己有个小天地，那可真是万两黄金不与人。所以学拳者要按规矩，六合九要从无极桩到三体式都丝丝入扣不差一点，而后方能进入到劈拳的动静修行。中间不能有跨越，必须一步一个脚印踏踏实实来过。

站桩，是为静中动，故体内要站出冰雪消融、春意盎然。如果死寂一片、悄无声息，就错了。站桩，不是熬腿子耗时间，而是功夫自然成长。任何熬肉的练法，最后皆成死肌，此违反生理自然之道。我们练的不是肉，是神气，筋骨膜会自然成长，肌肉如影随形，反过来则大谬矣。生理当学婴儿，气血至旺，柔若无骨。

五行拳，其真意不易得。劈拳是一气之起落，一气都懂了，起落是如何做的？崩拳是一气之伸缩，怎么伸缩的？钻拳是一气之曲曲折折，炮拳是一气之开合，特别是横拳，一气之团聚，是如何的团聚？能回答这些问题，或者说你练的和孙公说得都能对上，才能说自己练得对。无形是真，有形也并非无用，而是起点。没有这个起点，从何练起呢？无形，需从有形而入，抽丝剥茧，去伪存真，黄沙吹尽始见金。所以，练拳当从起点，一步一个脚印，遵从规矩步骤，待有形熟化于心，自然此心能如如不动，也自然进入到无形。千里之行始于足下，所谓有无并立，有无不立。故形意拳和太极拳，都是逆反回真，往道体本源上修行，没悟透这点，一辈子就只在后天有形上用工夫。形意拳最高境界，就是孙公禄堂《形意拳学》里的话，没一句虚言。读不懂，可以向婴儿学习，取其赤子之心，无思无想，无欲无望，则近道矣。拳法架势日日行之，只为身体形成记忆，待不思而动，即入无形。形意拳的技术应用根本是内开外和，没有这个打出来的拳就是体操。太极拳也是如此。我

们练拳是一气之运动，神意鼓荡，神气盎然。所谓开合，就是把周身一百多个大小骨节一一打开，按照六个面再统一起来，由内五行引领做一气之运动。此即五行拳奥义也。

27 冰雪消融春意浓——无非伸缩起落开合

练是把自己搞明白，打是把别人搞明白。练要含蓄，把功夫上了身。打要放纵，把功夫撂别人身上。练得挺好不会打，是用练的心态和方法去打。打人是门学问，得过来人提点，多打几次就转化了身心，逐渐得心应手了。

练，要有得才叫练，不知为何而练、练而何用？似是而非，懵懵懂懂，练之无益。打，重要的是心态，其次才是方法。高手刹那之间就分胜负，庸手兜来兜去找不着空子。最好的方法一定是最简单的方法，其实决定性的就一下，但这一下后头还有一下，所谓连绵不绝不容喘息，对方不缴械决不停手。我们主要是练身，胳臂腿是附带的一个整体，或者说是整个地练，自然也是整个地用，没有局部。散打搏击是抡起来打，用的是身体的一部分，所以胳臂腿上下的功夫大。明白了整体，才真正明白了传统武术。

传统文化重师承，因为精神层面上的东西占多数，只能靠师徒间心心相印，无法行之于笔端，就算写出来，也是一时之心境，非此道中人无从体会。故无师不得真学问，顶多是点自悟的小聪明。

关于整体与局部的区别，我以前举过一个例子：有一位河南省散打队排名全国前三的全运会选手到我这来交流，我拿出一把一米多长的木

剑让他玩，结果他拿在手里愣了半天，最后和我说：不会玩。我问他怎么才会玩？他说最好一劈两半，一手一个抡起来就行了。这就是武术的整体概念与搏击局部概念的区别。

太极拳练明白了，信手拈来都是太极拳。太极是根骨，明根骨，则无所不用其极。真明白，皆可自创。所谓几大流派，创始人都是练明白的。至于拳法内容，皆一生所学之浓缩也。神意有压缩、折叠、共振、爆炸。心之所至，无所不至。神意作用，非肌肉之功耳。故内家不论呼吸，不蓄势，不气喘，不劳累，有感而发，顺其自然。

孙氏太极拳之"搬拦捶"，其中两手如倒绳的动作，实是八卦蛇形掌。原来是先搬后拦，此处孙公改为一捋即穿，上擒下打，杀法凌厉至极。好汉怕三穿，此处两穿，尽其意也。孙氏中之"云手"，为结合八卦之转掌。总之，孙氏太极拳招式，皆可在形意、八卦三者间通融转化。换一步说，形意、八卦、太极三者亦皆可互相转化，才是三拳于形式上的合一。练到此处，才能说懂了孙禄堂。不见其迹，始见其真。拳术这东西，非到一定程度，身心上体验了才明白古德之不我欺。

孙氏太极拳号称活步太极拳，也即进步必跟，退步必随。为何这样设计？孙式太极拳它始终是太极拳，活步的核心就在于那个"活"字，灵活转换之意，说通俗点就是换身，一式与另一式之间的转化转换。其他流派都是直接转的，孙公独创一路，用活步来中转，好像机器里轴承的作用。实际上，所谓活步无非一进一退而已，武技身法除了进退还有别的吗？由此可见孙公之深彻。但太多的人把重点放在活步上，忽视了其太极拳一气开合的本质，就又走到歪路上去了。

练太极拳，真得有个处处退让的心思，越是强横的越要让着他，他横你也横，他硬你也硬，就不是太极拳了。其实太极拳阴损，完全是兵法里阴谋诡计的那套，阴阴阳阳，虚虚实实，处处都是圈套等着对

方。所以杨家说大英雄力敌万人不是吹的，因为他不用自己的力，都是别人的，怎么来的怎么回去，跟游戏一样，会累吗？但你要是一顶横就错了，不丢不顶就得在打手中时时体会。但凡稍有顶抗的就离了本意。打手全在虚化实，是让你在各种环境下懂劲、化劲，渐及神明。所谓神明，就是神意上功夫。心不能动，心动了则完全是后天筋肉做功了。

形意拳讲六面争力，太极拳讲八面支撑，无论哪个步子摆在那，前后左右都推不动才对。包括太极拳所谓"立地生根"是形容，其实是八面支撑，这是个简单的力学效应。周身要整，主要是腰胯协同发力，但必须有两个前提要素，一是六面争力有了，二是丹田内炸有了，二者合一才出周身整力。练到这个程度，只要一搭手你永远是全身对着人家一条膀子，就能立于不败之地。周身整力，实是传统武术最基础的技术核心，这个出不来就不会动手。多少练武术的一动手就是拳击散打，就是没得整，身体局部做功，顶多是腰腿、大龙、膀臂的力量传导，弄来弄去也找不到关窍，喜欢打的就越练越像拳击散打。八卦掌两手一横一直，是铁门栓。横劲和直劲结合在一起，再加上下，其实也是六面争力。

懂了周身整劲，就是个文弱小姑娘练一个月，大老爷们也不是其对手，人家再文弱腰也比你胳臂粗。所以咱们这个真东西，一出手就等于全身所有零件集结在一起冲锋，一条胳膊挡得住吗？当然，这些还都是技巧，不算功夫。你有了整劲还得会用，使不出来也是枉然，遇见手快的一样挨打，所以速度永远排在第一位。还不仅仅是手快的事，得是身快，如同唐维禄说的，身子得追得上手，一百多斤得挂在手上，想到这一步，不返先天就不行了。

要练身，不要练手。要练整体，不要练局部。动则如飞石投鸟，刹那即到。练局部者，高速对抗中整体跟不上。光练手的，三盘两转，身

子跟不上。故唯快不破，此唯身快，且是变化快，非手快耳。甭管什么拳，练了上瘾离不开，得了好处迷醉于其中，不是人练拳，而是自己身上有闹钟，自动自觉地练，这个拳就是好拳。之前说八卦走圈消化食，很适合于都市爱吃一族，又不必花钱去俱乐部，有块地方就成。其实好处不止于此，练进去就知道了，和形意太极也都是一样的，转起来根本不想停。

28 灵台辉映幻似真——精神世界与理想王国

形意拳核心就是返先天，分向上一路和向下一路。向上就是修道归真，拳道相合；向下就是拳法实战，加上治病健身。形意拳练功的核心是混元桩和五行拳，十二形主要是发掘身体潜能。练法和用法是不同的，虽然劈拳还是劈，崩拳还是崩，但落实到性命相搏就不是么回事了。主要是法无定法。

本无内家外家，其实都是一家。后人没练通，所以才有隔膜。就是一个门里的，程度不同，也会自起差别，觉得自己对别人练得不对的。李贵江老师教形意拳，直接把一气的拳理告诉你，自个回去悟。形意、太极、八卦我个人早多少年前就会了，但不懂返先天，没把一气、顺逆修出来，怎么练都是空的。一旦根本上通透了，再返回去一追索就都懂了。这个懂了，老师才会指点你功是怎么出的，拳是怎么用的，其实都是些根骨上的窍门，所谓耳提面命、法不传六耳。归根结底一句话，有形有相皆是假，无形无相始为真。如李小龙所言："以无法为有法，以无限为有限。"虽然一开始要从有形而入，但有形要化入无形，才能最终进入精神世界的理想王国。亦如王芗斋所云："拳拳服膺。"这个膺为何物？其实就是那个先天的本能，一气的精神！

二十年前我就接触了意拳，那时候自己没学通，不甚了了。如今学通了回头看意拳，如明灯晃晃一清二楚。王芗斋先生是从形意门里出来的，他传下来的那些东西根骨上都是形意门里的，只是他去除了套路的束缚，直接走向了内劲核心和技击应用，与后来崇尚套路对传统武术的荼毒是有天壤之别的。浑圆桩是意拳的核心，其他的桩法都是从浑圆桩衍化过来的，其实这是形意门里的秘密，好像李仲轩老师说的，自己就站站浑圆桩，打打五行拳。其实人家已经把秘密都说完了。后世之人把出功夫寄托在熬三体式上，还举出齐公博入门先站三年桩的例子，实在是错的离谱，且误导后学。

形意拳的真功夫并不在套路上。换个角度说问题，真把核心的练出来了，你去打拳击也是好的。套路不重要，那是入门的阶梯，用过了就扔掉。顶多每天打打，收收精炁享受悠然，还是要从有形上升到无形。比如练拳击，都是勾拳或者直拳，但泰森、阿里、刘易斯每个人都不一样。到人家那个高度，形式不重要了，内在精神才最重要。

王芗斋之所以创立意拳，是他自己练明白了形意拳，知道"意"才是拳法真髓，所以直奔主题站桩练内劲，出来了直接上打法实战。这个思路和现代的散打搏击倒有几分类似，只是起点手眼都很高，对后世学人的要求也就高，毕竟有这个悟性和慧根的人太少。形意拳总归既有桩还有拳，一整套的体系留给学人的途径机会也更多。其实王芗斋早期教徒弟只是比较突出站桩，突出对意的把控，像五行拳这些形意拳的东西也都是系统教授的，并非完全摒弃了拳路而只是站桩。后世的演变逐渐脱离了形意拳原始的轨道，完全变成了一门新的拳法，已经看不到多少形意拳的痕迹，这大约也是历史更迁之必然吧。不过如薛颠之有象形拳，王芗斋之创意拳，都是形意拳本身的衍化，根基还是在形意拳这里。脱离了形意拳的系统，对身心的改造是好是坏就很难说了。

229

29 身形应当似水流——清静难求

内家拳，一句返先天就讲完了。得来万法全无用，就是得一而万事毕。一，即一气。身形应当似水流，是指身形拳法无心而动，天地悠悠水流无声，早已浑然物外矣！

浑圆桩应为混元桩，浑圆力应为混元力。元者，先天也。混者，后天逆反回真也。老子曰："有物混成，在天地先。"人云前手发拳后手使劲，又云后腿发力前腿刹车，此皆后天局部有为之功。内家者，一气开根，丹田内炸，内膜鼓荡，而出无形无相、四维上下皆所覆盖之内劲。人云周身球劲，此稍得皮毛，所谓浑圆，大约由此而出。内家者，返先天，混元内劲也。

太极为何又叫长拳？其实无论哪派太极都只有二三十个招数，组合是可以随意的，你不想停，就可以连绵不绝地打下去。长拳之妙，在于劲力如长河滔滔不绝，前力未去，后力已生。班侯一脉有功架和长拳分别次序学练，又如孙氏太极可称为快拳，十分八分就打完了，关键就在这个长上。

何为太极实战？李师云："你懂了一气就都说完了。"此方为根骨，一下结束战斗。先天本能激发，一击则如摧枯拉朽。

内开外合，无有不开，无有不合。开，即搜骨。筋长且韧，骨即开。合则为一，无所合也，开合归于一气。孙公讲练拳须接天地灵气，

因天地人本自一体。

太极拳的起势，实则就是练一气之鼓荡。拳谱里讲神宜鼓荡，可如何鼓荡后世之人多不懂，郑曼青以为是与空气摩擦，称之为旱地游泳，这都不对。太极拳的鼓荡与形意拳的鼓荡都是一回事，即内劲生发后带来的生理现象，腹部鼓荡全身膨胀。所谓一气即太极，太极即一气，武术到了高处就都是这个。

太极拳谱有云："一羽不能加，蝇虫不能落。"此境界若何？人皆曰轻灵，非也，是说敏感，内家拳练的就是敏感。这两句话多数人都是从静态上去认识，好像一尘不起，可那是禅修，不是武艺。武艺是高速对抗，刹那分胜负，这个过程中的敏感，周身十万八千汗毛孔全是眼睛，又像烧红的烙铁不能沾上水，沾上就呲啦！老辈人土话："不让人沾。"

道本自然一气游，空空静静最难求。悟性这东西连着慧根，是累劫的福报积攒。智慧属于先天，聪明属于后天。明白人教徒弟，不准问，不准瞎琢磨，这都是爱护的话，徒弟不懂就没办法了。几乎所有人都和我说空空静静太难，关键你得拿得起放得下。酒色财气是后天欲望，整体缠在里头不能自拔怎么可能返先天呢？大宗师不一定没富贵，但一定是澹泊的人，不为物欲累身。换句话，你拿后天的思维跟先天的智慧来探讨，隔着多少天地宇宙呢？同时，真明白人也必然是坦荡清白之君子。

拳法到高处无差别，练哪个都一样。太极拳直奔主题，就是先天、内劲。每个招式都是个范本，蕴含无穷变化。变化，是武术的至宏伟处。无论对手如何强大，只要你变化在先，就始终拥有先机。所以练套路的一个主要目的就是掌握变化。至于如何变化，要在实战中自己去总结，所以每个人的打法都不一样。身法，当如疾石投鸟，未觉已至。身如石，心如弓。

形式在初级阶段很重要，到了高级阶段就要从有形入于无形。基础

不牢，地动山摇，形式非常重要且关键，没有一晚上就能成为高手的。形意没有抻筋拔骨和熬桩的基本功，已经是很舒服了。大抵年轻时的基本功扎实，就可以受益终身，童子功就更好了。内家就是方法上不外求，内开则无有不开，内和则无有不和。

内家拳确实是个宝贝，你真得了，万两黄金不与人，自己偷着乐去吧。比如人抽大烟是寻求精神上短暂的欢愉，其实骨子里是透支先天精神，包括人沉迷酒色也是在不自觉找这个东西，但都是邪路，而真正的修行是自己有本事时时在娱乐这个精神，你说悟道得道的人得有多牛？天上地下唯我独尊。

意气君来骨肉臣，其实就是身形应当似水流，就是化了脑子。先天神意做主了，肉体皆是附属，心神一动快如闪电，所谓打人不知，这个才是先天本能应用。大方向不能错，早晚能成就。一入门方向错了，谬之千里，扳回来就难了。比如推手就是懂劲，终极目标是入虚化实。

内家易学，形式极简易，然不好悟，因要返先天。如今很多都是反过来了，形式极繁琐，内涵几乎没有，变成架子，一遇见真章便茫然无措，便有无数人又去练搏击，其实是用不着的，因为落实到最基本的技击元素，三拳一腿，东西方本无差别，只是训练和作战体系迥然。说到底，我们的归宿是精神，他们的归宿是筋肉。也如此，我们才有拳道相合。

神气。神是本我精神，气是先天一气。说这人有精神没精神一眼能看出来，没精打采或强打精神都是后天造作。气，多数都练到后天去了。气血循行自有规律，岂可擅自更改？改来改去，就入了魔了。回返先天，婴儿哪哪都是通的，用不着你练。蓄神养气，如此而已。所以行走坐卧皆是拳，就是在神气上不即不离。

内家为什么要返先天？首先是别琢磨，因为动手的刹那全是本能，没有思考的时间，所以从一开始就练在无思无想上。培育出了本能，把打法融合进去，对景了伸手就是。先天本能的速度无形无相，不是后天功能可以揣测的，再有了丰富的实战经验和绝杀的功力，雷霆一击可有人能挡乎？

30 零落黄花映溪流——拳法之精神气质

老辈人都说过同一句话："形意拳改变气质。"因为拳与道合，最后无非"道德"二字，自然是道高德厚，故此农民出身的练出来都温文尔雅，像个知识分子，望之俨然，处之也温。但反过来，你要是练错了走到歪路上去了，一样改变气质，那就是往卑劣阴暗狂悖上走了。拳以致用，最后都要归结到精神上来。所谓神气收敛入骨，已无什么劲大劲小、招法招式，只是精神上一收一放、一纵一驰而已。当肉体完全服从于精神，试问天下可有比精神更快之速度乎？神到则身到，随用而发，皆本能也。练拳到深刻处，其实已经没有拳了，只是神意在开合舒缓，全在那一点子运用。此，内家拳也！

知此根本，则可鉴别拳学真伪。凡局部、后天、气脉、拙力，皆非内家拳正脉。我们所练者神气，其余皆附之而生，所谓有本有末。练拳应立足于本，而过程中身心出现的种种变化，都是应运而生，不可执着，更不可以之为本，否则本末错乱，就要练到邪路上去了。凡练内家拳，以《拳意述真》为标杆，可保无失误。

练拳返了先天，出了一气，方知太极拳之高妙，即直奔主题，唯神气、精神耳。慢练、柔练，是去后天之种种笨拙。一套拳练到拳无拳则神意作主，再到意无意，则归于先天一气，也即完全之精神境界。换言之，种种拳法皆可按太极之法练之，套路拳架只是手段方法，只有找到

那个精神本源的家园，才算是见了太极本来面目。

形意、八卦练到极处就是太极。少林、八极也无非如此。其实天下武功，若练到极处都是太极。观台湾八极拳大师刘云樵晚年之行拳，岂非太极之意乎？殊途而同归也。太极之借顺、引落皆手段，还在有形有相中。八卦掌始终走切线，永远化着别人劲。形意拳直进中门，打人不讲理，这些都是方法手段。而三拳最高境界则都是一样，神气感知，打人不知。

有拳练就是幸福。拳虽属武，实则是文，文武一途，都是一个归结，孙公禄堂在《形意拳学·自序》中有类似表述。故武人最终文相，乃是成就。孔武有力，凶悍慑人，还在皮毛。以武入文，则能深入精神之自我修养，所谓拳道合一，与心经所言于深波罗密多中得大自在，其理一也。练拳为乐，寂灭为乐，此同出而异名。

说到拳法应用，为什么崩拳好用？因为崩拳直线距离最短，也就最快。崩拳为什么和其他四拳不同，是半步？因为独崩拳是贴身近打，身子到拳头就到。其实，劈、钻、炮也可以用半步，步法是方便，不是教条框框。说打崩拳像抽筋，身子一激灵浑身一哆嗦、一炸翎子拳头已经到肉了。打崩拳不是用胳臂，而是用身子。

薛颠发明的晃法其实是说出了一个技击的大道理，就是身法。打人用拳头只是手段，关键是身法。两人试手，你慢了那是你身法慢。就是普通人打架，甭管有没有功夫，一说开打先左右一晃就能占便宜，因为对方摸不着你。拳击在技击应用上有些东西很不错，典型的是阿里和泰森，关键就是身法极其灵活。

眼睛盯着前手小指头，右手上来盯着食指，为什么？在于凝神聚气。心神不能乱，眼神乱了气也乱了，身心一分家，这拳就没用了。等到出了功夫，眼神又不止于盯在手指头上，就让你往前看，眼前无人似

有人，但心不能乱。

　　练习内家拳，尤其太极，讲究用意不用力，前面我说道，开始是去浮力，也就是去掉你肌肉用力的习惯。当你把浮力去掉，会出现一个什么状况呢？困倦、无力、昏沉、想睡觉，会持续一个阶段。之后新力渐生，此新力为筋膜骨之合力。身体浮力尽去，度过昏蒙阶段，渐入明堂。越练越舒服了，打起来就不想停下来，练得自己有点像小孩，对什么事都有点跃跃欲试的想法。心里头有股子劲往上拱，有点咋咋呼呼的劲头，遇见什么非得去张罗张罗。这就是顺中用逆，往回走了。

31 乱花迷丛遮望眼——心理与生理的微妙

在当今的传统武术界，得心脑血管疾病的比较多。很多有名的大师，最后死在脑出血或心脏病上。一个有趣的对比，往往他们的夫人什么都不练反而活到九十多岁，而大师们六七十岁就走了，为什么？今天我就解开这个秘密吧，其实就两条，一个是努心努意，另一个是筋肉上做功。

所谓努心努意，就是心里头较劲，心火就会上炎，必然影响心脑血管的健康。练拳本应是拳道相合，从后天走回先天，如婴儿无思无欲专气致柔的，那么心火就会下降，才会有心肾相交，这个才是拳道正途。但凡努心努意的，心里头较劲大了、久了，心火不是下降而是上升，自然是心脑处逐渐病变了。

传统武术里不论内家外家，若是有内功的，第一步就是练到心火下降，此时耳聪目明，气质改变，雍容大度，和蔼可亲。武术门派中有专门降心火的功夫，比如自然门的矮子功、八卦掌的走圈。其实总体而言都是顺中用逆，后天返先天，专气致柔，从空空静静中练得真功。如果是心眼小了，脾气大了，绝对练错了。

火气大、心眼小，其实就是心火上炎、心脑病变的第一步。所以努心努意是要不得的，练拳不能有任何后天故意。还有就是筋肉上做功夫，此是完全后天之过度消耗，用得越多越是累及五脏功能，过头了就是内脏衰竭。为什么那些高水平运动员会猝死，就是太过头了。比如像孙杨这样高水平的运动员，心脏都不太好得依靠药物，其实就是消耗太大造成的。

咱们武术界有五十来岁就死的，六十多岁的也很多。虽然不能说是猝死，其实根本上是一样的，只是时间拖长了而已。骨骼肌肉不是完全不用，而是该用的时候用，一切要自然而然。生命的状态是大自然给的，要合乎自然。而武技是超出自然的，必然要带来伤害，不懂修与养的关系，一味消耗就会加速生命进程，这就是练武人要付出的代价。传统武术和道家性命之学结合之后，才彻底解决了这个问题，一个是返先天，二是养要大于耗。没事总练发力的，日子久了头发早早泛白。拳是要收着练的，要含蓄，要把精气神收回来，所谓顺中用逆，将人身散乱至少神气收回丹田。明白了这个道理，再去看孙公禄堂的《形意拳学》从无极再到三体，就都明白了。

人是不能欺骗自己的，大自然的规律也是不能违背的。越是接近婴儿态的，气血就越旺盛，身体机能就越活泼。反过来，越是用过头的、较劲的，就是加速自己的生命进程。练得对不对，让别人评价一下自己的气质品行就行了，所谓厚德载物，人和天地宇宙都是一个道理。但愿我的这几段文字能有助于至今仍迷惑者。

某友人站桩，告其要挺拔，不得其解，吾又言"要顶天立地"，遂悟。初学混元桩熬时间颇苦，吾对之言："和漂亮姑娘站着聊2个小时不累，这么着一个人20分钟就累了，为什么？心里头得美！"遂悟。尚公云祥言李仲轩："你抱过女人没有？"天底下还有比抱女人更美的事吗？

心意要真。有形没意的不是形意拳，有意没形的也不是形意拳，必须心与形融洽无间、严丝合缝才对。心要真，必须返先天，如婴儿般的赤子之心，纯真的不假丝毫错乱，心劲始出。人用后天劲，都是肌肉在挺着。用上了先天劲，胳臂上的肉都是松的，这就是骨肉臣而意气君，然非得练到真意出来不能知其奥妙。

呼吸一微妙，生理就微妙。心理一微妙，生理更微妙。修佛的都说首在降伏其心，但对于常人何其难哉？所以就需要心理转换。同样一件事，人的心态一变，马上就不一样了，这是大自然里的客观现象，百姓日用而不知。男女搭配，干活不累，人还是那些人，因为来了几个女人，老爷们儿的心态变化了，干劲就杠杠的。

易筋易骨洗髓伐毛，其实根骨都在六合九要里，书上说的简单，具体得过来人在你身上一点点校正出来，所以六合九要也称作"校二十四法"。三体式的奥妙就在空空静静上，照规矩都做到了，才有孙公所说的"起点"。起点，就是静极而动，郭云深讲是"由着真意萌动练去"，这个真意萌动才是三体式总机关的由来，有了这个也才能真正进入到后面的拳法修炼。那么什么是真意？拳无拳、意无意、无意之中是真意！

32 一舟独涌大江头——内家之先天神意

　　学拳第一步要先把后天气血化了，不然身上硬邦邦的，摆个拳架出来别扭的要死，长期后天用力，阴阳失衡，气血失和，周身都不通畅，岁数一大毛病就来了。老辈人说一式不和不练下一式，说的就是这个。内家一定是先和气血，有病治病，而后强身，不然病歪歪的你练的什么拳？真东西不是越多越好，而是越精越好。第一年主要是调身体，以混元和劈拳为主，把后天调过来，身体如婴儿般柔软，体力精力爆棚如豹子，又身轻如燕，就是练到了，才能进一步深入。学到这，仅就性命而言，已经能部分做主了。拳道一体，身轻是必然的，沉重的不是正道。孙公云要练到与太虚同体，就更加的不可思议了。真正的拳法，健康养生只是小儿科而已。

　　所谓内功，它不是内气。内功，就是内里做功。内外有别，外是后天筋肉，内是先天神意。神意做功，就是内功。神意做功的水平，体现出内家功夫的高低。神意，它不是后天思想造作，一想就又入了后天。神意，是先天精神，一气之伸缩开合起落。练功练功，练的就是这个先天之功。筋肉不再做功，完全神意做主了，才叫返先天。李小龙快速的一拳，打到人身上人家还没反应，一看就是悟了内家的东西。心有多快，手就有多快。以至于心有多快，身就有多快。其实我们这东西，就是返先天，一气之鼓荡，神意之伸缩，就都说完了。

内家拳是不是温温吞吞，柔软至极？想当年孙公禄堂徒手破李书文之枪，徒手破李景林之剑，何其勇哉？我们是内壮，非外壮也。少林之硬气功者，周身注气如轮胎。内家只一气鼓荡便如此，何须运气？筋骨膜及气血，壮骨易筋洗髓成就金刚之躯，非肌肉锻炼可比拟也。

练寅时功要早点睡，练完了到五点可以补觉，什么都不耽误。只是你得习惯一个人享受天地静谧，不然这清贵一般人还受不了。站桩到与天地同心才得妙处，此时虽然是万籁俱寂，但里头有个本源在汩汩涌动，就是那个真心了。到这个地步才会彻悟生命本质，原来吾心与天地同根同生，也就了透生死。生命只是现象，来来去去如空中掠影，只一静而回转，便得解脱。

禅宗的悟道，在内家就是身心上证了先天。得道，就是身心上确实返回了先天。汉人思想文化的流弊，就是后天造作的太复杂，所以达摩西来，说震旦有大乘气象，某种程度上是反话，不一定好听，结果汉地又以大乘沾沾自喜了，其实是很可笑的事。从另一面，毛病大也意味着更容易悟道，所谓烦恼即菩提。从佛教的观点，也是身心一体，光心到是不行的，那叫知解宗徒，都是后天瞎想，一定要身心双验了才算数。所以道家说佛家有性无命也是自己不懂才瞎说的。

拳要以身练，不能练局部，后天用力都是局部，比如叫人使劲打一拳，都是用膀子上的劲。学拳第一步要把这个化了，改变用力习惯。"外三合"就是解决这个问题。一动无有不动就对了。一动部分还在休息，就是大错特错。泰森胳臂再粗，也没有一个人的腰粗，常人在后天困于局部不会用而已。功夫有了第一个现象是肾功能强大起来，人落在阴阳里就会体现在两性的欲望上。老辈人的说法是别太过。别喝酒，酒热激发，人控制不住。饮食上会自然清减。欲望一起就练拳，把后天精气化了，反而是好事。其实这些都是自然客观的现象，你挡是挡不住的，要会转化和利用。

拳在桩里，桩在拳里，这话是极对的。真明白了，站桩、打拳练的都是同一个东西。郭云深叫它真意，孙禄堂叫它一气。这个就是拳术的本，有了这个本，你去练拳击都无所谓，拳法都是末。一气即太极，太极即一气。太极是本，太极拳是末，是其功能显现的依托。所以练明白了的就可以自己创拳，万变不离其宗。

消息全凭脚后蹬。既然是消息，就不是单纯的那么一蹬。是人都会蹬，但不一定都是消息。消息二字，来源于道家修行。在拳术里，是指内劲激发。一蹬，也不是后天故意之蹬，而是本能之反应。走入先天，一气之伸缩，孙公云："缩即缩到无穷之微小深远处。"体现在身心整体，就是时刻留意在腰间，则腰、胯、脚后跟汇而为一无穷远点，一气激发由缩而伸，才是真正消息。此中真意，叹为广陵散矣。

以拳入道，逆反回真，身心上一定会出现变化，生理上的我说过太多了，心理上呢？明劲阶段就是回归儿童，好奇心大起，喜欢玩，热爱生活，充满激情。从李仲轩的描述中，有尚云祥看小孩打架都津津有味的内容。此是进阳火，到最后是六阳纯乾，刚健之至了。尚云祥再有二十年阳寿就再打二十年明刚，此意也。等到了暗劲，就会过了这个阶段变得无声无息起来，此是退阴符，暗劲到来。

火候，唯过来人才能明白调理。过去的老前辈们，真悟了的，最后就都是在火候上分出高低。火候是坎，过去了就是大进，过不去就永远停在那。尚云祥给李仲轩讲解雷声的原理，用小猫来作比喻。唐维禄则用敲钟来作比喻。如今要讲雷声，大约都当神话听了。其实这东西很简单，也很客观，都是生命的现象，只要本能上返了先天，就会自然出现。走得远了高了，知音就少了。尚云祥公独守一技平淡终老，孙公禄堂一笑而逝游戏人生。微斯人，吾谁与归？

33 一颗童心老天真——拳与道合

孙公禄堂说,形意拳是一气之伸缩,太极拳是一气之开合,八卦掌是一气之左旋右旋。看来不明白一气是什么,还真是个大问题。事物的本质总是很简单的,越高深的东西本质越简单。形意拳就是一收一放的事,太极拳也是一收一放,唯八卦是左右旋转。八卦掌的要诀是"悠",不是走。所谓蹚泥步实则是悠起来,或者说滑行。

练拳都有个共同的本质,就是时刻注意在腰间。腰为枢纽,腿为车驾,手是附带,身为前驱。一开一合,一伸一缩,一收一放,都是腰为主宰,这个主宰体现在神意上,非是肌肉骨骼刻意为之。李仲轩说惊起尾椎,说的就是腰的应用。平时练不能一惊一乍,要精神放射,内中精神瞬间提起来,如灵猫捕鼠,目不瞬间。

所谓整,即是全身加精神,也即整个身心都是一个整体。比如孙氏拳都有"含一气",这一转要求整个身心一块转过去,这就是整。但凡把身体拆成几个部分来练的,不是拳法正路。我们练的是整体,用的时候也是整体,整个身心瞬间高速冲击去打人,无论哪一门都是这个路子。为什么?胳臂拧不过大腿,何况全身乎?

传统武术除去与道家性命双修结合的部分,其实没什么神秘的。我们练的是本能,用的是大自然最客观的物理规律。比如有位老前辈说自己不会飞,是很简易平实的话。其实传统武术很普通平凡。大卡车能迎

面把小轿车撞烂了，没听说小轿车能把大卡车撞烂的，我们就是要练成这个大卡车。搏击不也就几拳几腿？泰森用勾拳，任谁也挡不住。

练形意拳能改变气质，就是逆反回真焕发了真心。真心如童心般无邪。形意门里练出来的都厚道大度，和人家接触不自然就跟过去了，自己也变得大度随和起来，你都不好意思跟人家小肚鸡肠，自己有什么缺点都往回掖掖，这才叫桃李不言，下自成蹊，人家修行到了。望之俨然，处之也温。法相庄严，但一接触都如慈父一样。

我见李老师的第一个印象，就是彻底打碎了对传统武术的幻想，过去这么多年下的功夫虽然实实在在，但就是真假这层窗户纸没人给你捅破，脑子没搁对地方。李仲轩说老有人找尚云祥求指点，就是要句话，和我说的窗户纸是一个意思。有时候一句话就上道了，功夫其实是你自己的，心放正了，就觉得长了功夫。

这个只适合下了多少年苦功夫没上道的人，初学者还得一步一个脚印踏实来。武术之路虽然平实，也须一步一个脚印走出来。我见过最笨的一个人，把核心的东西掰开了揉碎了给他讲，同样一个问题能给你打八百个电话，讲得越细越不开窍，我才明白其实只需要"一句话"而已，能不能解悟是你自己的事，非关师事。

如果是想系统学拳，那就得从无极桩开始，先站过了半年再说。把天真站出来，把心火站下去，把后天故意都站没了，才能往下学。李玉琳二次拜师跟孙禄堂，三年里头就站桩，最后急眼了跟孙禄堂动手，差点没丢了命，才知道天有多高。练拳实则是炼心，学拳其实就是学道理。心摆正了，道理学通了，其他都是附带的。可人们偏要想这想那自作聪明，就把自己的路给堵上了。所以我说入门要当傻子，越是聪明人越学不到真东西。如齐公博傻到不开窍，站三年三体式开发了智慧，最后人称"活电瓶"，成了孙门里头拔尖的人才，能警醒多少聪明人？

先天一气也不是多么玄虚的东西，每个生命都是从先天无极过来的，如出生婴儿无思无欲。人类有思想走入了后天，先天本能就没了。动物没思想到死本能都不丢，其实验证了我说的一个道理，要无思无想别自作聪明。本能谁身上都有，只是被后天故意掩盖，非到紧急时刻出不来。比如被电着了，一下子就出来。

一气从哪练起啊？就从无思无欲开始，为什么孙禄堂把无极桩放在第一位？只管练去就是。用后天思维去琢磨先天本能，就像叫花子琢磨皇上天天吃什么，挨得上吗？什么时候自己成了"老天真"，人家说你怎么和孩子似的，见什么都乐呵？就差不多了。所以说这条路上成就的能有坏人吗？天地厚德，此即拳与道合。

34 嚼得菜根真滋味——道法自然

拳上练出了真意味，食髓知味，便会以拳为核心来安排自己的生活，一切就都会变得健康、阳光、快乐，因渐渐远离一切酒色财气，心会越来越素净，慢慢便能体会内触之清净乃至寂灭之乐了。反过来，日日在各种欲望、杂念中翻滚的，生活就逐渐地一塌糊涂，虽然每日都在所谓的享受，后面的空虚寂寞却如影随行。

真我入了肉胎，便为六贼所系，自己困了自己，出不来了。婴儿时还不深，因后天血气未发，不自觉地还能出来，所以小孩有走魂、叫魂的说法。渐渐长大就愈发牢固，非得人死那天，六贼亦死，真我没了束缚才逃脱出来，却自己做不得主，还是跟着欲望习气流转而再入轮回。故古德云，"要想活个人，须先死个人"，六贼无所用时此心便能解脱了。

练拳的精神本质，我们不往拳道合一、解脱生死的高度去想，只往活着这个本位上去，快乐健康实为第一。天下武林是一家，本没有什么你高我低之分。你有你的长处，我有我的长处，大家取长补短，一方面弘扬了传统武术，另一方面愉悦了众生的身心，此即大快乐也。身体好了，吃嘛嘛香，生命质量才会更高。

易有三，不易，变易，简易。易，即变也。所谓"天行健，君子以自强不息"。天地宇宙间没有不变的事物，如果不变了，宇宙就要坏掉

了，那就会重新回到起点，再来一次宇宙爆炸。这个无时不变的状态，支撑了如今宇宙的自我生存，而人作为与天地同根的宇宙一份子，同样也是无时无刻不在变化之中。变，大道也。

天地即宇宙的缩影。与天地同寿，就是说宇宙的寿命是最长的，而宇宙间的万事万物，寿命则有长有短，决定其寿命长短的因素是生命的自我消耗形式，消耗大的寿命短，消耗小的寿命长。宇宙也在消耗自己的先天一炁，还在不断膨胀，其实就是如同人生孩子一样阴阳结合生成新的宇宙系统，一直到能量耗尽的那天。

宇宙的毁灭与人的死亡本质上是一样的，都是先天一气，也即道体或者涅槃本质带来的能量耗尽，阴阳和合的功能停止，肌体即宣告死亡。而所谓的神识不灭，神识是道体本质的功能，这个功能还在发挥作用，就通过欲望习气的指使流转于各类生命存在的形式，也即六道轮回了。人死时四大消散，宇宙亦是如此。

把天地宇宙的本质看清楚，回头再去看释迦牟尼的佛经，你会感佩的无以复加。释迦牟尼怎么会是所谓的神呢？应该是这一劫里最伟大的自然科学家。佛道两家是最彻底的修行者，佛家既可涅槃又可入世普度众生，而道家是散而与太虚同体，太虚即涅槃；聚而成形，一样入世拯救众生。这就是佛道两家修行的根骨。

这天地宇宙是没有神的，有的只是更高级的生命。基督教和伊斯兰教劝人向善，死后而入天堂，其实还在六道之中，谈不上解脱。而《圣经》里的上帝，其实是对宇宙本体功能的拟人化。对绝大多数的普通人而言，你讲大道理他是不懂的，你弄个神话他就信了。

话题回到我们内家拳的修炼，其中有个谁也绕不过去的理论，就是"入虚"。虚为何？虚即空也，空即涅槃也，所谓先天一气自虚无中来。佛道两家入手，都是修这个虚、空，这也是所谓天地宇宙最大的秘

密。为什么是秘密？因为下士闻道大笑，不笑不谓之道。你不信嘛，所以不轻易告诉你，时间长了就成秘密了。

修行的所谓秘密，其实都是天地宇宙的公理，你不说它也在那里摆着，看不见摸不着，得靠智慧来体认，但这些公理并不是私产，而是全天地宇宙共有，不光是人类，就是花花草草也都有份。你先知道了，就有义务来告知后人，关键是佛度有缘人，得讲究方式方法。佛说可度一切人，但你见过佛吗？润物细无声耳。

缘分一事，在普通人看来奇妙无比，因为你无法把握它，但又没法否认它的存在，只有认为冥冥之中早有安排。缘分，是多少劫因果的积累，到了这一世对景了就会发生作用，人与人此生遇见可谓极其之难，如盲龟遇浮孔，故此人觉奇妙。既是积累，就有用尽的时候，故好缘分要珍惜。缘来则聚，缘去则散，生死亦是如此啊。

心即道，道即心，本是一无所有，即无极，无左也无右，入了阴阳就有了厚此薄彼。道体分阴阳而后有天地，故天地是后天之物。天高地厚，则人法地、地法天、天法道、道法自然，于娑婆中做人本位是厚道。厚即道。儒家言止于至善，至善者，厚道也。修行，先修剪自身欲望习气，而后行事于厚道，最终至善完美。

35 便得天地一掌中——打破虚空

三回九转。三回，指炼精化气，炼气化神，炼神还虚。九转，即九转还丹，是过程中身心内部出现的种种变化。丹，即金丹，非指有形，而是本体那个创造一切的功能。还丹，也即从有形走入无形，所谓还虚、涅槃了。那么形意拳里讲三回九转是一式，天得一以清，地得一以宁，人得一而万事毕，这个一就是这个金丹，也即一气、内劲。

人和天地宇宙都是道体衍化，本自一体同胞，是精神相通的，但人有思想和欲望，就走入了另一个窠臼，离道日远，沉沦其中不能自拔了。故圣人应世把道理讲明白，方法讲清楚，希望众生逆反回真"走回去"，与天地共永生息，所以得道、修道的人到处都是，只是程度深浅不同而已。但凡与佛道有缘的，皆是修行路上人。

孙公禄堂少年习武，青年成就，转而云游修道，于四川遇得道之士传授性命之术，后将三拳合一归于道义，开门见山即是无极，此入门处即是究竟根骨。其实有无极就足够了，得一而万事毕。然拳法是形而下的应用，于是从无极而太极、而两仪、而三体、而五行、而十二目，然五行十二目无论如何演化必然归于无极，此逆反回真、顺中用逆之真意也。

内家拳其实简单，只要把握了这个"一"就行了。形而上道艺，形而下武艺，都需把握无极为本，一气而生，一气者即太极也，金丹也，

内劲也。得一气终究者，无论形意、太极、八卦，就是不会武艺只会抡个棍子，也英勇无匹。不得一气真意者，或近或远，似是而非，似内或外，总之最后糊涂罢了。

八极拳一代宗师李书文所言："吾一生只用'猛虎硬爬山'，半招人就不行了，后半招从来没机会用。"于此，五行拳还算太多了。传承总是要都会学，就像上大学到博士后，看的书考的试无法计算，但最后走上社会用得上的无非心里那一点点心得而已。关键是历练。如同小狮子、小老虎要跟着父母去捕猎，用得多了才能全发挥出来。历练多了最后也无非一拳半腿，并无旁的。

学拳要不厌其烦，练拳要深究其义，而用拳则简之又简。郭云深半步崩拳打天下，孙禄堂也只一下而已。孙存周晚年多用太极拳打人，一下人就飞出去，并无个粘黏连随让人体会太极高义。说到底，汽车撞人一下，咱们这东西也就这一下。大道至简，此天地宇宙至理。愈繁琐者，愈是万里之遥。

太极拳是直接炼气化神的，故很多武术家晚年归于太极，因为人家的功夫已经过了炼精化气，到了炼气化神、奔着炼神还虚去了。好像老虎狮子捕猎并不用列个计划，只是下意识一张嘴，人家那个也是神。未到者都是脑子里要先有个嘴，其实嘴就长在那，用得着寻思吗？狮子扑人，韩卢趁块。

明劲阶段就是炼精化气小周天。练的这个精就是后天人的浊精，所以真入了明劲必须节欲，不然你没得可用。常人如果禁欲每月会遗精，因为你不用它自然就走脱了。而炼精化气是把浊精化为精炁走入骨髓，所以功夫勤的一般是不会再有遗精的。非此，则不是道艺正途，此是一点秘密，故太好酒色者成就不了功夫。但功夫成就后于此两性之事自己就能做主，所谓补大于用，故前辈们也都是有妻子儿女的。

入门为何先站无极桩？就是思想上要返先天，无思无欲，心如止水则身心自然开始运化，这个是不需要故意做作的，但凡做作皆入后天，执着于现象必然会走入魔境。天地并无个主观在里头，所以能够孕育万物。人心一停，小宇宙的孕育马上开始，也即无为而治，清净寂灭。天地厚德，故无德者也成就不了功夫。

天地宇宙广阔无边，在人眼里、心里是不可思议，那是因为人心有限，二边之见，非此即彼。若打破二边，则宇宙亦无非手中明珠，故孙公有云：打破虚空！

36 别开一枝透春红——生命之拳

身心皆幻。看透这点，人生再无余事。天地宇宙是道体幻化所为，虽然看得见摸得着，但并不会天长地久，永恒存在。所谓幻，是指机缘组合，缘尽则散。道体无声无臭，生出一个宇宙，宇宙之外还有什么？曰不可思议，但一切皆有可能。人身内在规律与天地宇宙自然之理是同步的，你有的人家也有，形式不同。

内家三拳都是以形摩意，核心的是先天一气，就是那个本能。外在的姿势、动作、规矩都是从一气这个本质衍化出来的，好像道体衍生天地万物，拳路都是在反映着一气这个本质。怎么反应？就是顺中用逆，心意上要空灵，而动作上要将散乱之神气缩回丹田，则是练拳的回返先天。技击是后天应用，本能激发最好用。大道至简，内家拳就一个本质，这个通了就一通百通。套路怎么编怎么有，没有穷尽。套路是为拳术服务的，但不是拳术根本。你懂了一气，你也可以创拳。所以形意初始只有五行拳，太极也只那一套，八卦也只有老八掌。就简莫求繁。

有拳练是一种幸福，就好像人一定要成家，因为孤阳不生孤阴不长，阴阳一定要和合，人生或者生命才是完满的。练拳，其实是另一种阴阳的建造，因为人身体里本身就是阴阳具备的，只是后天生命的流转，完全表现在两性的欲望延展上了。当然，也有阴阳反背的，以后再讨论。内家拳是自炼阴阳，圆满自身小天地。

八卦掌要轻灵飘忽，如一叶扁舟飞纵于怒涛之上，倏然不知其所在。所谓横走竖撞，基本概括了八卦掌的本质。其实走还不准确，应该是悠，要把自己悠起来才对路。而撞，是需要有心者好好研究体会的。太极拳的本质都在一个"无"字，人不知我我独知人，接与不接都要让对方空无落处而失中，则我有猝然之一击。

八卦掌走圈到一定程度，会进入类似自动功的境界，也即自己根本没有用主观意识，对身体没有控制，而身体会自动蹭蹭地往前走，此即八卦掌的后天返先天，也即是"身形应当似水流"。拳架子多练只为熟，通过对大脑皮质不断深层次的刺激，逐渐和副神经的功能结合在一起，动手时刹那自动反应，都是平日练熟了的，要是走脑子那就不对了。

太极拳接与不接一样打人。八卦还需转圈，形意还有混元，太极一无所住，本能激发挨哪是哪，遍身是手，不见规矩没有法度，这便是孙氏太极拳根骨。孙存周以太极拳打人，只一碰人就飞出，此即只有一没有二。太极拳野战，也是从此道理，只在神意一先。孙氏太极拳有四句话：起手就打人，动手就伤人。出手见红，伤人害命。

形意拳是一下。六面争力，周身如球，好像重型坦克以最高时速摧枯拉朽冲上去。胳臂是炮筒子，上挑、中崩还是下砸是就手的事。形意就这一下最难练，有心就拙，无心吧又找不着路数，所以得明白师父口传心授，引导你徐徐入港。其实也简单，有就不对，但也不能绝对没有。空无是根本，绝对的无也没什么用处。

内家拳是练精神，不是练肌肉。就算有肌肉的参与，也是在精神的主导下被动地参与。郭云深讲"形意拳唯神气耳"，得把这个精神调出来才能应用，不然就那几下简单的拳法随便拿出去是打不了人的。其实拳法应用的本质首先是速度，有了速度就有了力量，速度力量超越了不

用讲技巧，挨上就是，这就是孙氏拳的本质。

　　这个先天的精神有多快，只需要做个实验就知道。一个人面对着墙站着，后面来个人悄悄一推他，无论倾倒的速度多快，这人的两只手都会在最后时刻伸出去撑住墙。这个，就是先天的精神。手怎么出来的？速度快不快？用这速度打上人怎么样？内家拳练的是这个，所谓后天返先天，不用后天故意的心，那个心太拙。

　　练拳的意义是什么？想打天下第一，博取功名利禄？这些要是命里没有，一劲瞎折腾也争不来。其实练拳的意义就是练拳，于个人身心性命中别开一支，生命就更加完满完美了。因为练拳能带给你太多的好处，且是花钱买不来的。这个社会无论哪个行业的人，学一门内家拳法，是很文雅且受用的美事。

37 一言惊醒梦中人——真练与真得

太极拳的"太极"二字，孙公禄堂言太极即一气，一气即太极，尔后才有阴阳开合虚实，而引进落空者，是阴阳虚实演化后天之用，故需常向推中求，以求知人。然太极之根本多为人所忽略，以为推手即是一切。岂不知，太极拳有本能激发之绝然一击，与形意拳等并无差别。太极拳的走架，所谓知己功夫，一定要预设场景，眼前有敌情，自己便是导演和主角，把每招每势的攻防含义表演得淋漓尽致，如此吃透拳招，形成身体记忆，到用时只一瞬间，是对景的事，便是本能激发自动应对了。练时规规矩矩，用时没规没矩。练时是太极拳，用时没有太极拳。零点几秒的反应时间，就只是野战。推手是知人功夫。若是近身撕搏，乃至擒拿摔跤，推手功夫立显。此即是以太极之长攻敌之短，也就是不管对方练什么的，都让他跟着你打太极拳，自然稳操胜券。然一到野战，别说近身，连搭手机会也不易得，此时莫做推手想，往往一拳定生死，便是只有一没有二，就全看平素积累。

我曾将内家三拳的技击分别请教李师贵江，形意与八卦易懂，只太极拳，我问道："动手也是不丢不顶、引进落空吗？"李师云："若论技击，太极拳最高明，因为无形无相。"我问："怎么打的？也是一气？"师云："你若懂一气，就都说完了。"言下大悟！孙公禄堂云："太极即一气，一气即太极。"动手便是猝然一击！

懂了一气，本能激发出来的速度和力量都远超过后天造作，所以还要那些劳什子做什么？因此孙氏太极拳的核心就是一个"打"字，此孙公返了太极拳能野战的本来面目。而推手于近身撕搏中用处很大，生活中很多这样的应用场景，故推手高明的能如郑曼青所言"大英雄力敌万人"，只因都是借人之力顺人之势耳。

太极拳首在松沉。所谓掤劲，其实是全身松张之力，犹如水泡的表面张力。形意拳讲内开外合，六面争力；太极拳讲无有凹凸，八面支撑。孙氏门内讲形意拳是实心铁球，太极拳是空心皮球，内外都是球意，得此即是真意。我们不练骨也不练肉，有了骨肉就拙了。只是一气贯穿，本能作用，精神抖擞，余皆是附带。

练拳至没了拳架，只是精神在作用。一开一合，一伸一缩，浑然无我，神意运转，则拳架功夫成就。此无他，动作时皆是心意迸发，无需手脚身形配合，因精神已经化了有形的种种，但心意到处身形即到，快否？无论东方西方，无论武术搏击，唯快不破。后天之快有限，先天之快无限。故须于无形无相中寻找真谛。

形意或太极，皆是练一敏感，有感而发，则一气太极，太极一气，阴阳五行十二目顺势而为。若是无感，则空空寂寂，此即无极。单重者何？要懂阴阳虚实，有阴阳虚实则生重重变化，不为他人所制也。故太极拳左虚则右实，右虚则左实，周流一气无有穷尽，始终在虚实变化之中。人不知我我独知人，此懂劲也。

球意者，无点不化，无点不击，唯于高速转动中得其体现。虚空能生万法，宇宙本来虚无，但有无穷尽之星球浮于其中，星球重否？虚空轻否？奈何能担之而不堕？转动！此天理，亦公理，亦内家拳之理也。太极，转动也。形意，转动也。八卦，转动也。太极者，随转也。形意者，直转也。八卦者，斜转也。曲胜直。

故内家根骨，一在转，二在动，须于自转、公转中寻出路。球者，非体躯如球，乃神意如球也。神意驱使，肉体皆是附带。故练拳都需从空空静静中寻真谛，三派之中可有异者？一也！不返先天，不得神意之真功夫，但能得一气之精神运转，则练拳飘飘欲仙，只是于专气致柔中享受内触之乐，而精神决然敏感哉。

学拳须先从有形而入，终入无形。练到"拳无拳、意无意、无意之中是真意"，即是无形归处。何谓拳无拳？只精神指引，何须拳？何谓意无意？起心动念皆是后天故意，要那个婴儿吃奶天生本能之意，就是内家真意。拳无拳，身形似水。意无意，空空静静。万法皆无用，便是真意萌发处。

上法三药精气神。精需转，气需养，神需存。有此三者，一水一饭皆灵药也。生而入道，则我命由己。比如抑郁病，是气血提不起来，精气神不继，人便灰心。劈崩可治，每天一身臭汗，脉通气壮就好。

起手横拳，也即起为横，此先天之横，一气之团聚也。直中有横，是后天之横，起钻落翻须加蛇形，身法就活了。四象，不可须臾离也。四象是另一类十二形。鸡腿，含蓄也。龙身，劲力折叠也。熊膀，大龙发力也。虎豹头，伸口而欲咬，精神振奋也。

阴阳于后天功能的发挥，是一切现象的本质。从养生而言，睡眠第一，饮食第二，有为第三，男女第四。睡眠不好必短寿，睡眠好要自然醒，故一定要早睡。阴阳得平衡，而后谈饮食。

早起的劈拳晚上的桩，于健康足够了。早起阳气勃发，用劈拳补气调息，盗天地精华。晚上混元调理气血，化解瘀积，可防隐疾潜伏。当然，此二者功能远不止于此。与其天天想着吃补药，不如调动人身的大药。

形意拳的一个重要特点是变化多，且各拳各式都息息相关。比如

狸猫上树，很多人以为就是钻拳和拐子腿的结合，那只是表面。这一"上"，里头蕴含了"猴爬杆"和"鹞子钻天"，再进一步就是挂画。这一"下"，做大了就是龙形。越是简单的东西里头蕴含的越丰富，比如崩拳一变就是迎面掌，百发百中。变易，简易，骨子里是那个不易。

但凡复杂的，皆未入道。道者，简易也。故授人以繁杂者，是自己还没练明白。喜欢繁杂者，是糊涂上头加糊涂，稀里糊涂。最后除了一大堆玩意，几无所得。

关于形意拳的快速增长体能，可以用"龙精虎猛"四个字来概括。其原因，就是返先天后肾功能强大起来，犹如发动机源源不断提供动力。练形意拳的人年轻，也是此理。故补肾不在后天在先天，拳法越练越累的落在后天，越练越精神才对。

38 我为什么能跑到10公里

我自幼体弱多病，从小到大都是受人欺负的，所以16岁才开始发奋习武。前面走过很多弯路，接触过少林、拳击、散打、太极、八极等功夫，直到我遇见了孙氏唐山一脉的传人李贵江先生，才算是走上了康庄大道。

传统武学是个系统工程，但目的只有两个，即形而上道艺，也即是人生完满解脱；形而下武艺，敌将也，就是技击。李老师有句话："打人就是强欺弱。"武术于系统训练的过程就是不断强大自我的过程，所以有易骨易筋，也即是脱胎换骨的过程。当你不断地强大起来以后，又掌握了系统的打法，才有可能去敌将。而身心的强大，也必然首先是建立在身体健康的基础上，所以强身健体对于武术而言只是小儿科而已。

其实我对动手打人的兴趣，远不如验证前人功夫的兴趣大。郭云深先生晚年将一生心血著于文字，交付孙公禄堂以示衣钵传承，孙公禄堂则将其刊载在《拳意述真》的第一篇予以公开，于是天下人始知形意拳有三步功夫、三层道理。什么是明劲易骨？什么是暗劲易筋？为什么练形意拳的能跑步？孙公禄堂自己说年轻时每天早晨跟着他的师爷郭云深跑步，郭先生骑马，他则在后头拽着马尾巴一跑就是一百多里地，等于一个马拉松还多了。也说自己徒步从保定去北平，也就是一晚上的事。这是跑出来的还是练出来的？

因为自幼体弱，从小最怕的就是跑步，现在知道是肺力弱的缘故。长大了也没好多少，虽然经过多年武术锻炼身体强壮起来了，三伏天最热的时候也可以连续踢2个小时的足球，但长跑还是不行。一直到去年的10月份我搬了新家，而新家附近恰好有个大湖，于是顺理成章的每天晚上到湖边遛遛，逐渐地开始跑了起来。到这个时候我练形意拳大约已经8年了，在这8年里没动过跑步的心思，所以也不知道自己能跑多远，但第一次大约就跑了3公里，这大大出乎我的意料。我记得从小到大最远的距离也不过1千多米，而且就已经喘得不行了，这多少年不跑步了，偶然一跑，轻而易举就过了3公里，想想大约是练形意拳的缘故。

就这样我每天晚上下了班都绕着湖跑一圈，冬天风大基本都是在屋子里跑步机上跑，就这样来到了来年的春天。我每天三遍功，早起劈拳，中午全套五行拳，晚上主要站站桩，再加上跑步。从四月份天气暖和以后恢复环湖长跑，大约一个月时间就突破了10公里，而且是非常轻松自然地突破。其实还可以多跑的，只是不想让身体负担一下子增加那么多。

突破10公里，第二天早晨起来也并不感觉到疲累，这就说明身体恢复得很好。如果感觉很累，就是过度了。我们练拳也是如此。尤其是练内家拳，早晨醒来阴茎必然勃起，你要是头天晚上累得不行，肯定不会有这种生理现象。突破10公里以后长跑就不是什么困难的事了，因为已经没有累或者喘的现象，只是身体在轻松自然状态下的适应而已。自己总结了一下，一个是劈拳强肺，肺强气壮；第二个是混元桩入虚，能把消耗降到最低。更大的意义在于，我验证了孙公禄堂的这段故事是真实的，它不是硬跑出来的，而是五行拳里头练出来的。

我经常与专业搏击运动员交流，他们和我讲到，泰拳之所以硬，倒不在于踢大树什么的，而是人家每天最少15公里的跑步，使得肌腱骨骼

极其强健，这就是典型的强打弱的例子。我们传统武术也是要跑步的，最起码孙公禄堂到晚年跑步不辍，李书文带徒弟每天晚上也是几十公里跑步，若说到技击的最基本要素，其实东西方并无差别，差别只是在于方法手段而已。

下一步的目标跑到20公里，我相信会很快到来，然后就去参加半马，这一段的验证也就可以告一段落了。最后有句话要交代的，这是过来人的经验。长跑也要有度，当你把脂肪都消耗没了的时候，身体就会开始消耗肌肉，那么你的体重、力量都会迅速下降。那些专业的长跑运动员都是皮包骨头一样，就是消耗太大了。我们练武术的跑步是辅助功夫，是为了长功夫服务的，所以千万不要本末倒置，要以"不累"为大原则。也有练武术的朋友问我跑步有秘诀没有？其实只在于"返先天"而已。我在先天里头自炼精神，而你在后天消耗精神，这就是差别。

39 由来春发不觉晓——散打实战小结

孙公禄堂在京授业时，常有人寻去学习，但没多久就有跑掉不练的，说老孙家练的不是武术，问他为啥呢？答曰他们家不是跑步就是打沙袋，武术哪有这么练的？还有一则，大约是孙公隔辈人，回忆幼时孙公弟子每日实战，在一间没有窗户的屋子里，不时就会有人飞出来，爬起来进去接着打。经常的不是断骨头就是伤内腑，故孙公家灶上永远熬着两锅药，一锅治外伤，一锅治内伤。

有感于所学的不足，我主动去找省队的散打选手进行实战。所谓尺有所短、寸有所长，体会是很深切的。中国的散打从20世纪80年代开始起步，到现在已经发展到相当高度，基本上与泰拳的技战术水平相当。而这几十年，也从包括以泰拳为主的国外搏击术中汲取了诸多营养。队员们告诉我，如今散打的腿法、步法、练法很多都是泰拳的。

大家都空手不戴拳套，我以起钻开路，刹那一个惊炸无人能挡。老师也告诉我，形意拳就是上去一下解决战斗。然我不可能下死手，人家也不会把你当仇人对待，彼此都留着余地，也就没有不招不架就是一下。退回来再打第二次，就进入到游斗，也就是郭云深在《拳意述真》中讲的明打。郭公言明打不易，确乎如此，因人家有了防备，你想重复或者打冷不防就难了。

换做队员们进攻我防守，也是瞬间冲击，拳脚齐到。一定要双手护

好头，这是我之前就有过准备的。这方面欠缺的极容易被人一拳KO。散打是拳脚相加，我一直防备着对方起腿，果然上头一拳下头一个正蹬就来了，瞬间我一个狸猫上树，上下钻锉斜着劲连封带化，队员们也是一愣，还能这么防的？因为我的右脚已经对准了他的支撑腿。

专业级的散打运动员拳脚极重，每一下打实了都足以KO对手。力量虽然重，但出拳出腿、尤其是变化的速度相对慢些，从技战术上比较丰富，是上下左右连发组合，身体各方面的硬度也很高。几个回合下来，我体会形意拳的道理确实在于占先手，后发也必先至，击对方于半渡，不能让对方展开，一展开就不好打了，就得走偏门抢大边。然道理是如此，实战中功夫大才是硬道理。无论速度、力量、硬度、变化、进攻的持续性，都要综合到一起显现作用。

后来又与一新朋友交手，它是先练自由式摔跤，后改散打，据介绍惯以过桥摔赢人。先在我的200斤沙袋上试验拳劲，果然是轰然作响，拳力十分惊人。我则演示虎扑发力，一下将沙袋打飞撞到后面的墙上，吾言此为形意发人丈外的劲，大家自然是没见过，但觉得这个近身搏击可能没什么用，因为高速移动对抗中没机会让你从容发力，且打上了不着痛痒爬起来还能继续战斗，岂不是白费力气！我表示部分赞同。随后试手，我仍是一个冲击，这种先天本能的惊炸，后天上不可能防得住，小伙子返过神贴上来拿我双手准备施展摔技，较量了两回没能撼动我的重心，恰好他手转在上我手转在下，把肘尖一转对准了他的心口窝，大家喊停结束。

与高水平搏击运动员的较量能够真实地检验自己所学，平时反映不出来的问题就都会出现了。一个是反应。瞬间冲击也就是零点几秒，大家激发出来的都是本能，不可能有时间让你思考，所以日常除了捡自己顺手的招数几十万次重复以外没有别的路子可走，否则平时你自己练得

很得意，一到真章时根本想不起来，唯有本能可以依靠。第二是高速运动中的发力。可能平时原地发力很不错，但一冲击起来身体高速运动，能不能还把力发出来就是问题了。第三是身体的硬度。相对于高水平专业搏击运动员，我们的身体还是偏软，而这种硬度来源于每天最少10公里的跑步。据他们讲，泰拳选手每天最少15公里，甚至20公里，身体关节、肌肉等的硬度皆来源于此。想想孙公禄堂年轻时每天一百余里的跑步，一直到晚年犹跑步不辍，可见实战上最根本的东西并无差别。第四是技术的全面。进攻，防守；进攻中的防守，防守中的进攻；上下左右四维度的全方位技战术，关键是组合运用得合理得当，是需要在实战中不断总结提高的。第五是对抗的持续性。我们往往强调一招制敌，进攻或防守缺乏连续性。比如扑上去一拳，如果是性命相博可能结束战斗，但这种情况一生恐也不会出现，实战中必然产生来往回合，这时不具备持续性的进攻和防守能力就很吃亏了，往往冲击了一下后就不知所措，这是极致命的。

形意拳应该是中华技击型武术发展到高峰之作。任何一门技艺或学问，发展到顶峰的特征就是简单。拳击也就直、摆、勾，形意其实就是劈、崩。所不同的，搏击是抡起来打人，而形意拳是冲起来打人。很自然，身体的整体动能肯定是超过局部肢体抡动的，但在实战中的胜负只取决于个人功夫大小。所以有句老话：功夫大的不讲理。

武术自身的发展也经历了几千年的演变，少林武术最早也有觉远上人集结天下武功的历史，没有少林又哪来如今的百花齐放。所以要打开心胸，虚心向中外实战武学虔诚学习。如今客观、科学地对待传统武术，就是要彻底扔掉种种的神话传说，从原来的在天上飞回到地面上来，脚踏实地做点真实功夫才是要紧的，不然武术早晚变成如窗花、门神、对联一样的文化风景。当然，武术也可以只作为修身养性、乃至于

娱乐身心的手段，但是于完整的传承和发展，则是有所偏失的。

功夫出来了一定得多打，不然都是空谈。打得少或者不打的功夫其实不在身上。经常性参与实战，就能把招法、用法都化在身子里，是一个交融吸收的过程。一开始打可能很笨，但慢慢找到节奏、空间就能适应，而后才有余地，才能把自己的东西慢慢发挥出来。等到拳都是本能的简单反应，就是融会贯通的时候。此后才是真正拔高的阶段。

不管怎么打，自己练的什么拳用出来就是什么拳，不可能我练的是形意拳，打出来的是拳击，那说明拳没练到骨子里，没化进脑子。也不仅仅是形意拳，各门各派技战术都是足够应用的，只在于个人掌握的程度，以及在实战中的消化吸收再活学活用。如果练的仅仅是架子，一实战必然是手足无措，没底子的就是王八拳，而有拳击底子的出来的就是拳击了。

前天晚上很偶然看到一部李小龙的纪录片，是国外拍摄的，披露了布鲁斯李很多不为人知的历程，给我的体会，是每个有志于武学的人最后都不可避免地要走自己的路。队员们给我演示从泰拳衍化来的小步实战拳架，我一看不就是三体式嘛，而且也是手不离心肘不离肋，步伐灵活绝无凝滞，几乎没什么差别。印证了我那句话，无论什么拳法，落实到最后的实战，无非一拳一腿。

1949年以前的形意拳什么样？或者说郭云深、孙禄堂那个年代的形意拳真面目如何？如果从技击的角度，我想和如今擂台上刺刀见红的情景也相差不多，只不过如今的擂台小点，规矩也多了些，应该是更生猛或者说凶狠的。无所不用其极，才是对的。让传统武术的实战回归本来面目，也确实需要像散打的成长那样多方面汲取营养，而传统武术几千年的自身发展不也是如此吗？

40 江清月近问有无——点滴记忆

站桩，两条胳臂既不是挂在胳臂上，也不是吊在膀子上，而是漂浮在空气中，好似"陆地游泳"。

肉赖血养，气催血行。后天之气全赖先天之气催动，故岁数大了气血衰弱了，是衰老的根本。劈拳补气，无极、浑圆则回返先天，有此生命才可常保鲜活。养生要懂的根本，唯一气耳！

血是没法直接补的，能补的是气。五行拳皆是补气，气足则精满，精满则髓冲，髓冲则血盛。靠食补药补，能补上气的才靠点谱。

体育运动里最能补气的，游泳最好。只不能过，要留有余兴，则精炁不堕，累得要死那是自掘坟墓。再配合打打坐站站桩，先后天就都补上了。

娘胎里带出来的病，十之八九都和肾有关。成人后的疾病，十之八九都和脾胃有关。想长寿补脾胃，脾胃衰弱是短命相。

游泳的机理类似站桩。一是绝对放松，在水里飘着周身肌肉都是松弛的。二是脑子不瞎琢磨，类似于入静。三是气息悠长，会换气的都晓得这个道理。只是游泳要慢，尽量滑行，呼吸不能乱，就和明劲的调息类似了。还不能累，二三十分钟足矣，要兴致盎然。其实，生命的奥秘都在呼吸，呼吸一微秒，生理就微妙。呼哧带喘，自掘坟墓。

一气之伸缩，是神意上犹如炸弹，如崩拳。练须整，整之后则入神。

站桩无法入静的，可用观世音耳根修法。准备一个带响的钟表，放松身心，听滴答声于心头流过，而此心如如不动，逐渐于动静二相了然不生，入于气住脉停。

横劲，一种是于球体每个点上都存在的，于是公转带着自转，横出横入，所谓浑身长刺，别人拿不住你了。会打架的没有直着上的，都是横着上。身体上练出了360°的球意，才能知此妙处。

郭云深言："明劲为调息，呼吸宏大；暗劲为息调，已不闻呼吸声。"调息，就是让呼吸自然配合上动作，不要刻意于呼吸，逐渐便进入到无声无臭，便是息调了。拳法转气为息，与道法同。宏大者为气为风，无声无臭者为息。进入暗劲，生理之变化日著。

练崩拳，胳臂不可用劲，用周身走出崩拳的劲来。说崩拳是胯劲，并不在胳臂上，而是周身奔涌而出，如巨浪拍岸，前浪后浪滚滚不绝。

武术不分内外家，实用上的架子都是三角形的桁架结构。架子在高速对抗时以不散不倒为要，故身架为功法第一要素。搏击等亦为三角形，此殊途同归者，为客观世界物理规律的反应。二者唯用法不同耳。

总结起来，桩法中还是混元桩最佳，几无缺陷矣。三体式总归还要熬腿，这是一点桩法挑人处，功夫大不在熬腿上。入门时多站站三体式，六合九要都到位了，等把拳理悟透站不站都可。因为还有混元桩。

打拳喘，是落在了后天，筋肉做功了。喘是正常的生理现象，但不合于拳道。练要返先天。神意上做功夫，不牵扯肉体后天，自然就不喘了。呼吸不灭，真息不生，拳法入不了道艺。

站桩打拳都上瘾，没事就站站，这可不是逼着自己练，而是功夫上了身撵着你练。究研拳术，最大的乐趣就是自己跟老辈人说的合上了，古德不我欺也。

公转自转，即圜研相合。圆者，有形之虚圈。研者，无形之实圈。

于动静相交处悟彻本源，则可在各式圜研相合中得其妙用，孙公此言大矣哉。十三式亦不过应时应势而动，圜研相合其根本也。

劈拳的效果，是伸手如蒲扇，攥拳如皮锤，伸指如铁条。崩拳的效果，是神意如炸药，缩至极处，随时爆炸。这个路子，是前贤都走过的生理必然出现的过程。

孙公禄堂在《形意拳学》中的每一句话都是经典，能看懂了才说明路子对，看不懂或者是还没入门，甚至起心怀疑的就更是走错路了。天下没第二个孙禄堂，练错的人比比皆是。

退步崩拳其意甚妙。看似后退，实则未退，引人入彀，方便击倒马库斯的前手摆拳，即是此例也。出奇制胜！

钻拳似闪，指其轻敏迅捷无比，心里头一闪念就已经打上了，故钻拳最阴。一气之曲曲流行，无所不至，防无可防也。若一落行迹，即失其本意。钻拳探喉，杀人于刹那。一般只打下巴，手下容情也。

十八九岁怎么吃都不起肚子，一过四十肚子就起来了，为什么？器官是肉做的，肉赖血养。岁数大了气血一虚，血不够，脾胃功能就差了。运化不了食物，转化为脂肪积累于腹部，于是肚腩便起。所以年过四十要控制晚上的饮食，食少而清淡，三四分就足矣，不然带着一个饱满的胃睡去，翻来倒去的胃口就坏了。脾胃一坏，诸病即来。反过来，丰盈了气血，便是青春常在。

李师贵江曰："癌症与筋有关。"因筋生气，气又生血。癌症的起因多是淤积，气血不通之处筋必粘连委顿，故将筋脉一畅，气血得过，则淤积即除。人不可将脾性压制在肚子里，一定要想办法宣泄，郁闷成疾会损了肝气，而肝主筋，故无论如何人要活得开朗。

龙形，以孙门的最难。其他门派多以跨腿为主，唯孙门龙形为平地起落，且又不是蹦，而是一气之飞升降落，其难矣哉。李师云："龙

形、猴形非年少习武不能成就，故多是知而不练。"龙形一为搜骨，所谓伏地龙；二是飞升，全靠一气激发起落，非人为跳跃，讲究把身子整体抬升起来。又要在离地须臾间前后换身，要快似闪电目不暇接，所以练龙形能成就身子，其中奥妙大矣哉！

大道至简，但越是简单的东西越不好理解，因为人的思想都在后天故意中。人皆好繁而恶简，故越是花样多的越能蛊惑人。大德希声，都是点拨众生，说多了又入后天，就是害人害己了。孙公禄堂伟大，发明无极桩，身心更易间便能体会返先天的好处，胜于千言万语。

拳之用和拳之学是不一样的。用，极简；学，极繁。要由繁入简，从有形入无形。最后便是：得来万法全无用，身形应当似水流。

专气致柔如婴儿，恰是明刚已尽，初入暗劲，则转气为息，无声无臭。婴儿纯阳之体，睡眠时悄无声息，此皆是自然之现象，唯道家将其解出，非过来人不能为也。故走对路，踏实修炼，功夫皆可期也。

孟子曰：浩然正气。此非有形之气，乃先天之气。何能充入天地宇宙？无非本体之功能，即一气、金丹、太极、内劲也。故学者当先入无极，空空静静，则正道有准。凡后天者，皆是用，非根本也。以用为本，终无下脚处。

什么是化脑子？就是意气君来骨肉臣。把肢体动作熟到全然忘却，就只剩下神意运转，心到身即到。然此心非后天做作之心，乃先天灵动也。一入后天，笨拙无匹。

补肾，后天之食药能补否？肾为先天之本，须从空空静静中得来先天一气，则肾之气始能盎然。故补肾多站无极桩就行了，后天是求不得的。

劈拳的核心就是转气为息，气血就充沛了。打一年劈拳，无论谁都会转换身心，恢复到二十几岁的体能。人身，唯气血耳！

身心要越练越轻盈，没有越练越沉重的。打法要越练越简单，只是一下而已。繁琐的东西玩着很开心，到真章上会坑自己。

民国版《形意拳学》中孙公之三体式为先天练法，平掌，三七。晚年孙公在江苏省国术馆为了解决从学者不耐于三体式之苦，遂改为立掌，五五，此为后天练法，要将全身四正八柱兜紧。练成后人身如钢浇铁铸的一般。后人不解其中奥义，将武学录中三体式统一改为五五立掌。还有个极限三体式，更是不知所云。

无极桩，就那么一站，无思无想松快自然就行了，如果还有什么方法就错了。先天的东西，任何语言都是苍白的。犹如佛祖拈花，迦叶微笑，非身教不足以明之。

先天的东西都简单，复杂就不对了。人愿意往复杂里头想，是因为思想在后天故意里头。思想上要先转过来才行，就简而去繁。形意的意不是故意的意，而是先天真意。好比人忘我时满腔赤诚就能做大事。

抛开武艺我们谈做人做事的道理，其实也是一样的。宁简单不要复杂。最有效的方法一定是最简单的方法。悟道的人入世做什么都会成功，就是掌握了简易的道理。守中致和，以简为用，就可以立于不败之地。所谓半部论语治天下，无非如此。

易经的易，核心就是至简至易的意思。简易，不易，变易，都是围绕这个不变的核心来的。今人读不懂易经，是因为后天的思想太复杂了，拿后天来揣摩先天，本错矣。变来变去的都是现象，唯独要把握那个不变，也即以简易面目示人的道体。

智者之美是简约，庸者之美是繁琐。

要善于使用自己的体重，而体重要在高速度运动中才可体现功能，也就是唐维禄说的把一百多斤挂在手上，这也就是武术和搏击在致用上的本质区别。

拳法中，丹田的作用是自己慢慢出来的，而不是刻意造作出来的。造作的都在后天，早晚入魔。规矩就是秘密，练对了就都有了。智慧不发，和你说也没用。瞎琢磨的都会害了自己。自以为聪明和耍小聪明的都没法教。

不思而得，是为智慧，在先天。思而有得，是为聪明，在后天。

孙公禄堂在著作中谈到自己年轻时积气于小腹若铁，动辄发人于丈外，自以为得法，遇见宋世荣后才知道那是后天功夫，而拳道正途应该是养吾浩然正气，也即先天一气的本源，于是将此后天练法扬弃。薛颠《象形术》中之易筋洗髓，所谓积气于腹，腹部若铁，发人于丈外，此非后天乎？可见得道之难。终非泛泛之谈而能也。看老辈人，要探究其归宿，非善终而夭，其得道乎？

41 一峰傲绝云山顶——拳道相合之最高机密

　　天地宇宙的根本规律，其实就是阴阳交合。道体一动而生阴阳，始有天地万物。天地万物身背阴阳，又无时无刻不在交合，故宇宙还在不断发展，生命还在不断繁衍。最终，一体走向消亡。那时候，作为人类个体不修道也都回归清净本体了。只是还早得很，人类生命于宇宙而言，连沧海一粟都算不上。雌雄个体交合繁衍后代，这是后天生命对本体功能的自然使用，但个体自带阴阳，为何不能自孕自育？道家秘籍上讲修道过程中的怀胎、元婴，是什么意思？其实，有阴阳就有交合，但自身阴阳的交合，必须是在回返先天的状态下，才会自动出现，而人类都是迷在后天而不知。自身阴阳的交合一旦出现，生理上就是混沌，如痴如迷，后面就是养育元婴等，自不必细说了。讲练拳的拳道相和，生理上起了变化，所谓易骨易筋洗髓，其实就是自体阴阳交合的自然过程。所以我们说练拳也好，站桩也好，打坐也好，一个字就概括了，就是里头得"美"，飘飘欲仙！内景妙不可言，但不能执着，执着了也会走歪路。武术的核心，其实就是这个，得了的功夫就蹭蹭往上走，不悟的一辈子练个拳架。从这个角度讲，功夫不分内家外家，骨子里都是这个。

　　这世界上有多少人在修有为法？不识本心，修法无益。没彻悟本源，就始终在有形有相中自我造作。今天这个法，明天那个秘，其实是自己给自己挖坑，入得深了最后是自己埋葬自己。福德智慧此生不一定够，就不要去勉强。大智慧人一句话就悟了，所谓见性成佛，立至佛地。而后呢？就是修，虽然本性上见了端的，但习气、因果未了，因此要入世作菩萨行，利益众生，同时圆满自我。此，为真修行。真的圆满了，才能始终于涅槃之地如如不动。成佛了，更要利益众生，不能老是在那里寂然寥阔，要出来度化众生，但却是用即用，不用即歇，此心始终在本源处不动分毫，即所谓如来。好像来了，来了的是象，真我呢？没来，主人翁始终在家呢。如来到哪个世界，就以哪个世界的物象示人。娑婆就八十三岁入涅槃，吃喝拉撒生老病死一样少不了。肉体死掉了，一般人就迷入轮回，人家不会，活着时此心不动，死了此心还是不动，不过是脱了层壳子而已。所以啊，向佛崇道是自己的福德积累，但因果是过不去的，你自己做不了主，死了就迷。活着没透彻见地，不如老实念佛来得稳妥，最后成就是一样的。说得越多，后人越造作糊涂，入了歧途的人就越多，所以如来反复讲，不要以指为月。这也是没办法的事，责任使然。真明白人不发一语，如佛祖拈花迦叶微笑，但他也说了浩如烟海的这么多经，娑婆就是这么无奈，事物都有两面性，其实是我们的果报重啊。没这个不思而得的智慧，不如早早打算去极乐世界，总归比漂泊六道好些。

　　回到拳术的话题。生命在于运动，还是静止？当然在于运动，因为"天行健，君子以自强不息"，天地宇宙间没有不运动或者说根本没有静止的东西。关键在于，是什么样的运动！天地不仁，以万物为刍狗。真正的运动，是不带用心的。而人们的所谓运动，都带有功利性、目的性，是带着贪欲的，所以过头了就是生命的加速。所以啊，形质上虽然是生生不息之运动，但那颗能所之心却是永恒不动的。物不迁论，讲的就是这个道理。天地宇宙根本上只有一个真理，佛道两家孜孜追求的是这个道理，内家拳赖以核心的也是这个道理，并无二致。你掌握了这个道理，各种运动形式都无所谓，我们跑步是为了验证这个道理，以之搞通生理。另外，也是为了强健体力，不然无法应对高强度对抗。

内家之所以为内，要转一呼一吸为息，此息者，乃圣俗交界也！换句话说，呼哧带喘都在后天造作，要体会先天神意，若有若无。你只要带呼吸，就没指望。咱们跑步的要义，就是不喘，呼吸是若有若无，体现了"息"的功用。这种程度，身体的消耗降到最低，才会有孙禄堂每早一百余里地的跑步。形意拳是把物理和生理都搞明白了，其实就是返先天。一旦逆返回真，你就是什么都不练，也一样能把身上的病调理好。你越是内心挣扎的，消耗就越大，也就越累。所以做任何事做就是了，不要设目标，不要排计划；反之，大抵都半途而废。

人身之中，心肾二气若时时相交，便是色身转变的关键。常人心气上行，故迷于种种思维烦恼。肾气下行，为淫欲所消耗。待净尽时二气分离，便是色身衰亡之日。心之官则思，思考的器官是大脑，人好思维便引心气上行，思维重了便是心火上炎，心脑血管疾病便来。修行是让心气下行，则与肾气交于炉鼎，便是水火既济，此向上一路，始能返先天、悟真道。如何做？只空空静静，佛家曰放下，就在当下。道家性命双修，理上不悟，便有种种法门手段，内家拳即一也。若只从后天故意上揣测前人，便是糟烬了古来圣贤的美意。当你不思时，才是大道门径。

先贤云：明劲呼吸宏大，谓之调息；暗劲呼吸似有若无，谓之息调。此皆人体正常之生理，非能制造得来。调息者，以有形之呼吸调整肢体动作，盖拳法尚在后天刻意之中，心中充满种种故意；息调者，以肢体动作带动之呼吸，拳法已入无形，此心如如不动，呼吸亦有如不动矣。非只拳法，如跑步运动，开始刻意调整呼吸，以呼吸为主，肢体运动次之，呼吸宏大，此即调息；待一段时间身心已无羁绊，周身上下轻松自如，呼吸便微小起来，此即息调。故人之生理，到一个阶段便有一个验证，前人落之书笔，吾已验证无误。究之根骨，在心不在形，然初始无法忘形，便由形而入，乃能逐渐忘形，故拳法规矩阶段一点都差不得，唯智慧高低差别。体育运动虽呼吸之理近似，然运动在筋骨腠理之间，故汗出而浮。拳法看似缓慢，却是运动五脏六腑，故其汗乃五脏六腑之汗也。运动之汗，乃肌肉骨骼摩擦之生热所引发生理排汗；拳法之汗，乃五脏气血蒸腾之发热生汗，此二者异同也。由此，发五脏之汗与发筋骨腠理之汗孰高孰低？本末也！故，拳法与适当之运动（跑步、游泳）结合，内外皆致矣！

  练拳过程中，只要是符合了逆反回真这个原则，身心自然会出现一些现象，实则是脱胎换骨逆生长。人的身体是大自然的产物，它的生理规律不以人后天故意为转移，而是有其固定的规律，总体而言天地万物大体上都是一个规律，即生长衰坏，也就是顺中行顺。庄子说："方生方死，方死方生。"生命的规律就是生到死，死又生，只是生命的形式各异而已。懂了这个就不惧生死了，我们只是要健康地活、自在地死。这也是佛家六道轮回的道理。拳道相合，顺中用逆，道家的话讲是堪破了天地生机，原来只要停下狂心乱欲，生命的旅程就会放缓。只要逆返回真空空静静，就能接上天地宇宙的节奏，生命就能别开生面绽放新机了。内家拳即其一。得其真道，生理上的种种变化，如气血筋骨膜等，身心皆有体验，但这些是后天的现象，是先天功能强大了在后天的反映，故不可执着于一切。此过程无师则难矣，身心内部之变化前所未有，人多生恐惧怀疑之心，便需过来人验证，告诉你没事，只管练去，过去了便是柳暗花明。此境界转换非只一二次，而是层层境界层层变化，所谓三回九转，但只坚定了道心，有明师在侧指导，便不会自误。无论何时何地，只记住空空静静，了无挂碍，则不执着于一切，一切也不可能牵绊于你。世上本无事，庸人自扰之。莫做庸人自扰。

形意拳讲丹田，是和腰胯结合在一起说的。我们说的丹田，是指横膈膜以下、耻骨以上的整个区域，不是脐下一寸三分那个地方，和什么内气也没有一毛钱的关系，都是先天精神作用，所谓一线光芒直冲牛斗，要说内气那太小儿科了。练拳出汗谁都兴奋，那只是多巴胺刺激神经而已。我们讲先后天相交，顺中用逆与逆中行顺合二为一，都在空空静静中体会变化，所谓虚无生一气。内劲不是从脚后跟来的，脚后跟来的是消息。什么叫消，什么叫息？消是灭了后天呼吸，返先天则息自来。明劲阶段呼吸宏大，还在后天。等到消息一来呼吸若有若无，即是暗劲。再深入下去，练拳生活化了，举手抬足都是拳，无可无不可，真正无形无相，便是化劲。所以，练拳还处在一呼一吸阶段的，只是后天功夫，如现在搏击练得好的，其实生理上差别不大，应用上没什么不同，方法有异耳。我们练武术的大多还达不到人家的境界，所以没资格瞧不起人家。任何技击都是以强欺弱，人家练拳击的一下五六百斤，咱们也得有，不过咱们是通过易骨易筋以及各种方法实现的。如张玉书一拳透牛肋，泰森也是不行的。

腰胯之用，胯为横，腰为竖，消息起于脚后，运于腰胯，故形意拳是十字上功夫。先开胯，然后是七节腰椎活，大龙方出。自然界凡是凶猛的动物都是腰胯健壮，人类也是如此。黑人臀部发达，腰胯力量大，短跑的世界冠军几乎都是黑人。对物理和生理研究最透彻的就是形意拳。劲上脊背，如虎豹腰胯。猫科比犬科厉害，一个主要原因是犬科只有胯而猫科还有腰，腰就是大龙。猫科动物的腰能瞬间隆起如弹簧，犬科就只有四肢踞地的一扑，故猫科除了勇还占了个灵。以前藏区某地一野豹夜闯牧场，咬死八个藏獒全身而退，就多了这个灵字。小猫激了除非遇见大猫，不然天下无敌，不信你逗人家试试。毛一炸，腰一弓，眼神就变了，在形意拳就叫一气。咱们练拳，都是一套系统下来的，一定阶段腰胯就出来，就有虎豹的感受了。大龙一出来，就没有胳臂腿什么事了，一动都是腰胯先动。你看老虎豹子走路都是屁股撅得老高，一耸一耸的，猫科动物最懂得用胯，所以在食物链的顶端。身体上这些东西练出来了，打拳才会往作拳上去。如果还是常人体魄，练一辈子也只是个出汗而已。先天和后天要融合，正因为你往先天去了，生理上才会起变化。你在后天上再怎么苦练，也是有生理局限的。胯是整体，腰是灵变。俩加在一块，才知道什么是形意拳。到这个阶段，人从精神上就脱胎换骨，是魔是神，反正看你怎么走了。

形意拳每趟必有回身，此回身来自于对虎豹回身的模仿。虎豹回身最凶，回身即见生死。仔细观察虎豹回身的动作，快如闪电，无一丝一毫牵滞造作，刹那就完成了，这个也是本能。如今把回身练成了人的转身，真是差着十万八千里。转身伤不了人，回身能把人咬死，明白这个才能把拳意体现出来。

我们叫作拳，不叫练拳。刚入门学架子叫练，得了内劲就会龙虎横行，就是作拳。慢慢悠悠的叫养，刹那一下快得让人眼前一花，这基本上入门。塌腰者，尾闾上升，督脉之意。这个地方很多人犯糊涂，既然是塌腰了，尾闾怎么会上升？于是有人做成撅尾巴骨。塌腰是腰椎以下整体往下走，当会阴自动闭合时，尾闾有个上升之意，用通俗点的话讲，外头往下走，里头往上走。塌腰与虚领顶劲是不能分开的，这两个一起有了，才能论大龙和劲上脊背。而这些，都是入门基础，还是有形有相。这个基础没有，身上就不出功夫。因为身子是功夫的载体，没这

个有形有相，拿什么来显现呢？所以说，形而下武艺，敌将也！说孙存周一个虎形两丈多远，其实只是一个践步。你没把腰胯练得像老虎豹子那样，能窜出去那么远吗？大龙出来了，慢慢四正八柱都出来，脊椎骨两边的最重要，所以一入门让你们虚领顶劲、塌腰坐胯，都不大理解，等你练到了就知道怎么回事了。八卦掌是一横上头还有个一竖，其实也是腰胯上作劲，但八卦掌是把自己悠起来，好像江上飞舟，故与形意拳有所区分。豹子最明显，一躬腰就上树了。人的腰胯要是活了，一躬腰一步基本都在一丈，所以孙存周一个虎形两丈多远可不是装神弄鬼，那是生理上变化后的真实功夫。练到这一步兴趣就浓了，天天不是打拳而是作拳，一天一个变化，而且练拳生活化了，举手投足都是拳，行走坐卧皆在真意之中，拳法逐渐走入化境。化者，化有形有相，入无形无相也。到此境界，可谓独孤一剑。你说别人也不懂，所以整日寂寥，唯与天地精神相往来耳！

为什么叫马步？为什么叫腰马？拳架子和马有什么关系？马，就是战马的马！传统武术起源于先民对猛兽捕食的模仿，但成熟于几千年无穷无尽的战场厮杀。人从马上下来，身上就没有马了？虽然没有真马，但可以身作马。步要如马，才叫马步。腰胯如马，才叫腰马。马是什么？冲锋起来，人借马势。所以，入门站桩要到极静，静极生动这匹马就活了。只要一动身上就有匹马，便是整且合，外三合是为了这个，塌腰坐胯也是为了这个。坐不是坐实，而是坐而欲起，身便活了。七星齐到方为真，手到脚不到，便是腰马没有。练的时候到，动手就没有，也是白扯。武术缘于战场，不能打岂不是贻笑大方？

龙形搜骨是怎么回事呢？基础是开胯。孙氏的"龙形"是依靠丹田内炸而后平地飞升，不允许两腿蹬地使劲，这是考验周身整劲。腿不准蹬，没真功夫的人根本升不起来。升不起来，说明还不懂丹田作用。

一蹬腿，就是肌肉做功的后天功夫。关于平地飞升，其实主要是精神上的，这个东西光是傻练永远没有，明白人给你当面一做就上身。这些还不是搜骨。搜骨是在身形转换的那一刹那的灵变，光靠身体肌肉是不成的，而是身心绝对一体，电光一闪身形就换了左右，这个才是搜骨。但凡练过孙氏龙形的都有体会，对胯的要求极其之高。一般人蹲不下去，蹲下去了站不起来，勉强有个样子前腿又伸不出去，成"蜷"龙了。这都是因为胯没真正打开。龙形到位就是伏地龙，引着周身骨节、筋骨一一打开，百转千折得心应手，那种景象唯过来人知之，所谓"筋长一寸寿长十年"，到这一步才有些意思，再往后身体便愈练愈柔了。

点穴，其实和治病的是一个道理。对景了点上，不是说把人点死或点残，没那么快，而是当时封住了血脉，运动受限浑身不得劲，当场解了穴回去还得调理，如果没人给解或长或短，最后就会出事。会点穴就会治病，道理都是一样的。点穴的功夫从五行拳里来，慢慢自己就有了。会点就会解，点和解是互相反着的道理，一通都通。抓筋拿脉也是一样，拳上通了这些也会通。

太极拳要直入本质，如孙公云太极即一气，一气即太极。懂了一气就懂了太极。繁琐的都耽误在打法玩意儿上了，这个劲那个劲，核心无非内劲，用出来千变万化，不能舍本求末，不然学到什么时候是个头啊？劲力变化无非一心，不在法而在人。一个裆劲能忽悠人好几年，孙氏门里几分钟就说清楚了，其实就是腰胯整劲，谁都有，平常不会用而已。没事多看看孙公的书，就是不懂也可以做个比较，不至于走偏了。

中正，是非常关键的。一个人站桩，一开始最好对着镜子，哪不正了及时调整。身体中正类似六合九要，身正内自和，身不正，里头气血就不会均衡发展。薛颠在这点上说得很到位，始终保持脊柱正直，身体自会炼精化气。当然，那得是功夫到一定程度才比较明显，普通人感觉

不出来，但也有益处。知道本能应用很好，但如何把本能练出来说用就用，这是最核心的关键。不悟本能的一辈子就只是肌肉功夫。时刻造作出个本能，这个比不悟的戕害更大。人一旦造作，就是比后天还后天，会精神变异、心神变异、性情变异。如果内心一点灵知未泯，隐约觉得自己有问题，返身到儒释道正教中还能扳回来，就怕执迷不悟的堕落而不自知。其实周围这样的人很多，最多的就是练几年功后狂性发作，老子天下第一，谁也瞧不起了，这就是心神变异而不自知了。还有本来挺开朗的人，突然郁郁寡欢起来，成了孤家寡人，形同陌路，这也是病。还有欲望大爆发，酒色财气比一般人厉害的，就会走到犯罪自我毁灭的边缘。所以老师教拳，先看这人根性如何，福德智慧够不够。让大家站无极桩，读《金刚经》，都是有伏笔埋在那里。你想以拳入道最后得个解脱，就得先开了慧根。你智慧不够，就得从桩法拳法一点点悟进去，否则一百个人里一百个造作到后天去，就毁了你的基础。所以当老师是不容易的，要担因果。

为什么绝大多数人会造作到后天去？因为不懂返先天的道理，整天琢磨来琢磨去，卖弄聪明，其实离题万里。当即放下，那个空空静静才有点希望。宁可不练，也别瞎练。人什么都不练，饮食起居科学合理一样健康长寿，反而是练这个练那个的浑身毛病，岂不是笑话？说白了，就是练错了。大道本夷而民好径，本来特别简单的事，寻常人只是往复杂里头去，也是无可奈何。此道要不思而得，灵光一现，智慧是自己来的，不用寻寻觅觅。智慧来了，功夫就来了。高士论道，一句话都太多了，遑论鸿篇巨制？一笑！

三体式和混元桩本质上是一样的，站桩和打拳骨子里其实也是一样的，就是专气致柔如婴儿，周身内外无一处不松快，好似在水中漂浮的状态，筋肉都是极度放松的，只有这样才是真练。但凡僵硬、发力、努劲，都是自我造作，练一万年也出不来。三节须明，不明三节枉用功。节节相催，劲走根节，由内而外，由里而表，总根节无非丹田。内劲催动，一气先天，由梢而根，逆返回真，消化种种有形有相，仅余丹田耳。丹田亦可舍之，则回归先天精神，无非顺其势而于无形无相处反应耳。李存义那一门说的虎豹雷音，在孙家就是一气之鼓荡。动物休息的时候身体都会高频率震动，人为什么没有？因为动物在先天，人在后天。一返先天，鼓荡即来。唐维禄敲钟，尚云祥摸小猫，都是这个鼓荡。你要捂住耳朵，体内就是类似嗡啊哄。鼓荡，非关拳，精神上作用，一返先天，太极陡起，鼓荡即来。

形意拳动手就是连冲带撞不讲理，讲理的不是形意拳。我先发，你就没办法。你就是比我快，我也是打受一体迎着你上，而绝大多数人打是打受是受，这里就分出高下了。五行拳中步法有三，劈拳和钻拳是践步，崩拳是寸步，炮拳和横拳是三角步。践步一去一两丈，是追远的用法。寸步是逼抢。三角步最奇，泰森就是三角步的用法。不过泰森还不算什么，三角步里能走出晃法来，也就是薛颠五法之一。三角步左右连续不断换位，再加上一晃，绝了！薛颠五法中前四法都是三角步，说明薛颠这一门功夫身法上至关重要。身法的关键就在于一个"灵"字，闪展腾挪一念间，浑身是手无所不至。内家三拳，都是脚走出来的，重点不在手上。教你用脚走拳的才对。脚上有了，腰胯才会出来。武术是强调整体的，都说丹田如何如何，其实是腰胯带动。说大龙还不够透彻，其实还是腰胯。腰胯出来了，一抬步就能赢人了。

所谓换劲，就是把后天用膀子劲的习惯改成用腰胯，慢慢生活里举手投足就都是这个。以上这些还都是方法，不是功夫。形意拳出手是连甩带撞，消息全凭脚后蹬，脚跟下起消息，脊椎骨带动全身旋转，把竖劲换成直劲，螺旋着钻打出去，与撞击再结合。同时天地人三才一体，带着天地周遭一起动作，勾股定律，三角发力，系统结合方有雷霆一击。

《逝去的武林》里写过一件事，就是唐维禄遇上一个赶大车的挑战，互相撞胳臂，结果那哥们被撞得直皱眉，唐解释说是转了个弧线，变撞为打。实际是先打上。看着好像一块碰，其实是快了零点几秒，超过了那人主动防护的时间点，也可以说时间差。在这个点之前，他心里头是没防护的。比如你把胳臂放桌上让人打，心里头准备妥妥地看着他手下来，这个接触瞬间你是有保护的，就没问题。如果是人家提前或者晃你一下打下来，你精神都懈了，那绝对就打伤了。所以在内家是不练硬功的，打人都在错开对方神经防护时，一下就把人打坏了。打受一体，方是真形意。后天打是打受是受，先天则无分别，都是混元一气。五行拳就是打受一体，尤其是炮拳明显。刹那一个反应，就完事了。形意拳永远向前接着对方的攻击打，只要对方打出来他就完了。

内家拳的所谓用法，并非有形有相，而是先天精神上的自然反应。也正因为无中生有，故种种变化由心。勾股定律，三角发力，三才联系，螺旋直线，顺中用逆，休息控制，三神融合，轰然一击，非形意而何？知此则可渐阶神明，方知前贤之良苦用心。堪破本参，方见一轮明月，于行走坐卧，无可无不可，处处已皆是拳矣。

42 唐山孙氏拳门小记

唐山孙氏拳源于张玉书。张玉书，系孙公禄堂大弟子孙振川之传承弟子，与孙振川家邻村，且都是富户，家有田地数顷。

张玉书自幼好武，崇尚格斗，偶遇孙振川，以技击请教，结果大败，遂执礼拜于孙振川门下。多年后艺成，孙振川又推荐张玉书至北京尚公云祥处深造。时逢抗日烽火燃起，国民政府多于武术名家处延请艺高之弟子到军队内担任武术教官，尚公云祥遂推荐张玉书到冯玉祥部队任职。后张玉书因事离开部队，隐居于唐山附近，在某浴池内匿踪存身。因挫败薛颠某亲属，经尚云祥居中调和，张玉书赴天津薛颠处赔礼，得到薛颠赏识留学十个月，完整继承了薛颠的象形拳法。

四野入关前夕，唐山地下党召开工运会议，决定配合大军解放唐山。张玉书经常以武术师傅身份掩护地下党秘密工作，故此次工运会议也在张玉书所在浴池的楼上召开。为了保护当时还不能公开身份的地下党负责人，张玉书便以唐山工运领导人的身份，在发布的布告中签上了自己的名字。之后唐山解放，张玉书跟随大军接管唐山，加入了中国共产党，被分配在唐山市商业局工作。

任弼时因病早逝，对中共领导层产生巨大震动，开始重视健康养生，遂请有关部门挑选民间武术高手为中央领导教授太极拳，但有个前提条件，本人必须是中共党员。那个年代有名的武术师傅很多，但是中

共党员则非常少。恰好中南海负责领导保健的是唐山人，对张玉书很熟悉，于是推荐张赴北戴河教拳。张玉书前后一共教了两年，对于健康养生的效果非常明显，有关部门便提出让张到北京工作，但被张婉拒。后张玉书推荐了几位德艺双馨的武术家继续教拳，自己则回到了唐山。

  从中央领导身边回来的张玉书在唐山名声大震，首先是市长和市委书记跟随张玉书学拳，而后便是唐山市自上而下的党员干部，只要是喜欢武术的都成了张玉书的弟子，而张玉书本人则彻底打破过去必须磕头才能拜师的封建传统，只要是党员干部的，想学他就教，而且一律喊老师不准喊师父，开立了传统武术的一代新风。从此，孙氏拳在唐山开枝散叶学者众多，从政府的各级领导到厂矿农村的各个角落，都有练孙氏拳的，一代一代传替不衰。也正是因为如此，虽然经过历次运动，但孙氏拳在唐山未受任何冲击和伤害，一直保持其原汁原味的特色并流传至今。

图书在版编目(CIP)数据

鹿飞雪解密内家拳 / 鹿飞雪著. —北京：人民体育出版社，2017（2020.1.重印）
ISBN 978-7-5009-5166-7

Ⅰ.①鹿… Ⅱ.①鹿… Ⅲ.①八卦掌-基本知识②形意拳-基本知识 ③太极拳-基本知识
Ⅳ.①G852.16 ②G852.14 ③G852.11

中国版本图书馆 CIP 数据核字（2017）第 122775 号

*

人民体育出版社出版发行
三河兴达印务有限公司印刷
新 华 书 店 经 销

*

787×960 16 开本 18.5 印张 225 千字
2017 年 9 月第 1 版 2020 年 1 月第 2 次印刷
印数：6,001—9,000 册

*

ISBN 978-7-5009-5166-7
定价：62.00 元

社址：北京市东城区体育馆路 8 号（天坛公园东门）
电话：67151482（发行部） 邮编：100061
传真：67151483 邮购：67118491
网址：www.sportspublish.cn
（购买本社图书，如遇有缺损页可与邮购部联系）